대학생의 심리와 커리어 개발

최은수 · 신승원 · 강찬석 · 김민서 · 김진혁 · 박재진 · 신용국
연지연 · 이미섭 · 진규동 · 한우섭 · 강영환 · 이종원 · 이　희
공저

COLLEGE STUDENTS'
PSYCHOLOGY AND
CAREER DEVELOPMENT

학지사

머리말

사회심리학자 에릭슨(Erikson)의 발달이론에 따르면, 청년기는 정체성 확립, 친밀감 획득, 생산성 향상이라는 중요한 발달과제를 완수해야 하는 시기다. 다시 말해, 청년기의 정점에 있는 우리 대학생들은 자신들의 삶의 가치와 방향성을 찾고, 사랑과 우정을 통해 인간관계의 본질을 깨닫고, 자신의 열정과 재능을 쏟을 수 있는 일을 찾아 매진해야 한다. 그러나 현실적으로 많은 대학생들은 소위 스펙 3종이라 불리는 학벌, 학점, 토익과 취업 5종 세트로 불리는 자격증, 해외연수, 봉사, 공모전, 인턴경험의 취업준비활동으로 자신이 누구인지, 어떤 삶을 살기를 원하는지를 생각할 겨를조차 없이 숨 가쁜 대학생활을 보낸다. 게다가 취업주식회사, 취업공장으로 둔갑해 버린 대학은 더 이상 우리 대학생들이 지성을 개발하고, 이상을 논하며, 낭만을 꿈꿀 수 있는 상아탑이 아니다.

어디를 향해 노를 젓는지도 모른 채 쉼 없이 노를 젓는 대학생들을 여러 해 지도하면서 필자들은 이론적 토대 위에서 대학생들의 희망적인 삶을 위한 실천적 내용을 전달하려는 취지로 교재 집필을 시작하였다. 미시적이고 이기적인 관점에서 벗어나 거시적이고 이타적인 시각으로 삶과 사람들, 세계를 바라보는 진지함과 성숙함을 갖게 하는 디딤돌이 되었으면 하는 필진들의 바람과 간절함이 책의 각 장에 녹아 있다. 아울러 최고의 역량을 갖춘 우리 젊은이들이 어려운 현실에 절망하기보다 위기를 기회로 받아들이는 긍정과 도전의 자세를 갖기를 바라는 실용적 사례와 전문가적 조언들도 가득하다.

　　이 책은 총 13장으로 구성되어 있으며, 각 장은 에릭슨(Erikson)이 제시한 청년기 발달과업을 중심으로 이론과 사례 및 실천방안들이 제시된다. 제1장 '청년기의 발달단계와 발달과업'에서는 생애발달이론에 대한 전체적인 개념을 제시하고, 구체적으로 청년기에 완수해야 할 삶의 발달과업이 무엇인지에 초점을 맞춘다. 제2장 '나는 누구인가'에서는 긍정심리 자본의 핵심인 자아개념, 자기효능감, 자기존중감 등의 개념과 중요성을 알아보고 자아정체감 확립이란 우리 삶에서 어떤 의미인지를 심도 있게 논의한다. 제3장 '인식의 오류'와 제4장 '합리적 의사결정'에서는 인식의 한계 및 의사결정의 핵심을 다룬다. 제5장과 제6장의 '성격이론'에서는 프로이트(Freud)에서 아들러(Adler), 융(Jung)에 이르기까지의 대표적인 심리학자의 이론에 기초해 다양한 성격이론 및 실제 사용되는 MBTI, DISC 등의 성격측정 방법을 제시하고, 나는 누구인가에 대한 이해를 촉구한다. 제7장의 '심리적 성차'와 제8장의 '사랑, 이별, 결혼'에서는 우리 삶의 가장 중요한 발달과업인 남녀의 문제에 대한 이해와 오해의 전반을 다룬다. 제9장의 '커뮤니케이션과 대인관계'에서는 사회 속의 인간이 더 성숙되고 행복한 삶을 살기 위해 필수적인 의사소통과 인간관계의 문제를 다룬다. 제10장의 '심리장애와 스트레스'에서는 생의 발달과업을 완수해 나가는 과정에서 발생하는 다양한 심리장애와 스트레스의 원인과 해결 방안을 다룬다. 제11장 '나에게 맞는 직업은'과 제12장 '커리어 개발'에서는 직업흥미/적성/가치관/진로장벽/진로포부/진로성숙/진로정체감에 대한 개념과 노동시장의 이해, 직업군 이해, 자기소개서와 면접 스킬 등의 실용적 스킬까지 대학생의 관심 1순위인 진로와 취업의 이슈를 다룬다. 마지막으로, 제13장 '셀프리더십'에서는 이상적인 삶을 위한 시간관리, 목표관리, 감정관리의 이점과 실천방안을 다룬다.

　　출판을 앞두고 보람과 아쉬움이 교차함을 느낌과 동시에, 지속적으로 대학생들의 삶에 도움이 되는 내용으로 이 책을 다듬고 채워 나가야 한다는 막중한 책임감도 느낀다. 특히, 공저인 경우 흔히 문제가 되는 문체, 용어 및 체제의 일관성을 기하기 위하여 세심하게 노력하였으나 미비한 점이 많을 것으로 생각된다. 부족한 내용에 대해서는 계속 수정하고 보완할 것을 약속드리며, 이에 관하여 독자 여러분의 건설적인 피드백이나 조언을 기꺼이 수용할 것이다.

　이 책이 완성되기까지 도움을 준 많은 분들에게 감사의 마음을 전하고 싶다. 긴 여정인 만큼 많은 분이 도움을 주어서 일일이 열거할 수는 없지만, 무엇보다 책의 기획에서부터 출판에 이르기까지 긴 시간 믿고 여러 모로 도움을 주신 학지사 관계자 분들에게 깊이 감사드린다.

2018년 9월

최은수

신승원　강찬석

김민서　김진혁

박재진　신용국

연지연　이미섭

진규동　한우섭

강영환　이종원

이　　희

차례

제13장 셀프리더십 • 325

제1장

청년기의 발달단계와 발달과업

　일반적으로 대학생이 되는 20대 청년기는 여전히 정체성 탐색, 불안정, 자기 고민, 자리를 못 잡은 느낌과 싸우고 있다. 인간의 삶이 완벽하지 않기 때문에 연령의 단계마다 나름의 발달과제가 있으며, 청년기 역시 예외는 아니다. 청년기는 사춘기와 더불어 아동에서 성인으로 성숙되는 과도기로서 '제2의 탄생'이라 부를 수 있을 정도로 버거운 발달과제를 안고 씨름하는 동시에 젊음의 향연이 펼쳐지는 황금기라 할 수 있다.

　에릭슨(Erikson)에 의하면 인간의 평생에 걸친 발달은 결국 자아정체성을 찾고 자아정체감을 발달시키는 과정이다. 자기정체성을 찾는 과정은 평생에 걸친 과업으로 유네스코(UNESCO)에서 '존재를 위한 학습'을 평생학습의 네 기둥 중 하나로 삼고 있는 것을 보아도 알 수 있다. 자기정체성 확립은 청년기의 발달과업인 직업 갖기, 배우자 선택, 사랑과 결혼, 시민의 의무를 수행하는 과정에서 어느 정도 자리를 잡게 된다. 특히 직업을 갖는다는 것, 즉 일에 있어서 진로를 정한다는 것은 '자신이 누구이며, 무엇을 통해 기여할 수 있는 사람'이라는 사회적 정체성의 상당 부분을 설명하는 것이 된다.

이 장에서는 청년기의 개념과 특성, 청년기의 발달과 발달과업에 대해서 살펴보기로 한다.

1. 청년기의 개념과 특성

초등학교에 입학하여 중도에 이변 없이 계속해서 진학할 경우 20세에 대학에 입학하게 된다. 대학생활을 시작하는 20세부터 대학을 졸업하고 취업하여 결혼할 때까지의 기간을 어떻게 불러야 하며, 그 시기의 특징은 무엇인가? 또 어떠한 발달과제를 안고 있는가?

20세에 대학을 입학하는 시기는 만 19세 정도로서 「민법」상 성년기에 해당한다. 우리나라 「민법」은 2013년 7월 1일부터 성년연령을 기존의 만 20세에서 19세로 하향 조정하였다. 이것은 청소년이 조숙해짐에 따라 성년연령을 낮추는 세계적 추세와 맞물려 있다. 오스트리아는 19세, 독일 · 프랑스 · 미국 등 대부분의 주와 중국은 만 18세를 성년으로 규정하고 있다. 「민법」상 성년은 '부모 등 후견인의 보호에서 벗어나 독립적으로 법률행위를 할 수 있는 사람'을 뜻한다(박문각 시사상식편집부, 2014). 따라서 만 19세를 넘어 성인이 되면 선거권이 주어져 투표에 참여할 수 있고, 자신의 명의로 부동산 계약을 체결하거나 신용카드를 발급받아 사용할 수 있다. 또한, 회사를 설립하여 사장이 되거나, 귀화나 다른 나라 국적을 취득하는 행위도 독자적으로 할 수 있다.

그렇다면 법적으로 성인이라고 해서 진정한 의미의 성인이라 할 수 있는가? 현대사회의 구성원이 생각하는 성인기의 주요한 지표는 무엇인가? 성인은 청년, 장년, 고령, 노인 등 다양한 이름과 연령대가 있는데, 20대 대학생들은 어떻게 불러야 하는가? 이런 질문을 던져 보면 20대 대학생활의 시기와 대학을 졸업한 이후 직장을 잡고, 결혼하여 독립할 때까지의 기간을 어떻게 규정할지가 결코 간단한 작업이 아님을 알 수 있다.

1) 청년기의 개념

현대사회의 구성원이 생각하는 성인기의 주요한 지표는 자기 행위에 대한 책임의 수용, 독립적 의사결정, 경제적 자립 등 세 가지를 들고 있다. 그런데 20대 대학생들이 이 기준들을 모두 충족한다고 보기는 어렵다(곽금주, 2013). 특히 경제적 자립에서 충족되지 못한다. 그래서 20대의 시기는 법적으로 성인이지만, 진정한 의미의 성인으로는 보기 어렵고, 완전한 성인기로 이행하는 과정에 있다고 볼 수 있다. 이 시기를 아넷(Arnett, 2000)은 'Emerging Adulthood'라 명명하고 있고, 곽금주(2013)는 '20대 청년기' 또는 '청년기'로 부르고 있다.

그렇다면 우리 사회에서 20세 대학 입학과 동시에 시작되는 '청년기'는 언제까지 지속되는 것일까? 이것은 우리나라 대학생들이 졸업하는 데 걸리는 기간과 취업연령, 나아가 결혼연령을 살펴봄으로써 어느 정도 파악할 수 있을 것이다. 결혼연령을 살펴보는 이유는 성인으로서 학교교육 종료 후 취업, 경제적 독립과 함께 부모로부터 분가하여, 가족을 형성하는 시기이기 때문이다(안선영, Cuervo, & Wyn, 2010). 결혼하여 독자적인 가정을 꾸려 가면서, 남편과 아내로서, 자녀들의 부모로서의 역할을 함으로써 비로소 완전한 성인의 역할을 수행하게 되는 것이다.

우리나라 대학생이 대학을 졸업하는 나이는 남학생의 경우 27세, 여학생은 25세이고(인크루트, 2009. 3. 9.), 취직하는 나이는 남자가 약 28.7세, 여성은 25.6세(아시아투데이, 2009. 6. 22.), 결혼할 때 남자는 32. 2세, 여자는 29.6세로(통계청, 2014), 남자는 20대를 다 보내고 30대에 들어서야 대학 졸업 후 결혼까지 할 수 있게 되는 것이다. 여성의 경우에도 20대 후반이 되어서야 결혼을 하게 되는 셈이니 20대 전체를 '청년기'로 보아도 무방할 것 같다.

여기서 20대를 '청년기'로 정의했는데, 실정법적인 근거가 있는 것인지, 아니면 학문적으로 어떤 근거를 갖고 있는지 좀 더 살펴볼 필요가 있다.

(1) 법적 개념

20대와 관련이 있는 인생기의 개념은 청소년부터 시작한다. 우리나라 「청소년 기본법」에서는 청소년을 9세 이상 24세 이하로 규정하고 있다. 「민법」상 성년이 만 19세 이상이므로 청소년은 성년기와 걸쳐 있기도 하다. 청년이 「청년고용특별촉진법」에 나타나는 개념이므로, 이 법에서 청년은 15세 이상 29세 이하의 자로 규정하고 있다.

이상과 같이 우리나라에서는 법적으로 20대의 인생기를 성년기, 청소년기, 청년기 등으로 부르고 있는 것을 알 수 있다. 청소년은 24세까지이므로 20대의 일부를 포함하고 있고, 20대 전체를 포괄하는 것은 성년기와 청년기다. 성년기는 고령기와 노년기를 모두 포함하는 개념이므로 20대를 지칭하는 개념으로는 법적으로도 청년기가 적합하다고 할 수 있다.

(2) 학문적 개념

20대 청년기를 정의하는 이론적 기초는 인생의 시기에 대한 생리학적 · 발달적 특성과 심리학적 관점에서의 자기정체성, 사회적 역할에 관한 연구를 주된 기반으로 한다. 사실 법적 개념은 학문적 연구 성과에 기초하여 설정된다고 할 수 있다.

① 생물학에 기초한 심리학적 관점

생물학에 기초한 심리학적 관점은 홀(Hall)의 진화심리학이 대표적이라 할 수 있다. 홀은 다윈(Darwin), 헤켈(Haeckel), 라마르크(Lamarck) 등 진화생물학자들의 영향을 많이 받아 진화론을 바탕으로 심리학을 탐구한 진화심리학

자다. 1904년에 『Adolescence(청소년기 또는 사춘기)』라
는 책을 출간하여 이 시기의 특징을 '질풍노도(storm and
stress)'라 불렀다. 홀의 청소년기는 14~24세의 시기로
우리나라 「청소년 기본법」에서 정한 청소년기(9~24세)
와 비슷한 연령구간을 갖고 있다. 이 연령구간은 대학을
졸업할 때까지의 기간이 포함되기 때문에 유의할 필요
가 있다. 프로이트(Freud)는 인간발달이 아동기에 완료
된다는 인식을 갖고 있었지만, 홀은 14~24세의 청소년
기에 자아의식과 현실적응 사이의 갈등, 소외, 외로움,
혼돈의 감정을 경험하여 보다 높은 수준의 인간 특성이

홀(Granville Stanley Hall,
1846~1924)

확립되는 '새로운 탄생의 시기'로 보았다. 홀은 인간발달 과정이 어느 시기에
끝나는 것이 아니라 계속된다는 시사를 줌으로써 전 생애에 걸친 인간발달론
으로 나아가는 다리를 놓았다(Arnett, 2006b).

　생리학적 입장에서는 25세 전후에 신체적 성숙이 완료되고, 지능적으로
최고조의 발달기에 이르며, 그 이후엔 점차 퇴화의 과정을 거친다고 본다. 생
물학에 기초한 심리학적 관점에서 20대는 청소년기와 성인기가 겹쳐 있는
시기라 할 수 있다.

② 정신분석학에 기초한 심리학적 관점

　정신분석학에 기초한 심리학적 관점에서 성인발달을
다룬 학자는 융(Jung), 설리번(Sullivan), 에릭슨(Erikson),
레빈슨(Levinson) 등이 있는데, 이들 가운데 에릭슨과 레
빈슨이 전 생애적 관점에서 발달단계를 제시하고 있다.

　에릭슨은 전 생애 발달이론을 최초로 제시한 학자로
서 인생을 통해 겪는 정체성의 발달과정을 여덟 단계
의 시기로 구분하였다. 20대 청년기는 성인 초기(young

설리번(Harry Stack Sullivan,
1892~1949)

adulthood, 19~40세)에 해당한다. 이 시기의 주요 발달과제는 친밀성을 확보
하는 것이다. 성인이 된다는 것은 가정의 보호로부터 벗어나 사회에서 생활
자원을 얻어서 독립된 생활을 영위하는 것이다. 따라서 사회관계에서의 친밀
한 관계를 형성하는 것이 핵심적인 과제가 되는 것이다.

　레빈슨은 인생의 시절을 아동기와 청소년기(0~22세), 성인 초기(17~45세),
성인 중기(40~65세), 성인 후기(60세 ~)로 나누었다. 레빈슨의 기준에 의하면
20대 청년기는 성인 초기(17~45세)에 해당하고, 성인 초기 중에서도 성인 초
기 전환기(17~22세)와 성인 입문기(22~28세)에 해당한다. 성인 초기 전환기
는 아이도 어른도 아닌 애어른(boy-man)으로서 가족에 대한 의존도가 높다.
성인 초기는 생물학적 기능이 최고 수준에 달하는 절정기이며, 종족의 생존
을 위해 의무를 다하고 중요한 사회적 공헌을 하는 시기로 본다. 즉, 이 시기
에 직장을 잡아 경제적 독립을 이루고, 결혼으로 가정을 꾸려 사람으로서 기
본 역할을 본격적으로 시작하는 시기다.

　요컨대, 정신분석학에 기초한 심리학적 입장에서 20대는 '성인 초기'에 해
당하고 '성인으로 입문하는 시기'다.

③ 교육적 및 발달심리학에 기초한 입장

　해비거스트(Havighurst)는 교육적 관점에서 인간발달을 연구하여, 발달과
업(developmental task)이란 용어를 최초로 사용하였고, 인간의 발달단계를
여섯 단계로 구분하였다. 그에 의하면 20대는 초기 성인기(early adulthood,
19~30세)에 해당한다. 이 시기의 발달과업으로 배우자 선택, 성 역할 확립하
기, 배우자와 더불어 사는 것 학습하기, 가족형성, 자녀양육, 가정경영, 직업 갖
기, 시민적 책임, 마음에 맞는 사회집단 발견 등을 들고 있다(Havighurst, 1971).

　그리고 아넷은 발달심리학자로서 전술한 바와 같이 'emerging adulthood'
란 개념을 새로 만들어 20대 초반의 시기를 표현했다. 이 개념이 바로 '청년
기'로 번역되어 사용되고 있는데, 완전한 성인으로 부상하는 시기적 특성을

잘 대변하고 있다. 대학에 다닐 시기인 청년기는 사춘기와는 엄연히 다르고, 가정을 갖고 직장을 다니며 독립 가구를 형성하고 사는 30대와도 다르다. 청년기는 사춘기도 아니면서 완전한 성인도 아닌, 즉 부모의 영향에서 벗어남과 동시에 성인의 의무와 책임에서는 자유로운 시기로서 성인으로 차츰 나아가는 시기로 볼 수 있다(곽금주, 2013). 청년기는 사랑, 일, 세계관에 대한 정체성을 탐색하는 시기로 볼 수 있다(Arnett, 2000). 정체성 탐색은 사춘기에서 시작되지만 본격화되는 것은 청년기다.

이상으로 학문적 개념으로서의 청년기를 살펴보았다. 대학생 시절인 청년기는 청소년기 또는 초기 성인기로 불리고 있는데, 초기 성인기는 30대 전체를 포괄하는 광범위한 연령대로서 20대의 특징을 분명히 구별할 수 있는 개념이 아니다. 따라서 법적으로 사용되는 명칭과 학문적인 용어를 종합하여 20대의 특징을 적확하게 반영한 개념이 필요하다. 지금까지 살펴본 바와 같이 법적으로나 학문적으로 20대를 '청년기'로 명명하여 사용하는 것이 무난하다고 본다.

인간의 발달은 평생에 걸쳐 이루어진다는 것이 학문적으로 널리 인정되고 있고, 인생 전체의 주기와 발달과제를 전 생애 발달의 관점에서 다루고 있다. 따라서 청년기에는 그 나름의 발달적 특징과 과제가 있을 것이므로 그것이 무엇인지 계속해서 살펴보기로 한다.

2) 청년기의 특성

곽금주(2013)와 아넷(2006a)은 청년기의 특성으로, 첫째, 정체성 탐색의 시기, 둘째, 불안정의 시기, 셋째, 자기중심적 시기, 넷째, 사이에 낀 시기, 다섯째, 가능성의 시기를 들고 있다. 헤니히(Henig, 2010)는 청년기의 특성으로 정체성 탐색, 불안정성, 자기에게 주의 집중하기(self-focus), 사이에 낀 느낌을 들었다. 여기서 자기중심적 시기와 자기에게 주의 집중하는 시기는 같은 의미로 볼 수 있다. 따라서 청년기의 특성은 '정체성 탐색, 불안정성, 자기중심적 시기, 사이에 낀 시기'로 정리될 수 있다.

첫째, 정체성 확립은 평생에 걸친 과업으로서 자신이 누구인가를 아는 것을 말한다. 사람은 평생을 살아도 자신이 누구인지 잘 모른다. 그런데 청년기에는 자신의 정체성이 드러나는 중요한 선택을 한다. 바로 사랑, 진로, 세계관의 선택이다. 사랑은 사람의 어떤 부분을 가치 있게 평가하며 무엇을 행복으로 여기는가를 드러내고, 진로는 자신이 잘할 수 있는 것이 무엇이며 어떤 방식으로 기여하고자 하는가를 드러내며, 세계관은 세계 속에서 자기 위치를 정하고 인생관을 형성하는 데 직접적으로 관계한다. 레빈슨 등(Levinson et al., 1996)은 20대의 젊은 남성들은 결혼, 직업, 주거, 삶의 양식을 선택하게 되고, 이것이 앞으로 성인세계에서의 위치를 정하는 데 큰 영향을 미치게 된다고 지적하였다.

둘째, 불안정의 시기란 20대 청년기는 완전한 성인으로 되지 못하고 성인으로 전환하는 시기적 특징을 대변한다. 20대 청년기는 남녀 모두 신체적으로나 정신적으로 성장이 거의 완료되어 있지만, 정체성을 탐색하는 과정에 있기 때문에 정서적으로 불안정하다. 내면이 불안정하므로 자기를 이해해 줄 수 있는 사람을 찾기 위한 애정적인 욕구가 강해지고, 그것을 얻지 못하는 데에서 오는 고독감도 강하다. 하지만 사춘기에 비하면 정서적 성숙이 이루어져 희로애락을 극단적으로 표현하지는 않는다. 정체성은 자신의 꿈이나 이상과 직결되기 때문에, 그 이상을 구체적으로 표현하거나 실현하기 위한 현실적인 방법을 강구하며, 사회적 · 정치적 · 경제적 관심이 높아지고, 성인적 태도와 능력이 발달한다.

셋째, 20대의 특성으로 든 자기중심적 시기란 '부모의 구속이나 성인으로서의 의무감 없이 오로지 자기 자신에게 주의를 집중할 수 있는 시기'라는 의미다. 대개 대학 재학 중이기 때문에 연령적으로는 성인이지만 돈을 벌거나 가족을 부양하는 의무를 지지 않고 오로지 공부하고, 자기개발에 매진할 수 있는 시기다.

넷째, 사이에 낀 시기라는 것은 사춘기와 성인기 사이에 낀 시기를 의미한다(Arnett, 2000). 미국의 경우 20대 후반에서 30대 '초반의 연령대에 속한 사람 중 3분의 1이 성인기로 완전히 전환되지 못하고 있다고 느낀다. 인구 통계적 의미에서 성인기로의 전환기준은 교육의 종료, 진로의 결정, 결혼, 부모 되기를 들고 있다. 그런데 주관적으로 성인이 되었다는 것은 이런 인구 통계적 기준이 아니라 자기책임을 수용하는 것, 독립적으로 의사결정하기, 재정적으로 독립하기 등 성격적 특성(character quality)이 기준이 된다. 성인이 된다는 것은 자기충족적 인간이 되는 것을 의미하고, 자기충족적 인간은 바로 이러한 성격적 특성을 갖추는 것과 밀접한 관련이 있기 때문이다. 비록 청년들이 인구 통계적 기준을 성인의 지위를 얻는 데 필수적이라고 보지는 않지만, 부모 되기만큼은 주관적인 성인 지위 획득에 충분한 조건으로 보는데 그 이유는 자기에 대한 책임으로부터 다른 사람을 책임지는 방향으로 초점이 이동하기 때문이다(Arnett, 2000).

2. 청년기의 발달

인간이 전 생애에 걸쳐 발달한다는 관점은 인간은 불완전한 존재로서 각 시기마다 고유한 발달과제를 안고 있다는 의미다. 대개 발달의 영역으로 생물학적 · 인지적 · 사회정서적 발달 등 세 가지를 꼽고 있지만, 윌버(Wilber, 2008)는 인지, 도덕, 욕구, 정서, 동기, 관계, 역할담임, 자기정체성, 성 의식, 창조성, 이타성, 세계관, 영성 등을 독자적인 발달라인으로 들고 있다. 유한한 수명을 가진 인간이 모든 발달영역과 발달라인을 완벽하게 발달시키는 것은 불가능에 가깝다. 그렇지만 각 발달영역을 가능한 한 높은 수준으로 발달시키는 것이 좀 더 진화된 삶을 사는 것이기 때문에 발달 노력을 게을리할 수 없다. 그리고 본질적으로 세계 속의 모든 존재는 서로 영향을 주고받으면서 상호 연결되어 있기 때문에 한 개인의 발달은 그 개인만으로 끝나는 것이 아니라, 다른 존재들의 발달에도 영향을 미친다.

이러한 맥락에서 우리가 일생을 살아가면서 완벽한 존재로 발달하는 것은 어렵겠지만, 불완전하게나마 좀 더 발달된 상태로 진화해 간다는 것은 개인뿐만 아니라 사회적으로 의미가 있는 것이다. 발달은 완결되는 것이 아니라 평생에 걸쳐 지속적으로 진행되기 때문에 누구에게나 평생에 걸친 학습, 즉 평생학습이 필요한 것이다. 또한 개인적으로 각 시기에 주어진 발달과제를 알고 그 과제를 해결하는 노력을 해야 할 뿐 아니라, 사회적으로도 그러한 발달을 도울 수 있도록 지지할 필요가 있는 것이다.

인간발달에 초점을 맞추면, 인간발달은 삶의 중요한 목표 중 하나로 부각된다. 인생을 농사짓는 것에 비유한다면 인생농사는 발달이라는 나무를 얼마나 잘 길러 냈는지로 판가름될 수도 있을 것이다. 이런 관점에서 각 인생의 시기에서 핵심적인 특징은 바로 그 시기의 발달과제로 모아지고, 그 과제를 어떻게 효과적으로 해결할 것인지에 관심을 기울이게 된다. 청년기를 다룰 때 가장 중요한 내용 역시 청년기의 발달과제 완수가 그 핵심이 되는 것이다. 문제는 인간의 발달이 과연 가능한 것인가, 가능하다면 어떠한 방법으로 발달을 이루어 내는가 하는 점이다.

1) 발달의 개념과 원리

인간발달이란 일반적으로 사람의 생명이 시작되는 순간, 즉 정자와 난자가 수정되는 순간부터 죽음에 이르기까지 전 생애에 걸쳐 일어나는 모든 변화의 양상과 과정을 의미한다(이주영, 권동택, 2013). 여기에서 주목할 부분은 늙고 병들어 죽음에 이르는 과정도 발달과정이라 할 수 있느냐는 점이다. 인간

발달이 신체적 또는 지능적으로 성장하고 성숙하는 과정, 즉 생물학적 과정만 생각한다면 늙고 병드는 과정은 발달이 아니라 퇴화하는 과정이라 할 수 있다. 그러나 발달의 영역은 생물학적 과정뿐 아니라, 인지적·사회정서적 발달 등 전인적 관점에서 고려되어야 한다. 전인적 관점에서 자기정체성, 도덕, 세계관 등 다양한 발달라인을 고려해 보면 발달은 양적 확대뿐 아니라 기능 면에서 유능화되고 구조적으로 더욱 정밀화되는 질적으로 높은 수준으로 변화되는 과정으로서 평생에 걸쳐 일어나는 것임을 이해할 수 있다. 이런 관점에서 발달이라는 용어는 인간에게만 사용되는 개념이 되었다. 발달이론이 등장하던 초기의 주류는 개체의 변화에 국한하여 아동발달, 기껏해야 청소년기까지의 발달에 관심을 가졌으나 1970년대 이후부터는 전 생애적 발달로 통합되고 있다(임진영, 최지은, 2011).

전인적 발달영역을 생물학적(신체적), 인지적, 사회정서적 발달영역으로 나누고 있지만, 최근 정체성 형성과 삶의 질 향상에서 핵심 요인으로 주목을 받고 있는 영성적 발달도 발달영역에 포함시킬 필요가 있다. 인간은 신체, 마음, 영으로 구성되어 있다(Tart, 1997). 따라서 인간의 발달은 신체와 마음뿐 아니라 영적 영역을 아울러야 진정한 전인적 관점에 서 있다고 할 수 있을 것이다. 그 연장선에서 지성이나 지능의 관점에서도 이성지능, 감성지능, 영성지능의 고른 발달을 고려할 필요가 있다.

이제 발달의 개념을 보다 분명하게 이해하기 위해서 성장, 성숙, 학습과 같은 유사 개념들과 어떻게 다른지 비교해 보고, 발달론에서 논쟁이 되고 있는 쟁점을 살펴보며, 발달의 원리를 개략해 보기로 한다.

(1) 유사 개념(성장, 성숙, 학습 등)과의 비교

청년발달과 관련된 개념으로 성장(growth), 성숙(maturation), 학습(learning)이 있는데, 성장은 신체의 크기나 능력이 증가하는 것으로 주로 양적인 변화를 의미하고, 성숙은 유전적 요인에 의해 발달적 변화들이 통제되는 생물학적 과정을 말하며, 학습은 직간접적 경험의 산물로서 훈련이나 연습에 기인하는 발달적 변화를 의미한다(정옥분, 2008).

　성장은 크기의 증대를 의미하고 일정한 시기가 지나면 멈추지만, 발달은 일관성 있는 진보적 변화의 연속으로 전 생애에 걸쳐 일어나는 지속적인 변화다. 따라서 모든 발달이 성장이 되는 것은 아니다(이주영, 권동택, 2013).

게젤(Arnold Lucius Gesell, 1880~1961)

　성숙이론에 의하면 인간발달은 생물학적 시계에 맞추어 일정한 비율로 성숙한다고 한다. 읽기를 위한 정신적 성숙이 6.5세에 이루어진다는 게젤(Gesell)의 주장은 취학연령을 결정하는 데 결정적인 영향을 미쳤다.

　인간은 평생에 걸쳐 학습할 수 있는 능력이 있기 때문에, 학습을 통하여 인간은 전 생애에 걸쳐 발달할 수 있다. 컴퓨터와 인터넷의 발달로 사이버 공간에서의 정보교류가 활발해진 점은 인간발달을 촉진할 수 있는 계기가 되고 있고, 이것은 청년기 발달에서 중요한 환경이다(허형, 2005).

　성장, 성숙, 학습은 발달과는 다른 개념이지만 이 모든 개념이 함께 발달에 영향을 준다. 신체적 성장과 함께 정신적으로 성인이 되었다는 자아감과 자기정체성에 눈뜨게 되고, 학습을 통해 발달을 촉진하게 된다. 그러나 학습은 해당 지식을 이해할 수 있는 두뇌의 성숙과 경험을 갖추어야 이루어질 수 있다. 학습에 필요한 성숙이 전제되어야 하는 것이다. 학습이 인간의 발달을 가져오는 의도적 활동이지만, 인간의 발달을 교육이나 학습만으로 설명할 수는 없다는 것을 성장과 성숙이론을 통해 알 수 있다. 이러한 논의는 발달에 있어서 학습과 성숙, 유전과 환경, 경험의 선후문제 등과 맞물려 발달 분야의 쟁점이 되고 있다.

(2) 발달의 원리

인간발달을 선천적 요인과 후천적 요인으로 양분하여 성숙에 의한 발달과 학습에 의한 발달, 즉 성숙과 학습으로 접근하는 방식이 있다. 이때 성숙은 유전적 요인에 의해 자연적으로 일어나는 발달로 심각한 영양실조나 질병의 경우를 제외하면 환경의 영향을 덜 받는다. 반면 훈련이나 연습과 같은 학습에 의한 발달은 행동, 사고, 정서에 비교적 영속적인 변화를 만들어 낸다(이주영, 권동택, 2013). 또 우리는 앞서 발달의 유사개념으로서 성장, 성숙, 학습을 살펴보았고, 성장, 성숙, 학습의 세 과정의 원활한 상호작용을 통해 효과적인 발달이 이루어질 수 있다고 시사한 바 있다. 발달은 '양적 확대뿐 아니라 기능 면에서 유능화되고 구조적으로 더욱 정밀화되는 질적으로 높은 수준으로 변화되는 과정'이라는 뚜렷한 방향성을 갖고 있다. 가능성을 씨앗으로 비유할 때, 인간은 식물의 씨앗과는 달리 가소성이 크다. 토마토 씨앗은 토마토로 자라나지만, 사람이란 씨앗은 착한 사람도 될 수 있고, 지극히 사악한 사람도 될 수 있다. 이러한 가소성 때문에 교육의 중요성이 강조되고, 발달의 교육적 의미가 부각된다. 가소성은 나이가 어릴수록 크다.

전 생애 발달심리학의 대표적인 학자 중 한 사람인 발테스(Baltes, 1987)는 인간발달의 원리를 일곱 가지로 제시했다. 첫째, 발달은 평생에 걸쳐 일어난다는 것, 둘째, 발달은 다차원적이고 다중 방향성을 갖는다는 것, 셋째, 발달은 얻는 것과 잃는 것을 동시에 포함한다는 것, 넷째, 발달의 가소성(plasticity), 다섯째, 역사적 내장성(historical embeddedness)을 갖는다는 것, 여섯째, 맥락적이라는 것, 일곱째, 발달 연구는 다중 학문적(multidisciplinary)으로 이루어져야 한다는 것이 그것들이다.

발테스(Paul Baltes, 1939~2006)

발달의 요인과 관련하여 피아제(Piaget)는 정신 발달의 요인으로 성숙, 물리적 환경과의 경험, 사회적 환경과의 경험, 균형을 들었다. 이때 균형은 단순히 힘의 균형을 의미하는 것이 아니라 자기조절의 균형을 의미한다(Voigt, 2005). 발테스(1987)는 지능 발달의 가장 중요한 요인으로 건강, 교육, 일을 들었다. 지능은 유전적으로 타고나는 것도 중요하지만, 신체적으로 얼마나 건강하고, 좋은 교육을 받고, 어떤 유형의 일을 하느냐가 중요한 것이다. 발달은 생물학적 내지 유전적 요인과 환경적 요인의 상호작용에 의해 이루어진다는 것이 연구 결과 밝혀지고 있다.

(3) 청년발달이론

청년발달의 이론적 모형은 게젤의 성숙이론, 프로이트에서 비롯된 정신분석이론, 피아제의 인지이론, 해비거스트의 환경이론, 다양한 학습이론, 주관적 체험의 중요성과 역동적 성격구조를 강조하는 인본주의 심리학자들의 이론, 청년의 발달은 진공상태에서 이루어지는 것이 아니라 개인을 둘러싼 가족, 친구, 종교단체, 학교, 국가 등 환경 속에서 발달한다는 것을 강조하는 생태학적 이론 등이 있다(정옥분, 2008). 발달이론을 종합해 보면, 생물학적 성숙이 정점에 달하는 20대 중반 이후에는 '생물학적 결정론'보다는 개인의 주체적 발달 노력이 지적·정서적·도덕적·심미적 행동 발달, 기술적 역량 등 다양한 발달라인에 결정적인 영향을 미치게 되는 것을 알 수 있다. 따라서 청년기 발달엔 학습이 중요하고, 학습자가 자기주도적으로 발달을 기획하고 환경을 활용할 필요가 있다. 이와 관련하여 몇 가지 덧붙이고자 하는 점은 다음과 같다.

첫째, 학습자의 미성숙성은 발달의 중요한 조건이다(Dewey, 2007). 유전적인 이유이든 환경의 차이로 인한 것이든 인간의 발달엔 개인차가 존재한다. 개인차를 고려한 맞춤식 프로그램의 제공은 학습자 중심 교육관의 발로다.

둘째, 인간발달을 인간과 환경 간의 상호작용을 통한 과정이라는 맥락적 발달이론의 측면에서 본다면, 인간이 추구하는 발달의 방향 설정이 중요한 위치를 차지하게 된다. 발달의 방향은 결국 삶의 의미 내지 목적과 연관된다. 삶의 궁극적 목적이나 의미체계에서 발달이 갖는 의미가 맥락적으로 드러날 수 있기 때문이다. 여기서 통합적 존재자로서의 학습자, 전인적 관점에서의 발달영역과 의미체계, 존재의 본질 내지 근원으로서의 영성이 관심 주제가 된다.

셋째, 발달이 성숙과 학습과의 상호작용에서 이루어지며, 발달이 양적인 확대뿐 아니라 질적인 고급화를 의미한다고 할 때, 질적인 발달을 위한 학습에서 주목받는 이론이 메지로(Mezirow)의 전환학습이론이다(Mezirow, 2006). 특히, 청년기엔 사랑, 일, 세계관의 변화에 대한 선택을 통해 자기정체성을 확립해 나가게 되는데 세계관의 변화를 선택하는 데에 있어 전환학습이 중요한 의미를 갖는다. 인간은 완벽하지 않기 때문에 부단히 발전적 전환이 필요하기 때문이다. 관점의 전환은 성인발달의 중심 프로세스이고, 전환학습은 의미관점을 보다 나은 방향으로 변화시키는 학습이다. 전환학습의 핵심 개념은 경험을 비판적 성찰을 통해 개인의 발달로 옮기는 과정으로 볼 수 있다. 학습과 발달, 전환학습은 더 높은 자기로 나아가는 과정이다.

다섯째, 발달에서 성숙이나 선천적·유전적 요인의 영향이 적지 않으나, 사람은 가소성이 높기 때문에 시간이 충분하다면 학습이나 노력을 통해 선천적으로 타고난 약점도 극복 가능하다는 점이다. 유명한 운동선수 중에는 신체적으로 약하게 타고났기 때문에 어릴 적부터 운동에 매진하여 세계적인 선수로 성장한 예가 적지 않다. 인간의 뇌 구조는 새로운 기능을 필요로 하거나, 지속적으로 강한 지향성을 갖게 되면 필요하고 원하는 방향으로 재조직되는 가소성을 갖고 있으며, 이러한 가소성은 평생에 걸쳐 유지된다(Röder, 2006).

(4) 발달의 단계

발달단계란 대개 연령을 기준으로 구분되는데, 일정한 연령에 도달할 때 그 전과 후 시기와는 구별되면서 그 시기 사람들에게 공통적으로 나타나는 일반적인 발달 특징이 있다. 이 특징을 기준으로 인간의 생애를 몇 가지 단계로 구분해 놓은 것을 발달단계라 한다. 발달단계를 구분하는 기준은 연령뿐만 아니

표 1-1 인간의 발달단계

학자	기준 또는 근거	발달단계
Freud	심리성적 본능	구강기, 항문기, 남근기, 잠복기, 생식기의 5단계
Jung	성격 발달이론	생의 전반기, 중년기의 위기, 노년기의 3단계
Piaget	인지 발달	감각운동기, 전조작기, 구체적 조작기, 형식적 조작기의 4단계
Erikson	정체감 발달	유아기, 초기 아동기, 유희기, 학령기, 청소년기, 성인 초기, 성인기, 노년기의 8단계
Havighurst	발달과업이론	유아기, 아동 중기, 사춘기, 초기 성인기, 성인 중기, 성숙기의 6단계
Kohlberg	도덕성 발달	벌과 복종 지향의 도덕, 목적과 상호교환 지향의 도덕, 착한 아이 지향의 도덕, 법과 질서 지향의 도덕, 사회계약 지향의 도덕, 보편적 원리 지향의 도덕, 우주 지향의 도덕의 7단계

라 특정한 발달영역 내지 발달 라인에 따라 발달단계를 구분하기도 한다. 신체·운동 기능 발달, 지각 발달, 인지 발달, 언어 발달, 기억 발달, 성격 발달, 사회성 발달, 정서 발달, 도덕성 발달 등이 대표적인 발달영역들이다.

인간의 발달단계 구분은 〈표 1-1〉에서처럼 관심의 초점을 어떤 기준에 두느냐에 따라 여러 학자들에 의해 다양하게 제시되었다.

그 외에도 촘스키(Chomsky)의 언어 발달단계, 길리건(Gilligan)의 배려지향적 도덕성 발달단계, 설리번의 대인관계 발달, 레빈슨, 베일런트(Vaillant) 등이 제시하는 성인기 발달단계론 등 다양한 이론이 있다.

발달심리학 분야에서 사용하는 연령별 단계는 출생 이전의 태아기, 출생 후부터 약 2세경까지의 영아기, 2세부터 6~7세까지의 유아기 또는 입학 전 아동기, 6~7세 경부터 12~13세까지의 아동기, 12~13세경부터 22~23세경까지의 청년기, 약 40세까지의 성인 전기, 40세에서 60~65세까지의 성인 중기 또는 중년기, 60대 이후의 성인 후기 또는 노년기로 구분된다(송명자, 2008).

2) 발달의 영역

인간발달의 영역은 신체 발달, 인지 발달, 심리사회적 발달의 세 가지로 대별된다. 그리고 인간의 근본적인 물음의 하나인 '나는 누구이며 또는 무엇인가'를 통한(김형준, 2007) 자기 발견의 과정인 정체성 발달은 심리사회적 발달 영역이지만 따로 떼어서 살펴보고자 한다. 정체성 발달은 평생에 걸친 발달 과제로서 인지 및 심리사회적 발달에서 가장 중요한 영역이며, 다른 발달영역에 직접 영향을 미칠 뿐만 아니라 사춘기 및 청년기에 특히 중요한 발달과제이기 때문이다.

(1) 신체 발달

성적 성숙을 동반하는 호르몬의 변화나 신체적 변화는 대개 만 17세까지 이어지는 사춘기에 비해 청년기엔 적게 일어나지만 호르몬의 완전한 성숙에 이르게 되어 신체적으로 생식 능력을 완전히 갖추게 된다. 청년기에는 심정적으로 부모가 될 준비가 안 되었다고 느끼지만 여성의 경우 20대 초반에 최적의 가임연령에 도달한다. 전 생애를 통틀어 청년기가 신체적으로 가장 건강하고 질병에도 잘 걸리지 않지만, 건강을 과신한 나머지 성병이나 건강에 안 좋은 행동습관이나 라이프스타일을 몸에 익히기 쉽다.

체격은 유전적 요인이 많이 관여되고, 성숙은 신체기관에 주어진 순서나 시간표에 따라 촉진되거나 제어된다. 운동은 체격 발육, 체지방 감소, 골성숙 촉진, 체력 향상에 긍정적 영향을 미치고, 영양상태 역시 건강 증진, 체격, 체력의 발육 발달에 큰 영향을 미치는 환경요인들이다. 가족, 교우, 코치와 교사 등 사회문화적 조건은 신체활동 참여에 영향을 주고, 신체활동 참여는 사회화에 영향을 미쳐 사회심리적 발달에도 영향을 준다. 또한, 인간의 운동 발달은 유전적 요인이 중요한 결정요인이지만, 사회문화적 조건을 매개로 스포츠 활동에 참여하고 이를 통해 심신의 발달과 긍정적 태도의 발달을 가져오

고 이것이 다시 운동 발달에 긍정적 영향을 미치는 선순환 과정을 밟게 된다
(김선웅, 2013).

(2) 인지 발달

보통 사람들은 인간의 뇌가 청년기에 완전히 발달한다고 믿고 있지만, 뇌
의 재조직화 형태로 계속 발달한다. 두뇌 속의 연결망들은 강화되기도 하고,
안 쓰면 소멸하기도 한다. 정서나 사회관계의 정보를 처리하는 뇌 조직이 성
인기로 가면서 계속 발달한다. 감정조절 능력, 분노조절 능력, 다른 사람을
이해할 수 있는 감정이입 능력 등이 발달하여 보다 이성적이 되고, 전체를 조
망하는 능력이 발달한다. 그에 따라 어떤 일을 기획하고 위험을 처리할 수 있
는 뇌조직이 청년기에 많이 발달하기 시작한다(Beck, 2012). 그 결과 충동적
인 결정을 자제하고 좀 더 기획적이고 상황에 대한 평가를 한 다음에 행동하
게 된다. 이런 면에서 청년기가 사춘기에 비해 좀 더 성숙하다고 할 수 있다.

아넷과 아넷(Arnett & Arnett, 2006)은 청년기를 통해 복잡한 사회에서 요구
되는 복잡한 사고의 형태가 출현한다고 본다. 인지가 좀 더 복잡해지면서 교
육이 이러한 발달에 중요한 역할을 하게 되고, 교육수준에 따라 인지 발달은
청년기에 많은 개인차가 생기게 된다.

(3) 심리사회적 발달

심리사회적 발달은 사회정서적 발달이라고도 하며, 성격의 안정성과 변
화, 대인관계, 사회적 관계의 성장과 변화 등을 의미한다. 심리사회적 발달론
은 에릭슨으로 대표되며, 내적인 욕구와 본능, 외적인 문화 · 사회적 욕구 간
의 상호작용으로 심리사회적 발달이 전 생애를 통해 계속된다고 보았다.

발달의 주체인 자아정체감의 형성과 발달이 심리사회적 발달에서 중요한
위치를 차지하며, 청년기 발달의 핵심 주제가 된다. 또한, 성 역할 정체성 문
제와 인간발달에 직간접적으로 영향을 미치는 부모나 또래 이성교제 등의 인

간관계, 사회의 문화·규범·제도 등의 사회적 조건 등도 비중 있게 다루어 지고 있다.

(4) 정체성 발달

인간이란 외모가 어떠하든 '자신의 존재를 궁금해하고 답을 찾아갈 정도의 지성을 가진 존재'로 규정된다. 이처럼 인간은 '나는 누구인가'라는 물음을 계속 던지면서 살아가는 존재이기 때문에 인간이란 과거와 현재의 경험들과 미래의 기대 간에 일관성을 추구한다. 개인의 정체성이란 바로 타인에 대해 자신이 갖는 동질성 및 일관성과 부합되는 내적 동질성과 연속성을 의미한다. 정체성을 표현하는 말로 프로이트의 영향을 받은 에릭슨이 제창한 자아정체성(ego identity)과 융에서 비롯된 자기정체성(self identity)이 있다. 우리나라에서는 이 둘을 모두 '자아정체성'으로 부르는 학자가 많으나, 융은 의식의 중심인 '자아(ego)'와 성격의 중심인 '자기(self)'를 분명하게 구분하고 있다. 인간의 행동을 결정짓는 것은 성격이고, 행동을 통해 성격을 알 수 있다. 따라서 비교적 일관성을 갖는 성격적 특성에 비중을 두고 정체성을 정의한다면 '자기정체성'이란 표현이 적절할 것이다.

또한 융이 말하는 '자기(self)'는 의식과 무의식을 아우르는 중간 영역에 위치해 있다. 정체성이란 개인이 어떠한 사람인가를 묻는 질문과 연관되므로 의식에 국한하기보다는 의식과 무의식, 신체(신체적 자아)와 마음(심리적 자아)과 영(참나)을 포괄하는 총체로서의 '자기(self)'를 전제로 규정하는 것이 전인적 관점의 인간관에 보다 적절할 것이라 본다. 자기는 신체적 자아, 심리적 자아, 참나를 포괄하는 총체적인 정체성이고, '나는 누구인가'라는 물음을 통해 참나를 찾는 여정이 계속되므로, 융이 말하는 개성화(individuation)가 평생 동안 진행된다. 개성화란 바로 '자기다움'이라 할 수 있다. 대개 불혹의 나이인 40대에 이르면 상당한 수준으로 개성화가 진행되어 잘 바뀌지 않는 정체성을 갖게 된다. 일반적으로 중년기가 되면서 성격의 중심은 의식적인 자아로부터 의식과 무의식의 중간 지대인 자기로 이동하게 된다.

　자기정체성을 측정할 때 질문영역은 직업, 종교, 정치관, 철학적 생활양식, 우정, 이성교제, 성 역할, 여가활동 등이다. 여기에 덧붙여 개인의 정체성 형성에 중요한 과거의 주요 사건을 서술하게 하는 서술정체성 접근에 의하면, 미국 대학생의 경우 관계망(가족, 친구, 이성친구, 이웃), 삶과 죽음의 문제, 취미, 성취 관련 과거사를 정체성 형성의 가장 중요한 사건으로 언급하였고, 그 외에 자기발전, 믿음과 가치, 진로, 외부 사건, 정신건강, 자율 등이 있다. 한국 대학생의 경우엔 압도적으로 '진로'와 관련된 경험을 전환점으로 언급하였다(김근영, 2013). 청년기 정체성은 청년기의 주요 과업인 일, 사랑, 세계관의 선택을 통해 드러난다고 할 때, 한국 대학생들이 삶의 중요 전환점과 관련된 경험에서 '진로'를 언급하는 것은 그들의 최대 관심이 직업선택과 진로문제임을 알 수 있다.

　일과 관련된 진로정체성 외에 청년기의 주요 과업인 사랑과 세계관에 대해 살펴보자. 사랑은 이성, 나아가 배우자를 선택하는 문제로 누군가를 사랑하고 사랑 받을 수 있는 존재로서의 정체감과 연관되며, 이것은 개인의 장점과 매력을 대변하는 정체감으로서 긍정적 자기개념에서 중요한 위치를 차지한다. 그런데 올바른 성차와 성 역할에 대한 이해가 없으면 남녀 간의 사랑은 난관에 봉착할 수 있다. 따라서 사랑과 성 역할 정체성은 동전의 양면과 같다고 할 수 있다. 세계관은 내가 살고 있는 터전인 세계가 무엇인가에 대한 물음이고 동시에 세계 속에서 내가 차지하는 위치는 무엇인가라는 물음에 관한 것이다. 세계관의 선택은 개인의 자유영역이고 저마다 생존을 위한 경쟁을 벌이며 살고 있지만 최소한 세계 내의 모든 존재들의 상호연결성과 공존의 질서가 세계의 기본 질서임을 인식하는 것이 중요하다. 분리와 공멸의 질서로는 세계가 유지될 수 없기 때문이다.

　세계관, 가치관, 인간관은 별도로 분리된 별개의 개념이 아니라 상호 밀접한 관련을 갖고 영향을 주고받으면서 정체감 형성과 삶의 의미 형성에 관여하고 있다. 사랑과 일은 인생에서 가장 중심적인 두 영역이므로 성 역할이나 진로에 관한 내용은 다른 장에서 계속 다루어질 것이다.

3. 청년기의 발달과업

발달과업이란 특정 발달단계에서 마땅히 달성해야 할 과업을 말한다. 즉, 개인이 정상적인 성장과 발달을 이루기 위해서 일정한 시기에 꼭 발달하지 않으면 안 되는 것을 의미한다. 발달과업 중의 일부는 생물학적 발달과 관련되며, 일부는 사회가 요구하는 특정 규범에 관한 것이고, 또 사람들 스스로 달성해 내야 하는 것들도 있다(송명자, 2008).

전 생애 발달론의 관점에서 인간의 발달단계와 발달과업을 제시한 학자는 많지만 여기서는 최초로 '발달과업'이란 용어를 제안한 해비거스트와 자아정체감의 형성과 발달에 초점을 맞춰 심리사회적 발달론을 전개한 에릭슨, 성인기 발달에 초점을 맞춰 인생구조론을 전개한 레빈슨(Levinson), 대학생 시절의 발달과업을 다룬 치커링(Chickering)의 이론에 대해 살펴보기로 한다. 발달은 반에서 1등을 해야 한다는 것과 같은 성취지향적 목표와는 달리 됨의 과정이기 때문에 특정한 시기에 완결되는 것은 아니다. 이처럼 인간의 됨은 끝이 열려 있기 때문에 평생 보다 온전한 됨을 향해 계속 나아간다. 여기서 제시되는 청년기 발달과업은 다음의 성인기를 성공적으로 준비하기 위해 꼭 필요한 과제로서의 의미를 담고 있는 것이다.

1) 해비거스트의 초기 성인기 발달과업

해비거스트는 '발달과업'이란 용어를 창시하였고, 교육을 통한 변화를 발달적 시각으로 확대하는 데 지대한 공헌을 하였다. 그는 발달과업을 상당히

해비거스트(Robert James
Havighurst, 1900~1991)

규범적으로 정의하였다. 즉, 인생의 어떤 시기에 발생하는 발달과업을 성공적으로 완수하면 행복과 이후의 발달 성공으로 이끌지만, 실패할 경우 개인적 불행, 사회로부터의 배척, 이후의 발달 장애로 된다고 본 것이다. 해비거스트의 발달과업은 에릭슨이 프로이트의 심리학에 뿌리를 두고 자아 발달을 기술하는 데 비해 사회문화적인 성격을 갖고 있다. 이런 이유로 발달심리학을 중심으로 인간발달이론이 전개된 분위기 속에서 조명을 덜 받아 왔지만, 교육적 관점에서 그의 이론이 시사하는 바는 크다. 그는 에릭슨이 말하는 '발달의 결정적 시기' 대신에 올바른 학습의 타이밍이 있음을 지적하고 '가르칠 수 있는 순간(teachable moment)'이란 용어를 만들어 냈다. '가르칠 수 있는 순간'이 내포하는 의미는 그 순간을 놓치거나 올바른 타이밍을 만나지 못하면 학습을 통한 발달이 일어나기 어렵다는 것이다. 이것은 나중에 놀스(Knowles)에 의해 성인학습의 원리의 하나인 '학습준비도'란 용어로 채택되었다(Knowles, 1980).

해비거스트는 발달과업이 발생하는 세 가지 원천으로 신체적 성숙, 개인적 가치, 사회의 압력을 들었다. 신체적 성숙과 관련된 발달과업은 걷기, 말하기, 그릇이나 변기를 다루는 것, 이성에게 수용될 수 있게 처신하기, 폐경기에 적응하기 등을 예로 들 수 있고, 개인적 가치와 관련된 발달과업은 직업선택, 철학적 관점을 갖추는 것 등이 있으며, 사회적 압력과 관련된 발달과업은 읽기, 역할기대, 책임 있는 시민이 되는 학습 등이 있다. 발달과업은 보통 이 세 가지 요인의 상호작용으로 생겨나며, 연령의 증가에 따라 자연히 성취되는 것이 아니고 신체적 성숙, 사회적인 요구와 개인의 의도적인 노력이 상호작용함으로써 달성되는 것이다.

해비거스트(1971; 1980)는 성인기를 초기 성인기(20~35세), 중년기(35~60세),

만년의 성숙기(60세 이상)로 나누었다. 20대 청년기는 초기 성인기에 해당한다. 초기 성인기의 발달과업으로 배우자를 선택하여 결혼하는 것, 배우자와 함께 살아가기를 배우는 것, 가족의 출범과 자녀양육, 가정경영, 직업활동을 시작하는 것, 시민의 책임을 받아들이는 것, 마음에 맞는 사회집단을 찾는 것을 제시하고 있다.

첫째, 배우자를 선택하고 결혼하는 것은 이것이 완료될 때까지는 초기 성인기에서 가장 흥미롭고 골치 아픈 과업이 된다. 둘째, 배우자와 함께 살아가기의 학습이란 결혼 후 서로를 맞추어 주면서 살아가는 법을 배우는 것을 말한다. 서로의 감정을 표현하고 통제하는 법을 배워서 친밀하고 행복하게 살아갈 수 있어야 한다. 셋째, 가족의 출범은 첫 자녀의 출생으로부터 시작된다. 자녀양육은 젊은 부부가 이전에는 경험하지 못했던 아주 큰 책임을 떠맡게 되는 것을 의미한다. 자기 스스로가 아닌 타인의 삶을 책임져야 하는 것이다. 이 책임을 감당하기 위해서는 어린아이의 신체적·감정적 욕구를 충족시키는 법을 배워야 한다. 넷째, 가정경영은 의식주를 질적으로 잘 관리하는 것을 말한다. 다섯째, 직업활동은 성인 초기에 시간과 에너지를 가장 많이 투입하는 과업이 된다. 배우자와 함께하는 시간을 비롯한 다른 모든 것을 연기시키고 직업활동에 몰두한다. 여섯째, 시민의 책임을 받아들이는 과업은 가족 이외의 이웃이나 지역사회, 사회조직 등의 복지에 대한 책임을 사회의 일원으로서 떠맡는 것을 의미한다. 일곱째, 마음에 맞는 사회집단을 찾는 과업은 결혼으로 인하여 예전의 사회적 관계가 깨지고 새로운 친구 관계가 형성되는 것, 새로운 여가 패턴에 맞는 벗을 찾아 함께 시간을 보낼 수 있는 관계를 맺고 집단을 형성하는 것과 관련이 있다.

해비거스트의 발달과업이론이 시사하는 바는 각 시기의 발달과제를 교육과 학습을 통해 상당 부분 해결할 수 있으며, 해결할 수 있도록 상호작용적 요소들을 체계적으로 동원하여 정보를 제공하고 발달을 도와야 한다는 것이다.

2) 에릭슨의 성인 초기 발달과업

에릭슨은 프로이트의 제자이지만 프로이트와는 다르게 인성 발달에 있어서 사회적 상호작용의 역할을 강조하였다. 에릭슨은 일생 동안 겪는 여덟 가지의 구별되는 발달시기가 있으며 각 시기마다 해결해야 할 위기가 있다고 한다. 그 위기를 잘 극복하면 순조로운 삶을 영위하게 되지만 그 위기를 극복하지 못하면 다음 단계에서의 발달에 어려움을 겪게 된다. 그렇더라도 다음 단계로 진행하지 못하는 것은 아니다. 이른바 '에릭슨의 여덟 가지 발달단계'는 앞 단계의 발달과업을 해결하지 못하면 다음 단계로 나아가지 못하는 의미의 '단계(stage)'가 아니라 일정한 연령에 도달하면 겪게 되는 삶의 자연스러운 과정으로서의 '시기(age)'이고, 위기 극복을 못하더라도 신체적 성숙이나 사회적 압력 때문에 다음 단계로 넘어가게 되어 있다고 본다. 에릭슨은 유전과 환경의 상호작용을 통한 인간발달을 후성유전학(epigenetics)의 원리로 설명했다. 후성유전학 원리란 유전자 속에 선천적으로 주어진 발달 소인(ground plan, 기초안) 내지 시간표가 있고, 후천적 경험이나 환경에 의해 그 특정한 유전적 소인이 활성화된다는 것이다. 각 발달요소는 발달의 결정적

표 1-2 에릭슨의 8가지 심리사회적 발달단계

연령	심리사회적 위기
생후~1세	기본적 신뢰감 대 불신감
1~3세	자율성 대 수치심/회의감
3~6세	주도성 대 죄책감
6~12세	근면성 대 열등감
12~20세	정체성 형성 대 역할 혼미
20~40세	친밀감 대 고립감
40~65세	생산성 대 침체성
65세 이상	자아통합 대 절망감

시기(ascendancy)가 있다고 본다. 이러한 여덟 단계의 시기를 거치면서 결국 '자아정체성(ego identity)'이 발달하게 된다. 이런 맥락에서 에릭슨의 발달이론은 의존적이고 미분화된 자아로부터 자율적이고 통합된 자아로 발달해 가는 과정에 대한 설명이라 할 수 있다(Erikson & Erikson, 1998).

　에릭슨에 의하면 20대 청년기는 성인 초기에 해당한다. 이 기간은 18세에서 35세에 해당한다. 이 시기의 갈등 상황이나 위기는 '친밀감 대 고립감'이다. 12세에서 18세까지의 사춘기에서 자신에 대한 신뢰감과 자율성, 주도성을 바탕으로 형성된 '자아정체감'이 좀 더 사회적으로 확대되는 단계에서의 갈등 상황이다. 성인으로서 자신과 가족의 생존에 필요한 자원이 존재하는 사회환경에서의 '친밀한 관계망'을 구축하는 것이 장차 성인으로서의 역할을 수행하는 데 꼭 필요하게 되고, 그 기초는 친구, 이성, 사회적 관계에서의 연대의식과 따뜻한 인간관계다. 여기서 친밀한 관계구축을 못하면 고립감을 느끼게 된다.

　친밀한 관계란 타인을 이해하고 수용하는 것으로부터 형성되며, 에릭슨에 의하면 자신의 정체감과 타인의 정체감을 융합시킬 수 있는 능력에서 나온다. 따라서 진정한 친밀감은 자아정체감이 어느 정도 형성된 후에야 가능하다. 이 단계에서 친밀감 형성을 통해서 진정한 우정, 안정된 사랑, 결혼의 지속을 기대할 수 있다. 확고한 정체감을 형성하지 못한 성인들은 대인관계를 두려워하고, 사랑 없는 성행위, 정서적 안정감이 결여된 관계를 추구하게 된다(정옥분, 2007). 자기 자신을 편안하게 느낄 수 있는 자아정체성을 형성하지 못하면, 자기를 비하하게 되어 대인관계의 자신감이 없어진다는 것을 알 수 있다.

3) 레빈슨의 청년기 발달과업

　레빈슨은 성격심리학자이며 긍정적 성인발달론의 선구자 중 한 사람으로서 하버드 대학교 재직 시절 에릭슨으로부터 영향을 받았다. 그는 에릭슨과

레빈슨(Daniel J. Levinson,
1920~1994)

같이 발달단계의 각 시기가 나름대로 모두 중요하고 중요도에 따른 단계별 위계를 인정하지 않고 평등하다는 계열적 시기(sequential periods)를 주장하였다. 레빈슨은 발달을 전 생애에 걸친 좀 더 전체적인(holistic) 관점에서 파악하려고 노력하였고, 그 결과 인생을 자연의 순환처럼 사계절의 시기로 나누어 고찰하였다. 앞서 살펴본 바와 같이 그는 인생주기를 아동기와 청소년기(0~22세), 성인 초기(17~45세), 성인 중기(40~65세), 성인 후기(60세 이상)의 네 시기로 나누었다. 그리고 레빈슨은 이 발달적 변화의 기본이 인생구조(life structure)의 변화라 보았다.

인생구조란 "어느 일정 기간에 한 개인의 삶의 기본적 형태 또는 모형이다"(Levinson et al., 1996: 81). 인생구조는 '삶의 양식을 선택함으로써' 형성된다. 따라서 개인의 인생구조는 선택의 주체인 자아와 선택의 대상인 세계로 이루어져 있고, 자아와 세계는 상호 침투되어 상호작용하고 있다. 성인의 발달은 자아와 세계가 상호 침투해서 발전되어 가는 과정의 이야기다. 인생구조는 잘 변하지 않는 구조적인 선택과 관련된 영역으로서 세계관의 선택, 직업의 선택, 중요한 인간관계(배우자, 멘토, 중요한 친구관계 등)의 선택 등을 통해 주로 형성된다. 이러한 인생구조 속에서 인간의 성격이 형성되며 어떤 종류의 인간으로 되어 간다. 구조적인 선택이 변하면 인생은 큰 변화를 겪게 된다. 인생구조는 성인기 동안 상당히 질서 정연한 계열을 통해 전개되고 있고, 이 계열은 안정기(구조형성기)와 전환기(구조변화)가 교차되는 일련의 시기로 이루어져 있다. 전환기는 일종의 환절기와 같다. 어떤 인생구조가 사회에서 실현 가능하고 자아에 어울린다면 '만족'스럽다고 할 수 있다. 그런데 만약 어떤 사람의 인생구조가 사회에서 실현 가능하긴 하나 내면의 자아와는 밀접한 접촉이 없는 빈약한 인생구조를 형성하게 되면, 그는 사회적 역할을 수행하고 본분을 다하지만 자신의 삶은 내적인 희열이나 정취가 결여되어 만족스럽지 않은 삶을 살게 된다. 따라서 인생 주기의 단계에서 해결해야 하는 발달과제는 성숙을 위한 도전이면서 동시에 제대로 해결하지 못하면 고통을 당할 수 있는 위기(crisis)라 할 수 있다. 그래서 레빈슨의 발달단계론을 단계-위기 관점(stage-crisis view)이라고도 부른다.

20대 청년기는 레빈슨 이론에서 성인 초기에 해당하고 성인 초기 중에서도 성인 초기 전환기와 성인 입문기에 해당한다. 이 시기의 중요한 발달과제는 첫째, 꿈을 형성하고 인생구조 안에 그 꿈을 배치하기, 둘째, 스승관계(또는 상사관계)를 맺기, 셋째, 직업을 선택해서 이력을 쌓아 나가기, 넷째, 사랑관계를 맺어 결혼하고 가족을 이루기 등이다.

위 네 가지 청년기의 발달과제 중에서 중심적 위치에 있는 것은 '꿈'이다. 꿈은 성인세계 안에서 자신에 대한 막연한 자아감이다. 그것은 흥분과 생동감을 생성해 내는 비전, 막연한 가능성과 같은 성질을 갖고 있다. 성인 초기에 꿈과 연관된 인생구조를 형성한 사람들은 개인적 성취를 위해 유리한 조건을 갖게 된다. 그 꿈을 실현하도록 촉진시켜 줄 다른 성인과의 의미 있는 관계, 즉 스승이나 여성, 그리고 일을 선택하게 된다(Levinson et al., 1996).

4) 치커링의 대학 시절 발달지향과업

치커링은 대학생의 정체성 개발을 위해서 일곱 가지 발달지향과업(seven vectors of development)을 제시했다. 일곱 가지 발달지향과업은 역량개발, 감정조절, 자율에서 상호의존으로의 이동, 성숙한 대인관계 개발, 정체성 확립, 목표개발, 통합성 개발이다. 이들은 결국 생각을 다루고, 감정을 다루고, 믿음을 다루고, 관계를 다루는 과업들이다. 또 이들은 서로 상호작용하는 경향성을 갖고

치커링(Arthur W. Chickering, 1927~)

있다(Chickering & Reisser, 1993).

첫째, 역량개발은 지적 역량, 신체적 역량, 대인관계 역량 등 세 가지 영역을 제시한다. 지적 역량은 다시 지적·문화적·심미적 교양의 성장, 교과지식의 획득, 추리패턴에서의 변화 등 세 가지를 들고 있다. 결정적으로 중요한 사고 스킬이나 인간성에 대한 깊은 이해의 성장은 대학생의 관점 변화에 본질적인 중요성을 갖는다. 역량이 개발되면 유능감(sense of competence)이 생기게 되는데, 유능감은 장애물이 생겨도 능히 대처할 수 있고 목표를 성공적으로 성취해 낼 수 있다는 자신감을 말한다.

둘째, 감정조절과 관련하여, 청년들은 자기의 느낌을 알아차리고 그것을 신중한 행동이나 의사결정을 위한 정보로 활용할 줄 아는 것을 배우는 게 중요하다. 느낌을 광범위하게 표현할 줄 알면 그만큼 감정표현을 효과적으로 잘하게 되고 감정통제도 잘할 수 있게 된다. 나이가 많다고 감정조절을 잘하는 것은 결코 아니다. 따라서 감정을 이해하고 받아들이고 표현하는 것을 꾸준히 학습해야 한다.

셋째, 자율적으로 되는 것과 관련하여, 성숙된 자율성은 정서적 독립과 도구적 독립을 필요로 한다. 정서적 독립이란 다른 사람으로부터의 재확인과 승인의 압박에서 벗어나는 것이고, 도구적 독립이란 다른 사람의 도움 없이도 주도적으로 행동하고 문제에 대처할 수 있는 것을 말한다. 동시에 각자는 전체의 일부임을 이해하고, 사회에 기여하지 않고는 사회로부터 편익을 얻을 수 없음과 개인의 권리는 사회적 책임을 동반한다는 것을 인식하는 등 상호의존성을 받아들여야 한다.

넷째, 성숙한 대인관계 개발을 위해서는 다른 사람을 이해하고 감사하는 것을 배워야 한다. 문화의 뒤섞임을 인내하고 정직한 소통 및 다른 사람과의 차이를 깊이 이해하는 것도 요구된다. 이를 바탕으로 장기적으로 친구, 가족, 중요한 타인과 친밀한 관계를 개발하고 유지하는 역량을 기를 필요가 있다. 친밀한 관계를 오래 유지하기 위해서는 나름대로의 자기다운 매력이 있어야 하므로 대인관계를 통해 자기의 감정과 가치에 충실하게 되고, 자기존중과 정체성의 개발로 이끌게 된다.

다섯째, 정체성 확립과 관련하여, 정체성이란 자신의 내적 동일성과 연속성을 유지하는 능력에 대한 자신감이라 할 수 있는데, 이를 위해서는 자신의 육체적 욕구와 특징, 외모를 이해해야 하고 성 정체성과 민족성, 역할과 행동을 확실히 알아야 한다. 정체성 확립은 자기 자신과 편안하게 지낼 수 있는 것을 의미한다. 안정적으로 되고, 자기 존중을 하게 되고, 다른 사람의 비판이나 피드백을 다룰 수 있게 된다.

여섯째, 목표(purpose)를 개발하기 위해서는 취미, 직업과 관계된 계획, 생활양식을 통합한 미래 계획과 우선순위를 만들어야 한다. 각자는 미래에 대한 책임감을 발전시키고, 평생직업을 개발하고, 궁극적인 목표(goal)를 설정하고, 의사결정을 좀 더 유능하게 하게 된다.

일곱째, 통합성 개발을 통해 어떤 사람이 지닌 가치가 보다 개인적이고 인간적이 되도록 한다. 사람들은 내적 일관성을 가지면서 행동을 지도해 줄 수 있는 개인적인 신념체계를 나름대로 선택하고 그 타당성을 계속 검사하며 살아간다. 사회생활에서 자신의 이해관계와 다른 사람의 이해관계를 맞추어 균형을 유지하는 과정에서 경직된 가치체계는 보다 인간적으로 변한다. 동시에 문자로 쓰인 것을 절대적으로 믿는 자세를 버리고 상대적 관점을 채택하여 그에 맞게 행동한다.

치커링의 '대학 시절의 일곱 가지 발달지향과업' 이론 역시 '진정한 자기를 찾아가는 여정으로서의 삶'의 연장선상에 있다고 할 수 있다. 진정한 자기를 찾는 여정은 인생의 특정한 시기에 완결되는 것이 아니라 평생에 걸쳐 이루어진다. 인생을 하나의 예술작품을 빚어내는 것으로 비유한다면 '사람됨'의 끝은 열려 있기 때문에 누구나 인간인 한 미완성인 채로 생을 마감할지라도, 좀 더 완성도가 높은 예술작품을 만들수록 스스로 만족스럽고 다른 사람에게도 깊은 감동을 줄 수 있을 것이다.

성찰질문

1. 지금 현재 자신이 처한 발달단계는 무엇이며, 발달과업은 무엇인가?
2. 그 발달과업을 해결하기 위하여 어떤 계획을 가지고 있는가?

참고문헌

곽금주(2013). 흔들리는 20대(초판 5쇄). 서울: 서울대학교 출판문화원.

김근영(2013). 대학생의 자아정체성 측정의 지위적 접근과 서술적 접근: 문화권에 따른 유사점과 차이점을 중심으로. 청소년학연구, 20(6), 73-102.

김선웅(2013). 인간의 신체와 운동기능의 발육발달에 관여하는 주요인 및 조건에 관한 고찰. 한국발육발달학회지, 21(3), 157-169.

김형준(2007). 인도 신화의 특성: 인간의 근본적인 물음에 대하여. 동아시아 문화와 예술, 4, 6-16.

박문각 시사상식편집부(2014). 시사상식. 서울: 박문각.

송명자(2008). 발달심리학. 서울: 학지사.

아시아투데이(2009. 6. 22.). 늙어가는 신입사원…… 10년 새 신입 입사나이 2.2세 증가. http://www.asiatoday.co.kr/view.php?key=259388에서 인출(2014. 6. 27.).

안선영, Cuervo, H., & Wyn, J. (2010). 청년기에서 성인기로의 이행과정 연구 I: 총괄 보고서. 한국청소년개발원 연구보고 10-R18, 1-267.

이주영, 권동택(2013). 학습자중심교육에서의 발달이 갖는 교육적 의미. 학습자중심 교과교육연구, 13(6), 69-85.

인크루트(2009. 3. 9.). 대학생 재학기간, 10년 만에 '5년 7개월 → 6년'. http://people.incruit.com/news/newsview.asp?gcd=10&newsno=515498에서 인출(2014. 6. 26.).

임진영, 최지은(2011). 인간발달 연구의 동향과 교육학적 시사: 맥락주의 접근을 중심으로. 교육심리연구, 25(4), 875-901.

정옥분(2007). 전생애 인간발달의 이론(2판 1쇄). 서울: 학지사.

정옥분(2008). 청년발달의 이해(개정판). 서울: 학지사.

통계청(2014). 시도별 평균초혼연령. http://kostat.go.kr/wnsearch/search.jsp에서 인출(2014. 6. 27.).

허형(2005). 구성주의적 학습과 인간발달, 그리고 사이버 문화. 한국인간발달학회 2005 학술심포지엄 기조강연자료.

Arnett, J. J. (2000). Emerging adulthood: A theory of development from the late teens through the twenties. *American Psychologist*, May 2000, 469–480.

Arnett, J. J. (2006a). Emerging Adulthood: Understanding the New Way of Coming of Age. In J. J. Arnett & J. L. Tanner (Eds.), *Emerging adults in America: Coming of age in the 21st century* (pp. 3–19). Washington, DC: American Psychological Association.

Arnett, J. J. (2006b). G. Stanley Hall's Adolescence: Brilliance and nonsense. *History of Psychology, 9*(3), 186–197.

Arnett, J. J., & Arnett, J. L. (2006) (Ed.). *Emerging Adults in America, Coming of Age in the 21st Century*. American Psychological Association.

Baltes, P. (1987). Theoretical propositions of life-span developmental psychology: On the dynamics between growth and decline. *Developmental Psychology, 23*(5), 611–626.

Beck, M. (2012). Delayed Development: 20-Somethings Blame the Brain. *The Wall Street Journal* (23 August 2012).

Chickering, A. W., & Reisser, L. (1993). *Education and identity* (2nd ed.). San Francisco, CA: Jossey-Bass.

Dewey, J. (2007). 민주주의와 교육(*Democracy and education*, 이홍우 역). 경기: 교육과학사. (원저 1916년 출판).

Erikson, E. H., & Erikson, J. M. (1998). *The Life Cycle Completed* (Extended Version). NY: W. W. Norton & Company.

Havighurst, R. J. (1971). *Developmental Tasks and Education* (3rd Edition). NY: Longman.

Havighurst, R. J. (1980). Social and developmental psychology: Trends influencing the future of counseling. *The Personnel and Guidance Journal, January 1980*, 328–333.

Henig, R. M. (2010). What Is It About 20-Somethings?. *The New York Times* (18 August 2010).

Knowles, M. S. (1980). *The modern practice of adult education: From pedagogy to andragogy* (Revised and updated). NJ: Prentice Hall Regents.

Lerner, R. (2006). Developmental science, developmental system, and contemporary theories of human development. In W. Darmon & R. Lerner (Eds.), *Handbook of child psychology, Volume I , Theoretical models of human development* (6th ed.). NY: John Wiley & Sons, Inc.

Levinson, D. J., Darrow, C. N., Klein, E. B., Levinson, M. H., & McKee, B. (1996). 남자가 겪는 인생의 사계절(*The seasons of man's life*, 김애순 역). 서울: 이화여자 대학교 출판부. (원저 1978년 출판).

Meyerhoff, M. (2006). Understanding cognitive and social development in a newborn. Retrieved from http://health.howstuffworks.com(30 June 2014).

Mezirow, J. (2006). An overview on transformative learning. In K. Illeris (Ed.) (2009), *Contemporary theories of learning* (pp. 90–105). NY: Routledge.

Röder, B. (2006). Blindness: A source and case of neuronal plasticity. In P. Baltes, P. Reuter-Lorenz, & F. Rösler (Eds.), *Lifespan development and the brain: The perspective of biocultural co-constructivism* (pp. 134–157). New York: Cambridge University Press.

Tart, C. T. (Ed.) (1997). *Body mind spirit: Exploring the parapsychology of spirituality*. Hampton Roads Publishing Co.

Voigt, D. W. (2005). Principles of human development. *Futurics, 29*(3/4), 23–67.

Wilber, K. (2008). 통합심리학(*Integral psychology: Consciousness, spirit, psychology, therapy*, 조옥경 역). 서울: 학지사. (원저 2000년 출판).

제**2**장
나는 누구인가

> 너 자신을 알라.
> —그리스 격언—
>
> 아는 것이 힘이다.
> —Francis Bacon—

고대 그리스 격언 '너 자신을 알라[그리스어: 그노티 세아우톤(γνῶθι σεαυτόν)].' 와 영국의 철학자 프란시스 베이컨(Francis Bacon)의 주장에 근거한 '아는 것 이 힘이다(knowledge is power).'라는 말은 인간의 발달단계에서 자신을 아 는 것이 얼마나 중요한지를 깨닫도록 하는 명언으로, 지금까지 가장 많이 회 자되고 있다. 실로 세상을 살아갈 힘이 자기 자신을 아는 데서부터 출발해야 한다는 가르침으로 청년기의 진로 선택에서도 중심적인 역할을 한다(Super, 1990).

우리는 자기 자신에 대해 얼마나 알고 청년기를 보내고 있을까? 특히, 취업 을 준비하기 위하여 탐색을 하고 나서 충분히 자기 자신을 이해하고 진로를 결정하는 것일까? 만약 그렇다면 자신의 지적인 면, 신체적인 면, 성격적인 면, 사회적인 면 등 총체적으로 자기 특성에 대해 이해하고 내린 결정일까?

분명한 것은 내가 누구인가를 알기 위해서는 자기 자신을 제대로 이해하고

아는 것이 바탕이 되어야 한다는 사실이다. 자기 이해는 청년기의 자기탐색
과 의사 결정에 중요한 영향을 미칠 뿐만 아니라 사회적 관계에도 매우 밀접
한 관련이 있기 때문이다. 그러므로 청년기는 자기의 위치나 능력, 역할, 책
임 등에 대해 의식하고 진로의 방향이나 목표를 주도할 수 있도록 해야 한다.
특히, 자신에 대한 올바른 이해를 통해 자아개념, 자아존중감, 자기효능감,
그리고 건강한 자아정체감 확립이 중요하다.

1. 자아개념

자아개념(self-concept)은 자신에 대한 주관적이고 총체적인 지각과 평가다.
즉, '나는 누구인가'의 질문에 대한 통합적인 대답이라고 할 수 있다. 인간이 갖
는 실존의 의미는 나 자신이 누구인가를 분명히 하는 데서 시작한다고 볼 때,

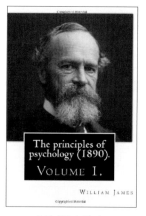

자아개념은 나 자신에 대한 의식으로서 나를 통제하고 나의
행동을 만드는 주체가 되기 때문이다. 다시 말하면 자아개
념은 '나'로서 간주할 수 있는 자신의 특성으로서 신체적 특
성은 물론 개인적 기술, 가치관, 희망, 역할, 사회적 신분 등
을 포함한 것으로 자기 존재에 대한 인지적 구성개념이다.

이러한 자아개념은 제임스(James)가 1890년에 그의 저
서 『심리학의 원리(The principles of psychology)』에서 자아
(self)라는 개념을 심리학에 처음으로 도입한 후 오늘날까
지 많은 분야에서 관심의 대상이 되고 있다.

『심리학의 원리』

1) 자아개념의 구분

자아개념은 앞서 설명했듯이 자기 자신에 대한 이해와 이를 기반으로 자신

[그림 2-1] 자아개념의 구분

에 대해 갖고 있는 조직적이고 지속적인 인식을 말하는 것으로, 현재 자신이 어떤 존재인가에 대한 개인의 개념뿐만 아니라 되고 싶어 하는 모습에 대한 의식적 지각과 가치를 포함한다(김이영, 배헌석, 이우언, 2014).

스트랭(Strang, 1957)은 자아개념을 [그림 2-1]과 같이 크게 전체적 자아개념, 일시적 자아개념, 사회적 자아개념, 이상적 자아개념 등 네 가지로 구분하였다.

첫째, 전체적 자아개념은 자신의 능력, 신분, 역할에 대한 전반적 인식인 자아개념이다. 즉, 나와 관련된 모든 자기 지각이다.

둘째, 일시적 자아개념은 순간적인 기분에 의해 영향을 받는 자아개념이다. 즉, 일시적인 느낌의 영향을 받아 자신의 모습을 드러내는 것이다.

셋째, 사회적 자아개념은 다른 사람이 자신을 어떻게 보느냐에 따라 자신을 평가하는 자아개념이다. 즉, 사회적 관계 속에서 내가 어떻게 보이느냐에 대한 것이다.

넷째, 이상적 자아개념은 자신이 그렇게 되었으면 하고 바라는 자아개념이다. 즉, 현재 자신이 갖기를 원하거나 버리고 싶어 하는 인간상을 표현한 자기의 모습이다.

이처럼 우리는 사회적 관계 속에서 다른 사람과 구별되는 자신의 독특한 존재를 인식하면서 자아개념을 형성해 나가고 사회적 발달과 상호작용을 한다. 다시 말하면 한 개인의 자아개념은 사회적 관계 속에서의 경험을 통해 사회적인 다양한 자극과 상호작용함으로써 만들어지고 형성된다. 자아개념의 대부분이 사회적 접촉과 경험에서 비롯되기 때문일 것이다. 그러므로 사회적인 존재로서의 자아개념에 대한 이해가 중요하다.

(1) 자아개념의 구성요소

제임스는 심리학적 관점에서 자아개념을 '한 개인이 자기 것이라고 말할 수 있는 모든 것'이라고 보고 자아개념의 구성요소를 〈표 2–1〉과 같이 네 차원으로 보았다. 그는 경험적 차원에서 하나의 자아는 개인과 사회환경과의 상호작용을 통해 형성되는 점을 강조하고 물질적 자아, 사회적 자아, 정신적 자아, 순수 자아의 네 차원으로 구별하였다(송인섭, 2013).

첫째, 물질적 자아는 자신의 물질적 소유를 나타내는 것이다. 신체에서부터 입는 옷, 가족, 재산 등이 모두 포함된다. 누구든지 신체를 지키고자 하며, 장신구 같은 것으로 신체를 꾸미기도 하고, 가족을 부양하려 한다. 또한, 열심히 일하며 재산을 모으려 한다. 즉, 우리가 관심을 갖는 대상들로 물질적

표 2–1 자아개념의 구성요소

구분	내용
물질적 자아	자신의 물질적 소유를 나타내는 것이다.
사회적 자아	가족이나 친구와 같은 대인관계 속에서 그들에 의한 평가라고 할 수 있다.
정신적 자아	성격이나 능력 또는 인생관과 같은 심리적 특성으로 내적 혹은 주관적 존재다.
순수 자아	자신의 정체감을 구성하고 있는 사고의 흐름으로 추상적이고 가설적이며 개념적인 의미를 갖는다.

출처: 송인섭(2013), pp. 21-22의 내용을 표로 구성.

자아개념으로 정의된다.

둘째, 사회적 자아는 가족이나 친구와 같은 대인관계 속에서 그들에 의한 평가라고 할 수 있다. 주위 환경에 대해서 우리 스스로가 인식하는 경향성이다. 이런 점에서 보면 사람은 그를 지각할 수 있는 만큼 사회적 자아를 가지고 있다고 할 수 있다.

셋째, 정신적 자아는 성격이나 능력 또는 인생관과 같은 심리적 특성으로 내적 혹은 주관적 존재다. 데카르트(Descartes)의 '나는 생각한다. 고로 나는 존재한다.'와 같은 자신을 생각하는 것을 포함한다.

넷째, 순수 자아는 자신의 정체감을 구성하고 있는 사고의 흐름으로 추상적이고 가설적이며 개념적인 의미를 갖는다. 이는 주의집중과 반사를 통해서 형성되는 한 인간의 정신적 구인이다.

(2) 한 사람의 자아를 보는 관점

한 사람의 자아를 세 명의 자아로 나누어 생각할 수 있다(James, 1890). 실제로 존재하는 자아(Self)와 주체(subject)로서 보는 자아(I-self), 그리고 객체(object)로서 보이는 자아(Me-self)가 있어서 모두 셋이 되는 개념이다. 보는 자아는 자기 자신에 대해 의식하는 적극적인 관찰자로서 나는 어떤 사람이라는 주체적인 모습이다. 반면 보이는 자아는 관찰의 대상으로 보이고 평가되는 개념이다. 제임스는 그런 관점에서 두 사람이 만나면 사실상 여섯 사람이 된다고 했다. 즉, 실제로 존재하는 두 사람이 있고, 각각 상대방이 보는 자아가 있으며, 각각 자신이 보는 자아가 있어서 여섯이 된다.

이러한 관점은 자신을 다른 사람과 구별된 존재로 인식하면서 자신에 대한 일관적이고 통합적인 자아를 인식함과 동시에 자신을 독립된 개체로 보는 것이다. 그렇기 때문에 타인과 상호작용하며 사회적인 존재로서의 자아에 대한 성숙이 필요하다.

(3) 건강한 자아

우리는 청년기에 이르면서 많은 경험을 통해 현실을 직시한 자신의 가능성에 도전하면서 동시에 미래에 대한 꿈과 기대감을 갖게 된다. 우리가 살아가면서 실제로 경험하는 실제 자아와 바라고 소망하는 이상적 자아를 갖게 되는 것이다. 이상적 자아는 한 개인이 되고 싶어 하는 인간상을 표현하는 것으로 바라는 열망이나 그렇게 되었으면 하는 신념이다. 이러한 이상적 자아 형성의 중요성은 일반적으로 원하는 목표를 향하여 성취하려는 모습을 통하여 알 수 있다. 그러나 많은 사람들은 자신이 처한 실제 자아와 이상적 자아 사이에서 불일치를 경험하기도 한다. 성취하고자 하는 목표가 이룰 수 있는 능력의 범위 안에 있지 않기 때문일 것이다. 즉, 실제 행위나 경험이 이상적 자아와 잘 부합할 때 마음의 편안함을 가져오지만, 실제 자아와 이상적 자아가 불일치할 경우 자신을 잃어버리거나 정신적 혼란을 가져와 심리적 스트레스에 직면하게 된다.

그러므로 자기를 정확하게 파악하고 자기에 대해 편안하게 느낄 수 있어야 하며, 실제 자아와 이상적 자아 간에 일치성을 높일 수 있도록 자기를 정확히 이해하는 것이 필요하다.

2) 자아개념의 발달

자아개념 발달의 시작은 영아기의 분화와 자아인식(Self recognition)을 통해 나타나기 시작한다. 자신을 외부 환경과 구별할 수 있고, 자아인식을 통해 자아개념의 기초 단계인 자아인식 능력이 발달하는 것이다. 이후 아동기에 접어들어서는 자아를 구체적이고 물리적인 존재로서 이해하게 되고, 청소년기 이후에는 추상적인 사고의 발달에 힘입어 추상적인 자아개념이 발달한다([그림 2-2] 참조). 즉, 자아개념의 발달은 신체 자아가 우선 발달하고 난 후 추상적인 내적 자아가 발달하는 것이다.

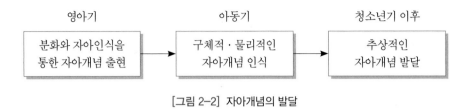

[그림 2-2] 자아개념의 발달

추상적인 자아개념이 발달하면 우리가 흔히 자신을 진보, 보수, 평등주의자 혹은 신뢰를 자신의 인생철학이라고 하는 것과 같이 자신의 신념이나 성격, 동기 등으로 자신을 설명할 수 있게 되는 것이다. 이처럼 추상적인 자아개념이 발달하면 이전에 비해 보다 복잡하고 포괄적으로 자신의 신념이나 가치를 특징화하여 설명할 수 있다.

그러나 청소년기 이후라 할지라도 초기에는 다소 혼란스러운 자아개념이 나타난다. 상황과 맥락에 따라 다른 자아개념의 모습을 나타내는 것이다. 하지만 중기가 되면 이러한 모순을 해결하기 위해 노력하고 후기에 이르면, 통합된 자아개념을 찾는 것이 가능해진다([그림 2-3] 참조). 성인기에 접어들면 사람들은 이전보다는 더욱 안정적인 자아개념을 가지게 되기 때문이다.

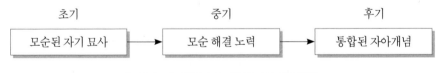

[그림 2-3] 청소년기 이후의 자아개념 발달

이와 같이 자아개념은 영아기부터 형성되어 인생의 전 과정을 통해 발달한다는 것을 알 수 있다. 자아개념이 여러 가지 다양한 변인과 상호작용을 하면서 발달하는 것이다.

3) 자아개념의 특성

자아개념은 한 인간의 행동을 결정하는 중요한 심리 기제 중 하나로 분화적인 속성, 중요 타인의 영향에 의해 형성, 자체가 강화(reinforcement)되는 경향, 자기 확대(extension of self) 등의 특성을 지니고 있다(이경화, 고진영, 최병연, 정미경, 박숙희, 2010).

첫째, 분화적 속성은 자아개념의 발달적 측면으로의 분화적인 속성이다. 즉, 인간의 각 발달단계에 따라 자아개념이 변화해 나가는 것이다.

둘째, 중요한 타인의 영향에 의한 형성은 어떤 주어진 상황에서 중요한 타인의 기대에 따라 스스로 자신에 대한 이미지를 형성하는 데 영향을 받는 것이다.

셋째, 자체가 강화되는 경향은 자기가 행한 특정 행동의 결과로서 자신이 원하는 것을 얻게 되었을 때, 자신이 수행했던 행동의 결과가 그 행동을 강화하여 다시 행할 확률을 증가시키는 것이다.

넷째, 자기 확대는 자기가 소중히 여기는 소유물이나 자기가 소속된 집단, 또는 자기 가족을 자기 자신이라고 생각함으로써 자기 자신과 동일시(identification)하는 자기 확대를 하는 것이다.

이와 같이 볼 때 자아개념은 개인의 정상적이고 건강한 발달에 필수적이며 생존을 위한 결정적인 가치라고 할 수 있다. 즉, 우리의 삶에 필수적인 것으로서 각 개인이 지니고 있는 발달의 강력한 힘이 된다.

2. 자아존중감

사람은 누구나 자기 자신을 중요한 존재로 여기고 그러한 자기 자신에 의미를 부여한다. 이러한 자신에 대한 의미 부여는 자기 자신을 인정하는 정도를 나타내는 자아존중감(self esteem)에 의해 생겨나는데, 자아존중감은 긍정

적인 측면과 부정적인 측면, 그리고 자아존중감이 높은 사람과 낮은 사람 등
으로 나타낼 수 있다. 그러므로 자아존중감은 자기 존재에 대한 전체적 평가
로서 자기가치감(self worth)이나 자기상(self image)으로 간주된다. 다시 말
해, 자아존중감은 자신에 대한 지각으로 자신에 대해 가지고 있는 개인적 가
치감이나 긍정적 평가를 의미한다.

1) 자아존중감의 발달

자아존중감은 사회적 행동을 결정하는 원인인 동시에 사회적 행동으로 인
해 영향을 받는 개인의 능력과 사회적 평가의 산물이라고 할 수 있다. 일반적
으로 한번 확립된 자아존중감은 적어도 상당 기간 동안 쉽게 변화되지 않고
안정되는 경향이 있지만, 전 생애의 각 발달단계에서 다양한 사회적 경험에
따라 반응하고 변화한다. 자아존중감은 전 생애에 걸쳐 다양한 사회적 경험
을 통해서 형성되며 변화하기 때문이다.

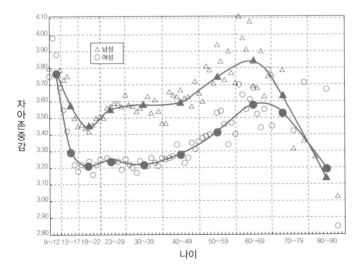

[그림 2-4] 자아존중감의 변화

출처: Robins et al. (2002), p. 428.

그렇다면 자아정체감 확립이 가장 중요한 발달과업으로 간주되는 청소년
기 이후의 자아존중감은 어떻게 발달할까? 로빈스 등(Robins et al., 2002)은 9세
에서 90세까지의 개인 325,641명을 횡단적으로 표집하여 생애에 걸친 자아
존중감의 변화를 연구하였다. 그 결과 [그림 2-4]와 같이 남녀 모두 9~12세
에 높은 자아존중감을 보이고, 중학교 시기가 되면서 저하되는데, 이때 여학
생들이 남학생들보다 더 많이 저하되고 있는 것을 알 수 있다. 사춘기를 보내
는 여학생들이 남학생들보다 자신의 변화에 더 큰 불만을 갖는 것으로 보인
다. 또한, 사춘기에 자아존중감이 낮아지는 이유는 자아의식이 급격하게 높
아지는 동시에 타인이 자신을 어떻게 보고 있는가에 대해 더욱 민감해지기
때문인 것으로 생각된다. 이 외에도 사춘기 신체 및 성적 변화와 그로 인한
정서적 동요, 정신적 긴장 등이 자아존중감을 낮추는 한 요인으로 지적되고
있다(송명자, 2010).

이후 자아존중감은 20대에 증가하며 30~40대까지 비교적 안정된 상태를
유지하고, 다시 40대에 이르면 60대까지 증가하다가 감소로 돌아선 후 70대
에 이르면 노화와 더불어 감소는 급격해짐을 알 수 있다.

2) 자아존중감의 특성

사람은 누구나 자아존중감에 의해 삶의 상당 부분을 결정한다. 이때 긍정
적인 자아존중감을 가진 사람은 긍정적으로 현실을 직시하고 생산적인 삶을
영위하지만, 부정적인 자아존중감을 가질 때는 비생산적이고 부적응적인 삶
을 살게 된다. 또한, 자아존중감이 높은 사람은 낮은 사람과 크게 대조된다.
자아존중감이 높은 사람은 생산지향의 특성을 갖고 있다고 할 수 있는데, 이
는 한 사람이 완전한 기능을 하는 것으로서 자기실현, 사랑, 경험에 대한 개
방성 등과 같은 것이다.

따라서 건전하고 긍정적인 삶을 살기 위해서는 적어도 우리 자신이 시간의

표 2-2 자아존중감을 가진 사람들의 특징

첫째, 효율적으로 현실을 지각할 수 있다.
둘째, 본성, 다른 사람 및 자기 자신에 대해 수용적인 태도를 갖는다.
셋째, 자발성, 솔직성 및 자연스러움이 있다.
넷째, 자기 밖의 문제에 몰두한다.
다섯째, 프라이버시와 독립을 중시한다.
여섯째, 자율적인 기능이 있다.
일곱째, 주위 현상과 환경에 대한 지속적인 감상의 신선함이 있다.
여덟째, 사회적 관심을 갖는다.
아홉째, 민주적인 사고방식을 갖는다.

출처: 송인섭(2013), pp. 403-405의 내용을 표로 구성.

변화에 따라 긍정적인 사고를 할 수 있어야 한다. 이와 관련해 송인섭(2013)은 자아존중감의 특성으로 긍정적인 자아존중감을 가진 사람들의 특징을 〈표 2-2〉와 같이 제시하고, 삶의 과정에서 긍정적이며 생산적인 자아존중감을 갖는 삶은 개인에게나 가정에게나 사회 속에서 반드시 필요한 인간의 모습이라고 하였다.

3. 자기효능감

자기효능감(self-efficacy)은 어떤 상황에서 적절한 행동을 할 수 있다는 기대와 신념으로 밴듀라(Bandura, 1997)가 제시한 개념이다. 개인의 어떤 행동이나 활동을 성공적으로 수행할 수 있다는 자신의 능력에 대한 확신이나 기대를 말하는 것으로 사람들이 어떤 활동을 선택하여 장애에 직면하더라도 그 활동을 얼마나 지속할 수 있는가에 영향을 미친다. 다시 말해, 자기효능감은 자신의 능력에 대한 믿음으로서 나 하나의 존재로 이 조직을 변화시킬 수 있다거나, 무엇인가를 해 낼 수 있다는 신념을 말한다. 따라서 높은 자기효능감은 어떠한 결과 발생을 통제할 수 있는 자신의 능력을 높게 판단하는 것으로 볼 수 있다. 이는 자기존중감과 비슷한 맥락에서 이해될 수 있지만 자기존중 감은 자신의 가치에 대한 평가인 반면, 자기효능감은 자신의 능력에 대한 평가라는 점이 다르다.

1) 자기효능감 형성

자기효능감은 여러 가지 학습동기이론 중에서 학습활동에 많은 시사점을 주는 특성이 있다. 교육적 관점에서 학습자가 소유하고 있는 지식과 기술을 효과적으로 적용하여 새로운 인지기술을 학습할 수 있는 능력이 있는가에 대한 학습자의 믿음이다. 즉, 학습자가 어떤 과업을 성공적으로 할 수 있다는 자신에 대한 인식이다. 이런 자기효능감은 긍정적인 정신적 경험으로, 동기유발을 촉진하는 중요한 요인이 된다. 반면에 자기의 행동에 의해 바람직한 결과를 얻을 수 있다는 믿음이 없다면 사람들은 그 어떤 노력이나 행동도 취하지 않을 것이다. 따라서 자기효능감에 대한 신념은 행동으로 이어지는 행동의 주된 근원이 되며, 사람들은 개인의 효능감에 대한 신념에 의해 유도된다고 볼 수 있다. 결국, 자기효능감은 어떤 과제나 목표를 성공적으로 수행하기 위한 능력에 대한 판단이 되는 것이다.

밴듀라(1997)에 따르면 자기효능감은 청년기까지 어떠한 환경에 의해 노출되었는지에 따라 구성되는데, 수행경험, 대리경험, 언어적 설득, 생리적 상태 등 네 가지가 주요한 근원이 된다고 하였다. 그는 이러한 네 가지 근원은 독자적으로 영향을 주는 것이 아니라 1개 혹은 2개 이상의 근원이 동시에 작용하여 영향을 미친다고 보았는데, 지각된 자기효능감의 도식은 [그림 2-5]와 같다.

첫째, 실제적인 수행경험은 실질적인 숙달경험을 바탕으로 하기 때문에 자기효능감 판단 단서에 가장 유력한 요인이다. 특히 성공경험은 중요한 근원

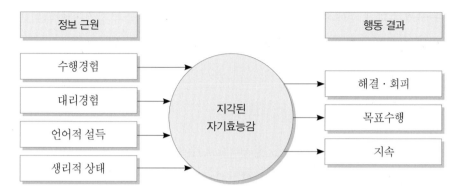

[그림 2-5] Bandura의 지각된 자기효능감

이 된다. 보편적으로 성공경험은 자기효능감을 높이는 반면에 실패경험은 자기효능감을 낮춘다. 그러므로 자기효능감을 높이기 위해서는 계속적인 성취를 경험하도록 하는 것이 필요하다.

둘째, 대리경험을 통하여 자신의 능력에 관한 정보를 습득하는 것 또한 효능감에 대한 자기 지각에 영향을 준다. 동료의 성공적인 수행 결과를 보고 자신도 할 수 있다는 생각을 하게 되는 것이다. 그러므로 자신과 모델을 유사하다고 가정할수록 모델의 성공과 실패가 보다 강력하게 영향을 미치기 때문에 자신이 동경하는 유능성을 지닌 유능한 모델을 찾는 것이 중요할 것이다.

셋째, 타인의 칭찬이나 격려와 같은 언어적 설득은 약한 정도이긴 하지만 자기효능감 판단에 영향을 준다. 우리 속담에 '칭찬은 고래도 춤추게 한다.' 는 말처럼 사람들은 흔히 타인이 어떤 과제를 수행할 수 있다는 말을 듣게 되면 더 많이 노력하는 경향이 있다. 다만 학습자의 수준에 적절한 언어적 설득을 제공해야 자기효능감이 높아질 수 있다는 것을 간과해서는 안 된다.

넷째, 생리적 상태(심장 박동 수, 땀 등)도 자기효능감 판단 단서의 근원이 된다. 특정한 과제 수행 과정에서 생리적 현상 혹은 정서적 반응이 자기효능감 판단의 단서로 작용하는 것이다. 만약 불안감이 높은 상태에서 과제를 수행하면서 실패한 경험이 있었다면, 이후 유사한 과제 수행에서는 불안수준이 다시 높아져서 과제 수행에 많은 어려움이 제기될 것이다. 결국 부정적인 영향으로 인해 수행 능력에 대한 확신이 없게 되어 자기효능감도 낮아질 것이다.

2) 자기효능감 특성

자기효능감은 특정한 과업을 성공적으로 수행할 수 있는 자신의 능력에 대한 개인적 믿음으로, 개인의 목표 설정에 긍정적인 영향을 미친다. 자기효능감이 높은 사람은 긍정적인 자기개념을 형성하고 도전적이며 어려운 목표를 선호하는 경향이 있고, 반면에 자기효능감이 낮은 사람은 자신감이 결여되어 있고 우울증에도 깊이 관련되어 있다.

이와 관련해 보면 자기효능감은 취업 관련 행동들을 예측하는 데 있어서 매우 강력한 예언 요인이 되는 특성을 지닌다. 예를 들어, 기능별 주요 영역에 맞춘 자기효능 진단평가는 일반적인 측정보다 더욱 유용한 예측도구가 될 수 있다. 이는 직업선택, 특히 직업 흥미를 결정하는 요인으로 작용하여 대학생들의 취업에 지대한 영향력을 미칠 수 있을 것이다. 직업적 역할을 완수하려는 효능신념이 높은 사람들은 경력 선택의 폭이 넓고, 많은 직업에 흥미를 가지고 있으며, 직업적 역할을 성공적으로 수행하는 경향이 있기 때문이다. 그러므로 자기효능감은 단순히 개인적 믿음 이상의 의미를 갖는 점에 주목할 필요가 있다.

4. 자아정체감

자아정체감(ego identity)은 다른 사람과 관계를 맺으며 가지게 되는 '나는 누구인가'에 대한 해답이다. 자아정체감은 자아개념이 보다 발달하여 구체적인 의식으로 자신의 독특성을 자각한 상태를 말한다. 자아정체감은 대인관계, 역할, 목표, 가치 및 이념들에 있어서 자기가 지니는 고유성에 대한 자각과 이에 부합하는 자기통합성과 일관성을 견지해 나가려는 의식, 무의식의 노력이다.

1) 자아정체감의 발달

학기가 끝난 어느 날, 3학년 남학생이 옆자리에 앉은 학생에게 이야기를 하고 있었다.

> 내년이면 4학년인데, "내가 정말로 무엇을 원하는지, 난 요즘 그런 생각을 많이 하는데 아직 공중에 떠 있는 것 같아. 너는 어떠니?"
> "응. 나도 회계사에 대해 알아보고 있는데, 내가 어떻게 될지 걱정이 많아."

이 자성적인 대화는 성인기 진입 단계에서 대학생이 자기에 대한 재구조화된 자아정체감의 발달을 보여 주는 사례로 자신의 가치와 추구해야 할 방향을 찾기 위한 과정을 보여 주고 있다. 즉, 내가 어떤 상황에 있으며, 앞으로 어떤 일을 할 수 있는지를 이해하려는 것으로 추후 내가 어떤 직업을 갖게 되고, 어떤 사람이 될 것인지를 예측하려 한다. 그런 맥락에서 자아정체감 발달은 전생애에 걸쳐 발달하는 역동적 과정으로 성격이나 맥락과 관련된 다양한 요인에 의해 영향을 받는 성장 과정이자 결과라고 할 수 있다. 특히 개인이나 맥락에서의 변화는 정체감 재형성의 가능성을 갖는다(Kunnen & Bosma, 2003).

특히, 성인기 진입 단계에 있는 대학생 시기는 사회적 변화와 자신의 장래에 대한 심오한 고찰이 필요한 시기이므로 자아정체감 확립은 청년기의 중심적 발달과업으로서 그 중요성이 크다. 그러므로 자신에 대한 올바른 이해와 평가, 자신의 능력에 대한 신념에 힘입어 자아정체감을 형성할 수 있어야 한다.

(1) 에릭슨의 정체감 대 역할혼미

에릭슨(Erikson, 1950, 1968)은 개인적 기능의 중심 요소로서 자아의 발달과 기능에 큰 관심을 기울여 자아의 사회성을 부각시켰다. 그는 심리사회적 발달이 점진적 분화의 원리에 의해 이루어진다고 가정하고, 점성원리(epigenetic principle)에 기초하여 개인이 어떻게 자아정체감을 발달시키고 어떻게 사회화되는지에 관심을 갖고 생애주기론을 전개하였다. 자아정체감을 청소년기의 주요한 성격 발달로, 그리고 생산적이고 행복한 성인이 되기 위한 것으로 보고, 건강한 자아정체감은 신체적 · 심리적 · 사회적 행복감으로 경험된다고 하였다.

에릭슨(Erik Homburger Erikson, 1902~1994)

반면 청소년기의 부정적인 결과를 정체감의 위기로 인한 역할혼미로 기술하였다. 다시 말해 청소년기의 심리사회적 갈등을 정체감 대 역할혼미(identity vs. role confusion)의 위기라고 보고, 자아정체감 확립을 중심 과제로 보았다.

그렇다면 자아정체감 발달의 과정을 위기로 보아야만 하는가? 현대 학자들은 자아정체감을 확립하기 위해 가치나 계획, 우선순위 등의 의문이 제기되는 것에는 동의하지만, 이 과정을 반드시 위기로 볼 필요는 없다고 한다(Kroger, 2005). 건강한 대부분의 사람은 경험 속에서 갈등에 대한 해결방법을 시도하고 삶의 가능성에 도전하면서 구조화된 자기 구조를 갖게 되기 때문이다(Moshman, 2005). 그런 맥락에서 보면 자아정체감은 사회와의 관련 속에서 특정한 역할이나 가치인식을 통해 얻게 되는 자기 가치에 대한 확신이므로 자존감이라고 볼 수 있다(이경화 외, 2010).

한편, 모시멘(Moshman, 1999)은 자아정체감을 이성적으로 행동하는 사람과 같은 외현적 이론으로 기술하였다. 이는 이성에 근거하여 행동하는 것으로 자기 행동에 대한 책임을 다하는 것이다. 따라서 자기의 위치나 역할에 대해 의식하고 어떻게 해야 목적을 수행할 수 있는지에 대한 확신을 갖고 있어야 하며 진정한 자신의 모습을 알도록 할 것이다.

(2) 휘트본의 정체감 과정

휘트본(Whitbourne, 1996, 2002)의 정체감 과정(identity process)은 성인기 동안 개인의 정체감이 형성되고 수정되는 과정이다. [그림 2-6]과 같이 피아제(Piaget)가 제시한 동화(assimilation)와 조절(accommodation)을 이용하여 개인의 정체감이 경험과 상호작용하여 어떻게 변화하는지를 나타낸다(장휘숙, 2008). 정체감 동화과정은 개인이 현재의 상황을 처리하기 위하여 기존의 정체감 측면을 사용하는 것이고, 정체감 조절과정은 상황의 변화에 대처하기 위하여 개인의 정체감을 변화시키는 과정이다.

휘트본(Susan Whitbourn, 1948~   )

청년기까지 형성된 정체감은 성인기에도 계속해서 발달하는데 개인에 따라 주로 정체감 동화나 정체감 조절 또는 동화와 조절을 모두 활용해 균형 있게 경험을 처리하는 사람으로 나뉜다. 이처럼 정체감 동화과정에 의존하는 경우는 자신에 대한 견해를 변화시키지 않으려고 하는 경향이 있고, 정체감 조절과정에 의존하는 경우는 경험에 과도하게 반응하기도 한다.

피아제(Jean Piaget, 1880~1961)

그러나 동화와 조절을 모두 활용하는 경우는 시간의 경과에도 불구하고 기능을 유지하려고 노력하며 새로운 경험에 반응하여 변화에 적응한다. 따라서 건강한 성인기를 보낼 수 있도록 하기 위해서는 정체감 동화와 조절 사이에 균형이나 평형을 유지할 수 있어야 한다.

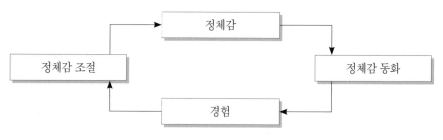

[그림 2-6] Whitbourne의 정체감 과정

(3) 마르시아의 정체감 상태

마르시아(James Marcia)

마르시아(Marcia, 1980)는 에릭슨의 개념을 사용하여 위기와 수행(crisis and commitment) 여부에 따라 정체감 상태를 정체감 성취, 정체감 유예, 정체감 유실, 정체감 혼란 등 네 가지로 분류하였다. 정체감 상태는 〈표 2-3〉과 같이 정체감 탐색의 위기를 경험했는가의 여부와 주어진 과업에 관여했는가의 여부 2개 차원의 배합에 의해 결정된다. 위기는 현재의 상태와 역할에 대해 의문을 제기하고 대안적 가능성 등을 탐색하는 과정이며, 관여는 주어진 역할과 과업을 신념을 가지고 몰입하는 상태다.

첫째, 정체감 성취(identity achievement)는 위기를 해결하고 확고한 목표, 신념, 가치체계를 바탕으로 역할을 수행하며 개인적 이념체계를 확립한 상태다. 즉, 성공적 의사결정에 도달한 것으로 자신에게 적절한 정체성 요소에 적절히 관여를 하고 있는 것이다.

표 2-3 Marcia의 정체감 상태의 예

		위기	
		예	아니요
관여	예	정체감 성취	정체감 유실
	아니요	정체감 유예	정체감 혼란

둘째, 정체감 유예(identity moratorium)는 정체감을 확립하기 위해 능동적으로 노력하는 특성을 갖지만, 아직 정체감을 확립하지 못한 상태다. 즉, 의사결정 과정에 있고 위기 상태에 처해 있으나 그 해결책과 답을 얻지 못한 경우다. 특히, 대학에 다니는 학생들은 인위적으로 연장된 청년기를 보내기 때문에 일부는 유예 상태와 혼란 상태가 지속될 수 있다.

셋째, 정체감 유실(identity foreclosure)은 부모나 사회의 가치관을 그대로 채택하는 특성을 갖는 것으로 정체감을 확립한 것처럼 보이지만, 사실은 잘못된 정체감을 확립한 상태다. 즉, 독립적인 의사결정도 없고, 위기를 경험하지도 않기 때문에 자신에게 적합한지, 자신이 정말 원하는 것인지에 대한 고려 없이 정체감을 확립한 경우다.

넷째, 정체감 혼란(identity diffusion)은 위기 여부와 관계없이 확고한 목표, 신념, 가치체계를 확립하지 못하고 주어진 역할도 제대로 수행하지 못하는 상태다. 즉, 의사결정을 하지 않으며 위기상태에 있지도 않기 때문에 삶의 방향을 계획할 수 없는 것이다.

표 2-4 Marcia의 정체감 상태의 예

정체감 상태	정체감 상태의 예
정체감 성취	나는 평생교육학과를 선택한 것에 보람을 느껴요. 내가 원하는 취업에 필요한 공부를 할 수 있거든.
정체감 유예	계속 학교를 다녀야 하는지, 휴학을 해야 하는지를 좀 더 고민해 봐야겠어요.
정체감 유실	점수에 맞춰서 부모님이 권유하는 대로 학교와 학과를 선택했어요.
정체감 혼란	아, 도무지 뭐가 뭔지 모르겠어요. 내가 원하는 것이 무엇인지도 잘 모르겠고.

이와 같이 보면, 마르시아가 분류한 네 가지 상태의 정체감은 정체감 혼란의 하위 단계에서부터 정체감 성취의 상위 단계로 발달되는 것으로 가정된

다. 반면 그 반대 방향으로의 이동은 퇴보된 것으로 간주된다. 때로는 개인에 따라 정체감 성취에 있는 사람들도 정체감 유예 단계로 되돌아갈 수 있기 때문에 일시적 퇴보는 존재할 수 있다.

그렇다면 연령 증가와 정체감 상태는 관계가 있을까? 대학생을 대상으로 마르시아의 정체감 상태 면접법을 보완하여 실시한 박아청(1995)의 연구에 의하면 고학년(3, 4학년)이 저학년(1, 2학년)에 비해 정체감 수준이 높은 것으로 나타났다. 또한, 김선애와 연진영(1989)의 연구에서도 대학생들의 정체감 수준이 연령의 증가에 따라 의미 있게 높다고 하였다. 하지만 김은진(2001)의 연구에 의하면 대학생들이 전체적으로 정체감 유예(58.4%)에 과반수 이상 머물고 있는 점을 들어 성숙한 인간으로 나아가기 위한 자아정체감 형성의 중요성을 강조하고 있다.

(4) 역할경험

대학생 시기의 자아정체감 확립을 위한 중요한 요소는 형식적 조작 능력의 발달과 함께 개인의 다양한 역할경험을 들 수 있다. 대학생들은 역할경험을 통하여 자신의 독특성을 인지하고 타인의 견해를 이해하며 세계관에 대한 지식을 습득할 수 있기 때문이다. 이러한 경험은 많은 영역에서 자신의 가능성을 탐색하고 발견하면서 서서히 자아정체감을 형성해 갈 수 있을 것이다. 이러한 역할경험은 자원봉사 활동이나 인턴십 등이 대표적이다.

특히, 인턴십(internship)은 학교에 재학하고 있는 학생이 직업선택 이전에 일정 기간 실제의 업무를 체험하는 것이다. 이는 학생들에게 실제 훈련경험을 제공하고, 기업과 접촉하는 기회를 제공하며, 직업 경력목표에 대한 명확화, 직업세계의 문화에 대한 이해를 가져와 학교에서 직장으로의 이행에 많은 도움을 줄 수 있다(곽금주, 2012).

그러나 역할경험 과정에는 자신의 가능성의 발견과 함께 때로 포기와 체념의 과정도 포함된다. 때로 자신에 대해 절망하고 방황과 동요를 경험하게 되는 것이다. 에릭슨이 자아정체감이 확립되기 이전의 경험기간을 심리사회적 유예기간이라 부르는 것은 그러한 맥락에서다.

(5) 자아정체감 위기의 극복

자아정체감 위기는 어떻게 극복할 수 있는가? 에릭슨에 의하면 자아정체 감 위기는 '나는 누구인가'라는 실존적 물음으로부터 출발한다. 이때 자아정 체감 위기란, 그 물음에 대한 답을 구하는 과정에서 경험하는 긍정적인 자기 평가와 부정적인 자기평가 간의 갈등을 극복해 가야 하는 과정이다. 따라서 자아정체감 위기 극복은 자아정체감 확립의 세 가지 목표가 달성될 때 가능 하다고 볼 수 있다(송명자, 2010).

첫째, 자신에 대한 인식의 연속성(continuity)과 동질성(sameness)을 확립한 다. 시간의 경과에도 불구하고 나는 동일한 사람이라는 인식을 하는 것이다. 정체성 탐색과정에서 과거와 현재의 자신 간의 연속성을 바탕으로 미래의 가 능한 자기상을 확립하면서 자아정체감을 확립하는 것이다.

둘째, 상이한 관점과 시각에서 서로 달리 판단할 수 있는 자아의 여러 국면 을 일관성 있는 하나의 자아체계로 통합(integration)한다. 자신의 행동이나 태도 등이 전체적으로 일관성이 있으며 통합되어 있다는 인식을 하는 것이 다. 여러 영역의 자아들 간의 상호관련성이 형성되면서 자아정체감을 확립 하는 것이다.

셋째, 자신의 독특성(uniqueness)과 특수성(distinctiveness)을 확립해야 한 다. 나는 다른 사람과 구별되는 고유한 존재라는 인식을 하는 것이다. 성인기 를 준비하면서 독립과 동조라는 두 필요성을 통합해 가면서 자신의 독특성을 탐색함으로써 자아정체감을 확립하는 것이다.

5. 자아의 재인식

청년기 자아의 발달은 지속적으로 관심의 초점이 되고 있다. 이는 사람들이 일관성 있고 지속적인 자아를 추구하는 자아의 발달에 관심을 갖고 있고, 자아개념을 향상시키거나 자존감을 높이려고 하기 때문일 것이다.

그렇다면 어떻게 해야 자아의 발달과 전환을 가져올 자기 이해, 자아존중, 자기효능감, 자아정체성의 발달을 확실히 인식할 수 있을까? 이 질문에 답하는 방법은 여러 가지가 있을 수 있으나 아마도 나 자신이 누구인가를 분명히 하는 데서 출발할 수 있을 것이다. 더불어 접근하기 좋은 방법으로 여러 가지 준거에 의해서 삶을 비춰 볼 수 있다. 그러한 준거로는 나 자신에 대한 의식, 나의 친밀감, 정서적 안정, 나 자신의 객관화, 통일된 삶의 철학, 경험에 대한 개방성, 실존적인 삶, 유기체에 대한 신뢰, 자유의식, 창조적인 사고, 그리고 나는 어디에 있는가를 반문하는 것이다.

다음으로 우리가 주의 깊게 살펴보아야 하는 것은 자아는 어느 순간 발생된 존재가 아니라 역사와 문화 속에 자리 잡고 있으면서도 재각인과 재형성에 대해 늘 열려 있다는 것이다. 자아에 대한 개념 형성은 성장하는 과정에서 주변과의 접촉, 특히 환경과 지속적으로 상호작용하고 있기 때문에 자아지각에 대한 재조직을 이루는 것이 중요하다. 이러한 관점은 자아에 관한 상황적 관점으로 이해될 수 있으며 전환교육적 개입을 가능케 하는 질문으로 제시될 수 있다. 학업성취의 현장에서 크게 영향을 미칠 수 있는 점이다. 그렇다면 현실적인 자신의 입장을 고려하여 '나는 누구인가'라는 문제에서 '나는 무엇을 할 것인가' 혹은, '나는 무엇이 될 것인가'로 전환될 수 있을 것이다. 실로 어떤 근원적인 자아의 모습을 간직하는 것이 아니라 평생학습의 장에서 전환적으로 양립할 수 있는 자아의 개념을 개발하는 데 관심을 두어야 한다.

성찰질문

1. 대학생 시기의 자아에 대한 인식은 어떻게 변화하는가?
2. 자아정체감 형성에 도움이 되는 개인적 요인과 맥락적 요인은 무엇인가?

참고문헌

곽금주(2012). 흔들리는 20대. 서울: 서울대학교 출판문화원.

김선애, 연진영(1989). 대학생의 자아정체감 형성과 관련 변인. 아동학회지, 10(2), 45-60.

김은진(2001). 부모에 대한 심리적 독립과 애착이 대학생의 진로결정 수준에 미치는 영향: 자아정체감 수준을 매개로. 연세대학교 대학원 석사학위논문.

김이영, 배헌석, 이우언(2014). 인간이해를 위한 심리학. 경기: 양서원.

박아청(1995). 아이덴티티의 탐색 II. 서울: 중앙적성출판사.

송명자(2010). 발달심리학. 서울: 학지사.

송인섭(2013). 자아개념. 서울: 학지사.

이경화, 고진영, 최병연, 정미경, 박숙희(2010). 효과적인 교수-학습을 위한 교육심리학. 경기: 교육과학사.

장휘숙(2008). 성인심리학-성인발달, 노화, 죽음. 서울: 박영사.

Bandura, A. (1997). *Self-Efficacy: The Exercise of Control*. New York, NY: Freeman.

Erikson, E. H. (1950). *Childhood and Society*. New York, NY: W. W. Norton.

Erikson, E. H. (1968). *Identity: Youth and Crisis*. New York, NY: W. W. Norton.

James, W. (1890). *The principles of psychology*. New York, NY: Holt and Company.

Kroger, J. (2005). *Identity in adolescence: The balance between self and other*. New York: Routledge.

Kunnen, E. S., & Bosma, H. A. (2003). Fischer's skill theory applied to identity development: A response to Kroger. *Identity, 3*, 247-270.

Marcia, J. E. (1980). Identity in adolescence. In J. Adelson (Ed.), *Handbook of Adolescent Psychology*. New York: Wiley.

Moshman, D. (1999). *Adolescent psychological development: Rationality, morality, and identity*. Mahwah, NJ: Erlbaum.

Moshman, D. (2005). *Adolescent psychological development: Rationality, morality, and identity* (2nd ed.). Mahwah, NJ: Erlbaum.

Robins, R. W., Trzesniewski, K. H., Tracey, J. L., Potter, J., & Gosling, S. D. (2002). Age differences in self esteem from age 9 to 90. *Psychology and Aging, 17,* 423–434.

Strang, R. (1957). *The Adolescence Views Himself.* New York, NY: McGraw–Hill.

Super, D. E. (1990). A life–span, life–space approach to career development. In D. Brown & L. Books, *Career Choice and development: Applying Contemporary Theories to Practice* (2nd ed.). San Francisco, CA: Jossey–Bass.

Whitbourne, S. K. (1996). *Identity and adaptation to the aging process.* Unpublished paper, Department of Psychology, University of Massachusetts.

Whitbourne, S. K. (2002). *The aging individual: Physical and Psychological perspectives* (2nd ed.). New York: Springer.

제**3**장
인식의 오류

우리를 어려움에 빠뜨리는 것은 대체로 무지 때문이 아니라
사실과는 전혀 다른 잘못된 인식 때문이다.
—Artemus Ward—

1. 존재하는 현실과 인식의 차이

현대사회에서 정보의 양은 인간의 정보처리 용량보다 많고 복잡하다. 우리는 대부분 이전에 형성된 관점을 기준으로 현실의 정보를 취사, 선택, 구별, 판단하곤 한다. 결국 현실은 존재하지만, 각자의 의식 속에 나타나는 현실의 모습은 필터를 통과한 것이라고 할 수 있다. 이처럼 현실에 대한 인식은 필터를 통해 걸러지므로 자신이 생각하는 현실의 모습은 결국에는 각자가 현실을 인식 속에서 재구성하는 셈이다. 따라서 실제 존재하는 현실은 내가 인식하는 현실과는 상이할 수 있다.

우리는 자신의 필터로 재구성한 현실을 다른 이에게 설명하며, 이것이 현실이라 주장할지 모른다. 하지만 이는 개인의 필터를 통해 걸러진 관점이기에 그 어느 누구도 자신의 현실 인식과 설명이 실제 현실과 온전히 부합한다

고 주장할 수 없다. 우리의 인식과 지각은 보는 사람의 관심, 보는 사람의 경험에 따라 차이를 보이기 때문이다.

우리는 개인의 인식에 따라 같은 상황에 대해서도 다른 의견을 가진다는 것을 이미 알고 있다. 혹시 재판에 참석하여 목격자가 같은 상황에 대해 다르게 증언하는 것을 본 적이 있는가? 그것은 우리가 실제를 본다고 믿는 확신에 의해 우리 자신도 모르게 선택적으로 받아들이고 있기 때문에 발생한다.

사람들은 자신이 목격한 것이 옳다고 믿는 경향이 있다. 그리고 그에 반대하는 사람은 틀린 것이라고 믿는 경향이 있다. 하지만 우리는 직접 목격한 사실 외에 우리가 원하는 것이나 목격 예정인 것들을 인지하고 주장한다는 것을 알고 있는가? 우리는 이러한 현상을 마음가짐(mental set)이라고 한다. 우리가 이러한 우를 범하게 되는 가장 큰 이유는 지각 여과(perceptual filter) 때문이다. 지각 여과는 개개인이 가지는 어떠한 상황이나 대상에 대하여 가지는 태도를 말하는데 이 태도는 우리 모두가 가진 각자 다른 환경을 바탕으로 나타난다. 즉, 자신의 환경을 바탕으로 자신에게 유리하다고 생각되는 것은 받아들이고 그렇지 않은 것은 거부하는 것이다.

여러 사람 사이의 문제를 객관적으로 해결해 주어야 하는 상황에 닥칠 때, 우리는 그들의 문제, 상황 등을 있는 그대로 사실적으로 바라보도록 노력해야 할 것이다. 그렇지 않을 경우, 우리의 몸에 밴 지각 여과에 의해 문제를 잘 해결할 수 없을 수도 있다. 많은 사람들이 이러한 지각 여과를 통해 사회현상에 대한 잘못된 이해와 편견을 가지고 의사결정을 하게 되어 잘못의 우를 범할 수 있게 된다. 이러한 잘못의 우는 우리의 인생 전반에 영향을 미칠 수 있으며 때로는 우리의 인간관계 및 중요한 의사결정에 있어 되돌릴 수 없는 결과를 낳을 수도 있다.

1) 무주의 맹시-인간은 착각하는 존재

크리스토퍼 차브리스(Christopher Chabris)와 대니얼 사이먼스(Daniel Simons)는 『보이지 않는 고릴라』에서 인간의 주의력과 인지 능력에 대한 고정관념과 상식을 뒤엎고 있다. 보이지 않는 고릴라의 실험은 간단하게 설명하면 이렇다. 학생들을 흰 셔츠, 검은 셔츠 두 그룹으로 나누어 농구공을 패스하게 한다. 그런 후 농구공 패스 동영상을 보여 주면서 흰 셔츠 학생들의 패스 횟수가 몇 번인지를 묻는 것이다. 직접 시험 해 보고 싶은 독자는 웹 사이트 www.theinvisiblegorilla.com에서 동영상을 확인해 보면 된다.

『보이지 않는 고릴라』

패스 횟수를 묻는 실험이지만 정작 이 실험의 관심은 다른 데 있다. 패스 횟수보다는 동영상 중간에 고릴라 의상을 입은 여학생이 9초에 걸쳐 무대 중앙으로 걸어와 선수들 가운데에 멈춰 서서 카메라를 향해 가슴을 치고 나서 걸어 나간 것을 보았는지의 여부다. 놀랍게도 실험 참가자들은 '고릴라를 봤는가?'라는 질문에 약 50%가 보지 못했다고 답변했다.

우리는 세상의 특정 부분을 아주 선명하게 보고 있다고 생각하지만, 사실은 당장 관심을 쏟는 부분을 제외한 나머지 세상은 전혀 인지하지 못한다. 인식은 주의를 기울이고 있는 대상으로부터 생성되기 때문이다. 이러한 인식의 오류는 기대하지 못한 사물에 대한 주의력 부족의 결과이며, 과학적으로는 '무주의 맹시(inattentional blindness)'라 부른다(Chabris & Simons, 2011). 이 실험을 통해 인간은 착각 혹은 부주의로부터 일어날 수 있는 인식의 오류를 범할 수 있으며, 우리가 가지고 있는 직관이 한계를 가질 수 있다는 것을 알 수 있다.

2) 고정관념으로 인한 판단

1991년 3월 미국 LA에 발생한 재미교포 두순자 씨가 자신의 슈퍼에서 한 흑인 소녀를 총으로 쏴서 사망하게 한 사건이 있었다. 그녀는 한 흑인 소녀가 오렌지 주스 한 병을 가방에 집어넣는 것을 보고 직감적으로 도둑이라 판단하고 그 소녀의 가방을 움켜잡았다. 이때 덩치 큰 그 흑인 소녀가 주먹으로 그녀의 얼굴을 때렸고 순간 쓰러진 그녀는 소녀를 향해 숨겨두었던 권총을 발사하여 소녀가 사망하게 되었다. 당시 그녀가 운영하던 가게는 평소 흑인 강도에게 끊임없이 시달렸던 곳이었는데 얼굴을 맞는 순간 소녀가 자신을 죽일 수도 있다고 판단하여 권총을 발사한 것이다. 하지만 사망한 그 소녀는 학교 우등생이었고 오렌지 주스를 카운터에 올려놓고 뒤돌아서는 순간 총에 맞은 것이었다. 재판을 통해 두순자 씨는 정당방위를 인정받아 무죄로 결정되었으나 이 사건은 그 후 미국에서 발생한 LA 폭동으로 많은 한인 상가가 공격받게 되는 원인을 제공하기도 했다.

신도 가라앉힐 수 없는 배라던 타이타닉호는 처녀항해를 시작한 1912년 4월 1,514명의 목숨과 함께 침몰해 버렸다. 당시 빙산이 떠다닌다는 무선통신을 계속 받았음에도 별로 대수롭게 생각하지 않고 항해를 계속하던 도중 눈으로 발견한 빙산을 피하려고 급하게 우현으로 키를 돌렸지만 빙산과 충돌하게 되었다. 그 충격으로 타이타닉호는 90도 가까이 수직으로 서 있다가 중간이 부러지며 침몰하게 되었다. 이 사건은 타이타닉호는 침몰하지 않을 것이란 과신과 고정관념에 의한 판단으로 많은 이의 목숨을 앗아간 세기에 남을 재난이 되어버렸다.

이 두 사건에서 알 수 있듯 고정관념은 사람의 인식에 커다란 변화를 끼친다. 자신이 평소에 가졌던 생각이 앞으로의 사고에 절대적 영향을 끼치고 사고의 방향을 결정한다. 하지만 고정된 시각으로 문제와 현상을 바라보기 때문에 변화 혹은 발생할 수 있는 또 다른 변수를 보지 못한다. 또한 고정관념에 얽매인 사람은 일을 해결하는 데 있어 새로운 방향과 지름길을 발견하기가 어렵다. 어떠한 일을 해결할 때, 충분한 정보를 모으거나 정확한 판단을 내리기에 앞서 자신의 고정관념에 따라서만 일을 결정하게 될 경우 큰 오류를 범하게 될 수 있으며, 이는 조직과 개인에게 치명적인 문제를 야기할 수 있다.

3) 보이는 대로만 믿지 말라

우리는 매일매일의 일상에서 평가를 하고 결정을 내리는데, 평가와 결정을 내리기에 앞서 다양하고 많은 정보를 모으는 일을 소홀히 하는 경우가 많다. 당신은 다른 사람을 오로지 그의 옷에만 의존하여 평가한 적이 있는가? 판매원들은 종종 누추한 행색의 고객을 돈이 없다고 추측하여 판매의 기회를 놓치기도 한다. 사기 행각을 벌이는 사람들 중 인간의 이러한 인식 오류를 이용해 자신을 고급 자동차, 비싼 옷으로 포장하여 많은 돈을 뜯어내기도 한다. 동일한 사람에게 고급 양복과 싸구려 점퍼를 입었을 때 그의 직업이 무엇인지 추측하게 한 실험에서 사람들은 대부분 고급 양복은 변호사, 의사 등의 직업일 것이라고 생각하고 싸구려 점퍼를 입은 모습에서는 돈이 없는 실직자 등으로 추측해 낸다. 눈에 보이는 대로 믿는 경향 때문이다.

사회 현상을 바라볼 때 이러한 인식 오류를 최소화할 수 있도록 관련된 모든 사실과 정보를 얻도록 노력하여야 한다. 잘못된 추측은 결국 잘못된 결과를 가져오게 된다. 최대한 정확하고 올바른 문제해결과 의사결정을 위해서는 보이는 것을 정확히 분별하는 눈과 보이지 않는 것도 발견할 수 있는 눈이 필요하다.

4) 사실과 추론

대부분의 사람은 사실(fact)에 감명 받는다. 하지만 당신은 우리가 대부분 사실이라고 믿는 것에 대하여 절대적인 확신이 있는가? 예를 한번 들어 보자. 대부분의 사람은 임신이 잘되지 않는 부부가 입양을 하게 되면 임신에 대한 스트레스가 완화되어 임신 가능성이 높아진다고 생각한다. 그러나 임상 연구 결과, 이것은 사실이 아닌 것으로 나타났다. 그런데 우리는 왜 그렇게 생각하게 되는 것일까? 이는 입양 후 임신에 성공한 사례에만 집중하고, 아이를 입양하고도 임신을 못한 부부나 입양을 안 하고도 임신에 성공한 부부들에게는 주의를 기울이지 않았기 때문이다(Kirsch & Weixel, 1988: Kida, 2007 재인용). 그것은 단지 사실이 아닌 사람들이 만들어 낸 추론인 것이다.

당신은 사실과 추론(inference)의 중요한 차이를 알고 있는가? 사실은 관찰 혹은 경험에 의해 형성되고 내가 관찰한 것에 국한되어 있다. 많은 이들이 동의를 할 수 있는 확실성에 가까운 것이다. 하지만 추론은 관찰한 것을 넘어서기도 하며 일부의 개연 정도만을 대변하기에 사실보다는 확실성이 낮다.

냉철한 분석을 하지 않고서 어떠한 현상이나 상황을 사실이라고 믿는 것은 올바르지 않다. 예를 들어, 당신이 속한 조직의 누군가가 A라는 직원이 게으르다고 한다면 그것은 사실일까? 아마도 당신은 요즘 그녀의 근무태만을 관찰하고 그녀는 게으른 사람이라고 확신할 것이다. 하지만 그것은 정말 사실일 수도 있고 단지 당신의 추측일 수도 있다. A라는 직원은 요즘 고민이 있어 조금 업무에 소홀한 것일 수도 있기 때문이다. 우리가 중요하게 생각해야 하

표 3-1 사실과 추론의 주요한 차이

사실	추론
• 관찰 혹은 경험에 의해 형성된다.	• 관찰 전, 후 혹은 관찰하는 동안 어느 시점에서도 만들어질 수 있다.
• 내가 관찰한 것에 국한되어 있다.	
• 누구나 가질 수 있는 확실성에 좀 더 가깝다.	• 관찰한 것을 넘어선다.
• 동의를 얻는 경향이 있다.	• 오직 일부 개연 정도만을 대변한다.
• 수가 한정되어 있다.	• 주로 불일치를 만들어 낸다.
	• 수가 한정되지 않는다.

출처: Drafke(2009), p. 39 재구성.

는 것은 바로 사실과 추측의 차이를 아는 것이다. 추측은 당신이 얻은 정보나 당신이 그럴 것이라고 가정하는 것에서 나온다.

당신이 백화점의 층 관리자라 가정하고 한 직원이 다른 직원이 현금함에서 돈을 꺼내 그의 지갑에 넣는 것을 보고 절도를 했다고 말하였다고 가정해 보자. 그가 돈을 꺼낸 것은 분명 사실이지만 그가 절도를 한 것이라고 당신은 설명할 수 있는가? 혹시 그는 단지 돈을 바꾸는 것은 아니었을까? 당신은 과연 무엇이 진정한 사실이라고 말할 수 있는가?

5) 합의적 정의(consensus definition)

사실이라는 것은 우리 모두가 사실이라고 동의하는 것이기도 하다. 예를 들어, 지구는 평평하다고 의견의 일치를 구하고 그렇게 믿었다면 지구는 평평하다고 정의되고 그것이 사실이 되었을 것이다. 의견의 일치가 대부분 옳은 내용이지만 그렇지 않은 경우도 있다. 수천 년 전 우리는 지구는 평평하다고 믿었고 가톨릭회는 지구가 둥글다고 주장한 갈릴레오를 파문하기도 하였다. 중력의 법칙을 통해서 우리는 다수의 의견 일치가 항상 사실이라고 할 수 없다는 것을 알 수 있다.

6) 가능성과 확신

이상하게 들릴 수도 있겠으나 많은 사실들은 확률의 정도에 따라 추측되며 이것은 확률척도를 통해 볼 수 있다. 이 책이 독이 든 종이로 만들어졌다고 가정해 보고 만약 당신이 이 책을 찢어 먹는다면 당신은 죽을까? 그런 일은 일어날 수 있다. 하지만 그런 일이 일어날 가능성이 높을까? 모든 일이나 상황은 언제나 일어날 수 있으나 확률적으로 그 가능성이 항상 높은 것은 아니다. 다른 예를 들어서 당신이 공장 생산라인의 관리자라 가정해 보자. 어느 날 당신 라인의 한 직원이 이상한 것을 느끼고 관찰하기 시작한다. 그리고 그 직원 주변에 마리화나로 보이는 담배를 발견한다.

이 시점에서 그 직원이 마리화나를 피었다고 확신할 확률은 확률척도에서 매우 낮은 범주에 들어간다. 하지만 당신이 그 담배를 들어 냄새 등을 맡고 마리화나라는 것을 확인한 후에는 당신의 확률척도가 상승할 것이다. 하지만 그것만으로 당신은 그 직원이 마리화나를 직장에서 소지하고 피었다고 확신하고 그를 질책할 수 있는가? 지난 우리의 학습을 생각해 볼 때, 그 직원이 마리화나를 피었다는 것은 정말 사실일지 아니면 그 주변의 마리화나로 인한 추측일지 의심해 본다.

7) 합리적인 의심

어느 날 익명의 법집행관은 빈집털이 사건을 조사하게 되었다. 세입자가 금요일에 벽에 페인트칠을 하고 냄새 때문에 외부에서 주말을 보낸 후 집에 돌아왔더니 창문이 열려 있고 비싼 물건들이 없어졌다. 그리고 벽면에는 과거 빈집털이 범행을 저질렀던 옆집 남자의 지문이 있었다. 우리는 이 집이 빈집털이를 당했고 범인이 그 지문의 주인공인 옆집 남자라는 것을 확신하게 된다. 하지만 사실은 그와 함께 교도소 생활을 했던 제3의 남자가 계획적으로 옆집 남자의 지문을 이용한 것이었다. 상황들로부터 추측을 하고 그렇게 믿는 것이 사실은 아니다. 100% 확실하다고 생각되는 상황에서도 우리는 함정이 있을 수 있다는 것에 대해 항상 주의해야 한다.

확률적으로 추측하고 사실을 찾아 나가는 것은 중요하나 반드시 확신하지 말고 가능한 문제나 있을 수 있는 새로운 사실에 대해 주의해야 한다.

2. 인식에 영향을 미치는 결정 요인

1) 세습적 요인(hereditary factors)

우리는 부모나 조상에 대한 선택권이 없다. 하지만 우리는 조상으로부터 많은 유전적 영향을 받았다. 우리의 외형적 조건은 부모로부터 유전적인 영향을 많이 받고 우리의 시력이나 색력 역시 유전적 영향을 받는다. 예를 들어, 당신이 유전적 영향으로 근시라면 시력이 좋은 사람과 보게 되는 것이 다르다. 미국 남성의 10명 중 1명은 색력에 문제를 가지고 있다. 이럴 경우 원래의 색과 다르게 보게 되고 이런 것은 비행조정사, 상업화가, 인테리어업자 등의 직업을 가지는 데에도 영향을 미치게 된다.

2) 환경적 배경과 경험적 요인
(environment background and experience)

환경적인 요소들이 당신에게 많은 영향을 미치는 것은 사실이다. 어린 시절 부모로부터 받은 교육은 성인이 되어서도 우리의 인식에 많은 영향을 미친다. 어린 시절에는 자신의 생각이나 흥미에 맞는 친구들과 어울리게 된다. 하지만 조직에서는 다양한 사람들과 함께하게 되고 어린 시절 환경의 영향으로 상사나 동료들에게 쉽게 수긍하는 성향을 가진다면 참신한 아이디어나 생각의 발전이 어렵게 된다. 어린 시절의 교육적 환경은 성인이 되어서도 영향을 미치고 과거의 경험 역시 우리의 인식에 영향을 미치게 된다. 만약 당신이 과거 나쁜 상사와 일한 경험이 있다면 아마도 그때의 상사에 대한 인식이 지금의 상사에 대한 생각에도 영향을 미칠 것이다.

3) 또래 집단(peer pressure)

동료, 친구 등의 주변인으로부터의 영향 역시 환경적 영향과 마찬가지로 우리의 인식에 많은 영향을 미친다. 다수의 사람들과 함께 있을 때의 우리의 인식은 개인적인 인식과 조금 다를 수도 있다. 다시 말해 다수 안에서의 인식을 따르는 경우도 있다는 것이다. 한 강의실에서 늦게 온 학생에게 어떤 문제에 대한 다수의 결정을 알려 주고 그에 동의하냐고 물었더니 동의한다고 하였다. 하지만 후에 교수자가 다수의 결정은 사실이 아니었다고 하자 늦게 온 학생은 사실 동의하지 않고 그 문제에 대해서도 잘 알지 못한다고 하였다.

4) 허위 합의 효과(false consensus effect)

심리학자 리 로스(Lee Ross)와 동료교수는 학생들에게 '샌드위치는 조스에서!'라고 쓰인 큼직한 간판을 샌드위치맨처럼 앞뒤에 걸치고 30분간 교정을 돌아다닐 수 있는지 묻는 '샌드위치 광고판 실험'을 했다. 조스 식당에서 파는 음식의 품질에 대한 정보는 전혀 없었으니, 그것을 메고 다니는 학생들이 우습게 비칠 수 있는 상황이었다. 자신의 수락 여부에 관계없이 얼마나 많은 다른 사람이 수락할 것인지 예측하도록 요청한 결과, 광고판을 걸고 돌아다닐 수 있다고 답한 학생들은 다른 사람들도 약 62%가 수락할 것이라고 답한 반면, 하지 않겠다고 답한 학생들은 67%의 학생들이 수락하지 않을 것이라고 답변했다. 어떤 이유로 실험을 수락하고 거부했든, 학생들은 다른 사람들도 자기와 비슷한 생각을 할 것이라고 여겼던 것이다(Ross, Amabile, & Steinmetz, 1977).

이 실험의 예에서처럼 사람들은 내가 선택한 것을 다른 사람들도 똑같이 선택할 것이라고 믿는다. 즉, 자신의 선택이 보편타당하다고 믿는데 이를 '허위 합의 효과'라고 한다. 허위 합의 효과는 실제보다 많은 사람이 자기 의견에 동의할 것으로 오해하는 것을 말한다. '남들도 나처럼 생각할 것이다'라는 것 또한 잘못된 착각일 수 있다는 것이다.

허위 합의 효과와 비슷한 개념으로 투사(projection) 효과를 말할 수 있다. 투사 효과는 자신의 감정과 의지를 다른 사람에게 투사하여 타인과 교류할 때 다른 사람들도 자신과 같은 특징, 취미, 경향을 가지고 있어 당연히 자신의 생각을 알고 있다고 여기는 인식의 장애를 나타낸다(무즈, 2011). 투사 효과의 표현 방식은 두 가지로 나타나는데, 첫째는 감정의 투사다. 타인의 기호가 자신과 같다고 여기고 자신의 틀 안에 상대를 집어넣어 생각한다. 상대가 관심이 있는지, 듣고 싶지 않은지는 개의치 않으며 자신이 이야기하고 있는 주제에만 머물러 있다. 상대방이 공감하지 않으면, 배려가 적고 자신을 이해하지 못한다고 여긴다. 둘째는 객관성이 결여된 인식이다. 자신의 감정을 다른 사람, 사물에 투사하여 미화시키거나 추하게 만들어 버리는 심리적 경향인 것이다. 이러한 심리적 경향은 객관성이 결여되어 있어 편견의 늪에 빠지기 쉽다.

우리 개개인들 사이에는 공통점이 존재하기 마련이고, 우리가 내린 다른 사람에 대한 추측 또한 맞을 가능성이 있다. 하지만 여전히 존재하는 개개인의 차이로 인해 내가 보편타당하다고 생각하는 믿음이 모든 상황에서 항상 사실로 일반화될 수 없다는 것 또한 명심해야 한다.

5) 성급한 판단(snap judgement)

주변에서 단기간에 다른 사람을 평가할 줄 안다고 자부하는 사람을 본 적이 있는가. 우리는 어떠한 결정을 내리기에 앞서 충분한 정보를 모으지 않고 성급한 결정을 내리는 잘못을 저지르는 경우가 많다. 한 조직의 관리자인 D양의 예를 보자. D양이 회의에 들어간 사이에 그의 부하직원은 아들이 사고를 당해 병원에 있다는 의사의 전화를 받았다. 퇴근 시간이 한 시간 남았지만 급한 상황에 그 부하직원은 상사인 D양을 찾을 수 없어 메모를 남겨 놓고 병원으로 향했다. 회의에서 돌아온 D양은 메모를 보지 못하고 부하직원이 먼저 퇴근했다는 다른 직원의 이야기만을 들은 채 몹시 화가 나서 그 부하직원에게 일주일의 징계를 내리는 성급한 결정을 내렸다.

이 관리자 D양의 경우처럼 우리는 종종 일의 모든 상황과 정보를 파악하지 않은 채 결정을 내리는 경우가 있다. 결혼해서 몇 년을 함께 사는 부부도 서로를 온전히 알지 못하고 계속해서 알아가야 한다고 하는데 어떻게 다른 사람이나 상황을 몇 분 만에 파악할 수 있겠는가?

6) 후광 효과와 악마의 뿔 효과(halo and rusty halo effects)

우리가 사람을 평가할 때 영향을 미치는 선입견 중 하나로 후광 효과와 악마의 뿔 효과를 들 수 있다. 후광 효과의 예를 들면 어떠한 사람이 하나의 일을 잘하면 그 사람은 모든 일을 잘할 것이라고 생각하게 되는 것을 말하고, 악마의 뿔 효과는 반대로 어떤 사람이 하나의 일을 잘 못하면 그는 모든 일을 못할 것이라고 생각하는 것이다. 기계가게의 사장은 그의 직원 J에게 후광 효과로 인한 전적인 믿음을 가지고 있었다. 어느 날 다른 업무에 자리가 비어 J를 믿고 시켰으나 그는 기본적인 일도 잘하지 못하였다. 즉, J는 그동안 사장의 후광 효과로 인한 섣부른 판단으로 모든지 잘하는 직원으로 평가되었던 것이다. 반대로 악마의 뿔 효과로 하나의 실수로 한 직원을 평가하고 그 후 그에게 다른 기회조차 제공하지 않는 것이다. 한 회사에서 어떤 직원이 실수를 해서 일 못하는 직원으로 평가되었고 그에게는 어떤 기회도 주어지지 않았다. 그러던 중 그가 우연히 화난 고객의 전화를 받았는데 예상치 않게 그가 고객을 잘 설득하여 불만을 처리하는 성과를 보였다. 그로 인해 그는 그 회사의 상담관리자가 되었다. 그는 그동안 자신의 적성에 맞는 일을 찾지 못했을 뿐 능력이 없었던 것은 아니었던 것이다.

우리가 쉽게 일상생활에서 관찰할 수 있는 후광 효과 중의 하나로 외모의 후광 효과를 들 수 있다. 매력적인 사람은 그렇지 못한 사람에 비해 거의 모든 영역(대인관계, 자신감, 적극성, 지적 능력, 성실성)에서 더 좋은 평가를 받는 것이다. 비주얼 시대라고 말하는 요즘 이러한 일은 우리의 인식을 많이 지배하고 있다. 하지만 우리가 사람을 평가하고 판단할 때에는 그의 진면목을 볼 때까지 기다릴 필요가 있고 후광효과 혹은 악마의 뿔과 같은 인식의 오류를 조심해야 할 필요가 있다.

7) 심리 상태(mental state)

우리의 태도, 신념, 정신상태 역시 우리의 인식과 관계가 있다. 태도는 지식, 의견, 진실성을 반영하고 신념은 정서를 반영한다. 엄밀히 따지면 비논리적인 이야기다. 우리의 현재의 심리 상태는 우리의 기분, 스트레스, 업무의 마감 기한 등과 관련이 있다. 나이 많은 동료들에 대한 당신의 태도가 비관적이라고 가정해 보자. 당신은 그들이 천천히 일하고 자주 아프다고 생각한다. 만약 나이 든 동료가 기침을 몇 번 하면 당신은 그를 바로 병자 취급한다. 이는 당신이 가진 나이 든 동료들에 대한 비관적인 태도 때문이다. 하지만 인사 담당자가 나이 든 당신의 동료들이 결근도 적고 일에 대해 더욱 행복해한다고 하자 그들에 대한 당신의 태도는 바뀌게 된다.

신념 역시 인식에 영향을 준다. 당신이 젊은 직원은 무모하고 무책임하다고 믿는다면 그들에게 업무를 주지 않을 것이다. 또한 기분이 좋지 않은 상태에서 일어나는 일들 역시 인식과 관계가 있다는 것을 우리는 알고 있다. 만약 기분이 좋지 않은 상태에서는 상대의 간단한 인사도 좋지 않게 들릴 수 있기 때문이다. 태도나 신념은 장기간 지속되는 반면 우리의 심리 상태는 하루에도 몇 번씩 변화한다. 태도, 신념, 심리 상태 중에서 신념이 가장 변화하기 어렵고 태도는 지식의 습득이나 다른 이의 설득, 실제의 경험 등으로 변화할 수 있다. 심리 상태는 음악, 휴식 등으로 바뀔 수 있다.

3. 흔히 범할 수 있는 인식 오류

1) 구성의 오류

문제를 해결하는 데 있어서 한 사람 한 사람이 옳다고 하는 행동을 취하면서 모두가 같은 행동을 수행한다고 할지라도 예상치 못한 나쁜 결과를 초래해 버리는 경우가 있다. "누구든지 대학에 가고 싶은 열정만 있다면 누구든지 갈 수 있습니다. 나는 돈이 없었지만 밤에 일을 하고 스스로 돈을 벌어 대학을 졸업했습니다. 내가 할 수 있다는 것은 누구나 할 수 있다는 것입니다." 이러한 가정이 정말 현실적이라고 생각하는가? 만약 누군가는 가정형편이 정말 어려워 밤새 벌어도 생활비로 써야 한다면? 누군가는 지적 능력이 미치지 못한다면? 누군가는 집안에서 교육을 반대한다면? 예외적인 상황은 얼마든지 있다. 우리는 몇몇에게 적용되는 상황이 전체에게도 적용된다고 생각하는 경향이 있고 이것이 바로 구성의 오류(the fallacy of composition)다.

물론 일반화의 법칙이 적용되는 경우도 있다. 만약 어떤 사람이 동맥에 구멍이 난 채 많은 피를 흘리는 것을 본다면 우리는 동맥에 구멍이 나면 많은 피를 흘리게 된다고 생각할 것이고 그것은 객관적인 사실이다. 하지만 이러한 상황은 어떠한가? 당신은 퍼레이드를 보고 있고 앞사람 때문에 잘 보이지 않아 까치발을 들었더니 잘 보였다. 하지만 모든 사람들이 까치발을 든다면? 그래도 모든 사람이 잘 볼 수 있을까? 한 명에게 적용되는 상황이 모든 이에게 적용되지는 않는 것이다.

2) 분할의 오류

"우유가 몸에 좋기 때문에 성장기 아이들에게는 모두에게나 특히 좋다."라는 주장은 분할의 오류(the fallacy of division)의 예다. 분할의 오류는 전체에게 사실인 것이 개개인에게도 사실이라고 믿는 것을 말한다. 우유가 좋다고 교육 받은 부모는 그것을 전적으로 믿고 자녀에게 우유를 먹이지만 그 아이가 우유에 알레르기 반응을 보이는 경우도 있다. 우유가 모든 아이에게 잘 맞고 좋은 것은 아닌 것이다. 최근 리더십 교육을 받은 한 관리자가 리더십 교육 내용을 직원들에게 적용하면 그들에게 동기부여가 되고 성과가 오른다는 사실을 전적으로 믿고 전 직원들에게 일괄적으로 적용한다면 그는 바로 이 오류를 범하게 되는 것이다.

3) 인과의 오류

인과의 오류(the post hoc fallacy)는 어떠한 일이 일어나고 이어서 다른 일이 일어날 경우 앞선 일이 원인이 되어 뒤의 일이 일어난다고 두 가지의 상황을 항상 연결하여 생각하는 오류를 말한다. 예를 들어, 1970년대엔 한국의 경제가 좋았으나 2018년에는 양극화의 심화로 인해 서민경제가 안 좋다고 한다면, 다른 이유도 없이, 1970년대는 정부가 잘해서 경제가 좋았고, 2018년은 정부가 잘 못해서 서민 경제가 나빠졌다고 주장하는 것은 전형적인 잘못된 원인의 오류다. 일상생활의 또 다른 실례로 당신이 어제 샤워를 하고 머리가 젖은 채로 나가 스케이트를 탔고 오늘 감기에 걸렸다면 감기에 걸린 이유가 반드시 어제 젖은 머리로 외출을 했기 때문일까? 그렇게 생각한다면 이 오류를 범하고 있는 것이다. 사실 감기는 온도가 아닌 바이러스로 인해 일어나는 경우가 많고 최소 하루 이상의 잠복기를 거친다. 그렇기 때문에 어제의 외출이 아닌 이틀 전 감기 걸린 친구와의 만남이 이유일 가능성이 크다.

여러분이 만약 1학년 때는 학업 성적이 저조했으나 2학년이 된 이후에 학업 성적이 크게 상승했을 경우 이것을 2학년 이후부터 훌륭한 교수의 가르침이 있었다는 주장을 할 수 있는 유일한 논거가 될 수 있을까? 그 결과에는 얼마든지 다른 원인이 있을 수 있기에 위와 같은 주장을 하는 것은 분명한 논리적 모순이다.

4) 기대 심리의 오류

우리는 우리가 원하는 방향으로 믿는 경향이 있다. 당신이 회사를 정말 아끼고 충성한다면 회사가 하는 일이나 사회의 평가와 상관없이 회사가 항상 옳은 일을 한다고 생각할 것이다. 회사가 항상 옳기를 바라기 때문인 것이다. 가끔 우리는 우리가 원하는 대로 믿으며 사실을 무시하기도 한다. 이것이 바로 기대 심리의 오류(the fallacy of wishing it were so)다.

조직에서의 사례를 살펴보자. 당신은 관리자로서 직원들의 성과를 올릴 수 있는 프로그램을 개발하였다. 성과가 있기를 바라고 연봉도 오를 것이라 바라기에 그럴 것이라 믿지만 현실적으로 그렇게 될까? 원하는 결과가 항상 이루어지는 것은 아니다. 조직에서 문제해결을 해야 하는 상황에 닥치면 항상 해결되는 방향으로 생각하는 오류를 범하지 않도록 조심해야 한다.

5) 이분법적 사고의 오류

논의의 대상에 여러 가능성이 있을 수 있음에도 불구하고 그런 가능성을 간과하고 무시하면서 양극의 두 가지 대상에만 국한시켜 결론을 내리는 것이 이분법적 사고의 오류다. 흑이 아니면 백이거나, 선이 아니면 악이라는 양극단의 두 가지로만 구분함으로써 가능성이 둘 이상인데도 두 가지로만 잘못 제한한다는 점에서 이 오류를 범하는 것이다. 이분법(two-valued reasoning)은 논리적으로 손쉬운 방법이다. '모 아니면 도'이니 머리 싸매고 고민할 필요도 없다. 하지만 이러한 장점은 곧바로 함정이 된다. 모와 도 사이에 개, 걸, 윷도 있다는 사실을 인정하려 들지 않는 탓이다.

사람들은 어떠한 문제에 닥치면 항상 올바른 정답이 있다고 생각하는 경향이 있다. 옳은 것과 그른 것, 가능한 것과 불가능한 것, 중간의 상황이나 방법에 대해서는 고려하지 않는다. 하지만 문제해결을 하는 방법에는 옳고 그른 두 가지의 방법이 아닌 다른 방법들도 많다.

인간관계 문제의 경우 더욱 그러하다. 인간관계에 있어서는 이성과 감성이 동시에 존재하기 때문이다. 조직의 인간관계에 있어서는 이분법적 사고가 통하지 않는 경우가 많다. 조직을 구성하고 운영할 때 이성만을 강조한다고 생산성이 극대화되지는 않는다. 또한 반대로 감성만을 지나치게 강조해서도 안 된다. 인간관계에 있어서는 다양한 방법으로 문제를 인식하려는 노력이 반드시 필요하다.

성찰질문

1. 자신의 상황에서 과거의 경험을 통해 인식의 오류를 경험한 적이 있는가?
2. 합리적인 의사결정을 위해 인식의 오류를 최소화할 수 있는 전략은 무엇인가?

참고문헌

데이비드 맥레이니(2012). 착각의 심리학(*You Are Not So Smart*, 박인균 역). 서울: 추수밭.

무즈(2011). 생각 없이 행동하지 마!(조혜란 역). 서울: 팬덤북스.

박용후(2013). 관점을 디자인하라: 없는 것인가 못 본 것인가. 서울: 프롬북스.

실뱅 들루베(2013). 당신의 이성을 마비시키는 그럴듯한 착각들(문신원 역). 서울: 지식채널.

이계평(2013). 남들도 나처럼 생각하겠지? ……잡스도 속았다…… '거짓 동의 효과'. 한국경제, 2013년 1월 10일.

제러미 딘(2008). 프로이트처럼 생각하고 스키너처럼 행동하라(정명진 역). 서울: 부글
　　북스.
크리스토퍼 차브리스, 대니얼 사이먼스(2011). 보이지 않는 고릴라(*The Invisible
　　Gorilla: And Other Ways Our Intuitions Deceive Us*, 김명철 역). 경기: 김영사.
토머스 길로비치(2008). 인간 그 속기 쉬운 동물: 미신과 속설은 어떻게 생기나(*How We
　　Know What Isn't So: The Fallibility of Human Reason in Everyday Life*, 이양원,
　　장근영 역). 서울: 모멘토.
토머스 키다(2007). 생각의 오류(*Don't Believe Everything You Think*, 박윤정 역). 서
　　울: 열음사.
허태균(2012). 가끔은 제정신. 경기: 쌤앤파커스.

Drafke, M. (2009). *The Human side of Organizations*. Pearson Education.
Ross, L., Amabile, T. M., & Steinmetz, J. L. (1977). Social roles, social control and
　　biases in social perception. *Journal of Personality and Social Psychology, 35*,
　　485-494.

제**4**장
합리적 의사결정

가지 않은 길

Robert Frost

피천득 옮김

노란 숲속에 길이 두 갈래로 났었습니다.
나는 두 길을 다 가지 못하는 것을 안타깝게 생각하면서,
오랫동안 서서 한 길이 굽어 꺾여 내려간 데까지,
바라다볼 수 있는 데까지 멀리 바라다보았습니다.

(⋯⋯중략⋯⋯)

훗날에 훗날에 나는 어디선가
한숨을 쉬며 이야기할 것입니다.

숲속에 두 갈래 길이 있었다고,

나는 사람이 적게 간 길을 택하였다고,

그리고 그것 때문에 모든 것이 달라졌다고.

우리는 일상생활에서 매 순간 의사결정을 해야 한다. 내일 저녁에 친구와 함께 영화 한 편 볼까? 영화를 본다면 어떤 영화를 볼까? 혹은 여행을 간다면 어디로 여행을 떠날까?

의사결정보다 더 인간적인 행위의 특징을 잘 나타내는 활동은 거의 없다. 우리 중 누구도 이러한 의사결정을 피하면서 살 수는 없다. 의사결정이란 실로 광범위하다. 당장 지금부터 몇 년을 내다보면서 치밀하게 장래에 대하여 결정하는 경우가 많다. 이처럼 매 순간 우리가 내리는 수십 가지 결정은 우리 인생경로에 영향을 끼치곤 한다.

의사결정은 '주어진 문제를 해결하고 최고의 결과를 얻고자 두 가지 혹은 그 이상의 대안들을 평가한 후에 최선의 대안을 선택하는 일련의 행위'라고 할 수 있다. 그렇다면 최선의 의사결정을 위해서는 어떻게 해야만 하는 것인가? 우선 인간은 합리적인 존재라는 가정 하에 의사결정이 이루어지는 과정을 상정해 볼 수 있다(Sweeney & McFarlin, 2002).

1. 합리적-경제적 접근

합리적-경제적 접근법 하에서는 의사결정자가 여러 실제적인 정보를 결합해 최선의 결정을 내린다는 가정이다. 일반적으로 이 접근법은 의사결정 과정에서 몇 가지 핵심적인 정보를 요구한다. 예를 들면, 다양한 사건들의 개연성, 발생할 결과물의 특징들이 핵심적인 정보를 구성한다. 이 합리적-경제적 접근법은 의사결정자가 선택을 더 잘할 수 있도록 소프트웨어 시스템, 알고리즘, 체크리스트나 다른 유용한 아이템들을 보조로 삼기도 한다. 합리적-경제적 접근법에는 좀 더 구체적으로 두 가지 분석적 모델이 있다. 이 두 가지 모델들이 무엇인지 알아보고, 각각의 모델들이 의사결정 과정에서 어떻게 작용하는가를 살펴보도록 하겠다.

첫째, 정보-과정 모델(Information-Processing Model)이다. 정보-과정 모델은 정보의 질과 범위에 초점을 맞추고 있다. 컴퓨터의 프로그램들은 의사결정자가 정보의 중요성과 평가를 할 수 있도록 도와준다. 예를 들면, 미국 경영대학원 MBA 프로그램에서는 입학사정관들이 신입생들을 선발할 때 필요한 핵심 정보로서 주로 4개의 변수를 사용하여 판단한다. 가장 중요한 변수는 GMAT 점수로서 가중치가 .50 주어진다. 그다음 대학 학업 성적에 .25의 가중치가 주어진다. 그리고 나머지 변수는 추천서와 직장 경력 등이다. MBA 프로그램을 운영하는 수많은 대학이 이 모델을 사용하거나 이와 유사한 모델을 사용한다. 이 모델 적용은 여러 가지 장점을 가지고 있다. 첫째는 이 모델을 통하여 쉽게 다수 후보자들의 모든 정보를 요약하고 통합할 수 있다는 점이다. 둘째로 이 모델은 대학원 과정을 성공적으로 해 낼 수 있는지 예측하는 데에 필요한 핵심 정보들에 대해 명확한 가이드라인을 제공할 수 있다는 점이다. 따라서 이 모델에 따라 입학 여부를 결정할 수 있는 단서를 제공할 수 있는 것이다. 셋째, 이 모델에 따라 내린 의사결정이 결과적으로 정당함을 객관적으로 입증할 수 있다는 것이다. 혹 차후에 있을 수 있는 심사 결과에 대한 이의 제기에 대하여 이 모델은 충분히 방어할 수 있을 것이다.

둘째, 결정-선택/기대 가치 모델(Decision-Choice/Expected-Value Model)이다. 결정-선택/기대 가치 모델은 결정 과정에서 활용되는 핵심 정보보다는 의사결정자 자신이 선택, 결정한 대안에 관심의 초점을 둔다. 이 모델에서는 대안들이 무엇인지 당신은 알고 있지만 단지 어느 하나를 선택해야 하는

지 모른다고 가정한다. 예를 들어, 부동산 투자를 결심한 당신에게 두 가지 대안 중의 하나만 선택할 기회를 준다.

대안 1. 2억 원의 투자 가치가 돌아오지만, 발생 확률은 단지 40%이다.
대안 2. 투자 가치가 단지 5천만 원밖에 안 되지만 확률은 80%이다.

이 두 가지 대안을 놓고 사람들은 선택 확률이 대개 반반씩 나누어질 것이다. 일부 투자자들은 일시에 큰 금액이 돌아오기 때문에 대안 1을 선택하겠지만, 일부는 오히려 발생률이 확률적으로 높은 대안 2를 선택할 것이다. 그것은 첫 번째 그룹은 돈에 초점을 맞추는 데 반해, 두 번째 그룹은 결과의 가능성을 고려하여 결정한 것이다. 결과적으로 기대된 가치 모델 하에서는 투자 가치와 발생 가능성을 동시에 고려하여 더 큰 기대가치를 가지고 있는 대안이 선택되어야 한다는 점이다. 그래서 의사결정자가 투자에 보수적이어서 높은 발생 확률을 선호할 경우에는 결국 대안 1보다는 대안 2가 선택된다. 그

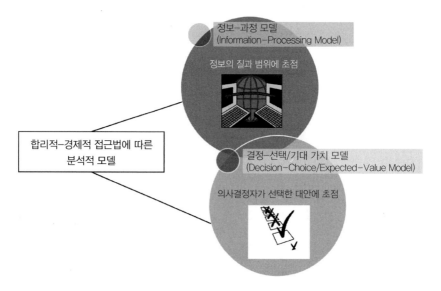

[그림 4-1] 합리적-경제적 접근법에 따른 분석적 모델

렇다고 반드시 이것이 꼭 옳은 결정이라는 것은 아니다. 만일 당신이 기업가라면 대안 1을 선택했을 수도 있다.

훌륭한 의사결정은 이른바 합리성에 기반을 둔다. 그것은 일시적인 충동적 감정과 경험보다는 논리와 신중한 분석, 완전한 정보를 얻기 위한 세심한 탐색에 기반을 둔 의사결정이 더 나은 결과를 가져오기 때문이다. 합리성을 추구한다는 것은 여러 가치를 비교하여 이를 명확하게 하고 우선순위를 일관되게 하는 것이다.

합리적인 의사결정은 다음과 같은 여섯 가지 표준 절차를 따른다(Hellor, 1998).

첫째, 문제를 구조화하고 명확히 한다. 문제는 현재 상태와 원하는 상태 간의 괴리가 있는 곳에 존재한다.

둘째, 의사결정의 기준을 정한다. 이 단계는 의사결정에서 무엇이 적절한지 또는 중요한지를 명확히 하는 것이다. 이 단계에서는 의사결정자의 관심, 가치, 목표 그리고 개인적 선호가 개입된다. 더욱 중요한 것은, 의사결정 기준을 정하는 이 단계에서 서로 비슷한 상황에 있는 사람들도 종종 매우 다른 선택 결과를 보인다는 사실이다. 어떤 사람이 매우 적절하다고 생각하는 기준을 다른 사람들은 그렇지 않다고 생각할 수 있기 때문이다. 합리적 의사결정 과정 중 이 단계에서 확인되지 않은 모든 요인은 의사결정자와 무관한 것으로 간주되며, 의사결정의 결과와도 관계가 없다.

셋째, 결정기준의 가중치를 정한다. 모든 결정기준의 중요도가 동등하지 않기 때문에 의사결정자는 앞서 정한 기준들의 올바른 우선순위를 정하기 위해 중요도에 따라 가중치를 부여한다.

넷째, 대안을 찾는다. 문제를 해결하기 위한 가능한 모든 대안을 찾는 단계다.

다섯째, 각 대안을 평가한다. 앞서 찾은 대안들은 엄격하게 분석되고 평가되어야 한다. 이를 위해 각 대안을 각 결정기준에 따라 채점한다. 2단계와 3단계에서 만든 기준과 가중치에 의해 비교가 이루어지면 각 대안의 장단점이

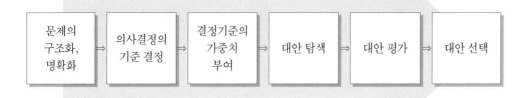

[그림 4-2] 합리적 의사결정의 여섯 가지 표준 절차

명확히 드러나게 될 것이다.

여섯째, 가장 높은 점수를 얻은 대안을 선택한다. 마지막으로, 가장 높은 점수를 얻은 대안을 선택하는 것으로 의사결정 과정이 마무리된다. 이것이 최적의 선택이다.

합리성을 추구하는 데는 아무리 좋은 의도를 가지고 있더라고 어느 정도 장애가 존재한다. 합리적 의사결정을 하려면 다음과 같은 다소의 비현실적인 전제들이 지켜져야 하는데, 현실에서 이렇게 하기가 대단히 어렵다(Robbins, 2005).

첫째, 문제가 분명하고 명백해야 한다. 합리성은 의사결정자가 문제를 완전히 이해한다고 가정한다. 그러나 현실에서의 문제들은 통상적으로 복잡하며, 무엇이 원인인지, 무엇이 결과인지, 모든 부분이 상당히 불분명하다. 그 결과 우리는 종종 엉뚱한 문제에 초점을 맞추게 되어 문제와 겉으로 드러난 증상을 혼동하게 되며, 문제가 있다는 것조차 무시하고 부정하게 된다.

둘째, 의사결정자는 적절한 모든 평가기준과 대안들을 찾을 수 있어야 한다. 현실세계에서 인간은 평가기준과 대안을 찾는 능력이 제한되어 있다. 우리는 눈에 보이고 명백한 것에 초점을 맞추는 경향이 있다. 나아가 우리의 편향성과 개인적 선호 때문에 완전한 대안이 선택되는 것에 방해받는다.

셋째, 평가기준과 대안들은 객관적으로 그 중요성에 따라 순위와 가중치가 매겨질 수 있어야 한다. 하지만 현실에서는 문제들이 복합적이기 때문에 평가기준과 대안에 대해 객관적으로 순위와 가중치를 부여하는 일이 어렵기 마련이다.

넷째, 별다른 어려움 없이 완전한 정보를 얻을 수 있어야 한다. 합리성은 우리가 충분하고도 사려 깊은 선택을 하는 데 필요한 모든 정보를 얻을 수 있다고 가정한다. 그러나 현실에서는 시간과 비용의 제약으로 완전한 정보를 얻는다는 것은 거의 불가능하다.

다섯째, 의사결정자는 각 대안을 정확하게 평가할 수 있어야 한다. 합리성은 의사결정자가 각 대안에 대한 완전한 정보로 이미 만들어진 평가기준과 가중치에 따라 각 대안을 평가할 것이라고 가정한다. 그러나 현실 세계에서는 합리적 의사결정을 위해 필요한 완전한 정보는 결코 구해질 수가 없다. 또한, 이미 만들어진 평가기준과 그 평가기준의 중요성에 따라 매겨진 가중치만을 적용하여 대안을 평가하는 일은 드물다. 그것은 우리는 종종 관련성이 없는 평가기준을 사용하거나 감정 때문에 판단이 흐려지기 때문이다.

따라서 합리적 의사결정 시에는 지켜야 할 사전 원칙이 몇 가지 필요하다 (Robbins, 2005).

- 중요한 결정에 더 많은 시간과 노력을 기울인다.
- 중요한 결정이란 삶의 변화를 가져오고, 장기적인 미래에 직접적인 영향을 주는 결정이다.
- 전후 관계를 고려하여 결정한다.
- 오늘 한 행동이 미래에 어떤 영향을 미칠지 내다본다.
- 현재의 결정과 미래의 결과를 연계시킨다.
- 목표에 결정 행위의 초점을 맞춘다.
- 원하는 정보를 모두 가질 수 없다는 점을 받아들인다.

• 비판적으로 생각하고 반성할 시간을 충분히 가진다.

2. 합리적 의사결정 방법

사안에 따라서 사람들은 쉽게 결정 내릴 수도 있다. 만약 어떤 대학생이 여름 방학에 서울에서 제주도로 여름휴가를 보내기 위해 최소의 비용을 들여 비행기를 타고자 한다면, 우선 먼저 생각할 것은 가장 저렴한 항공권을 구입하는 것이다. 이는 목적이 단순하기 때문에 한 가지의 기준만 적용하면 되는 것이다. 그러나 실제로 단 한 가지의 목적만 추구하는 경우는 매우 드물다. 현실적으로 대부분의 경우에는 서로 다른 목적을 동시에 추구하게 된다. 그 대학생은 가장 저렴한 항공권을 원하지만, 동시에 편리한 출발시간, 그러면서도 안전한 항공사를 원할 것이다. 그리고 항공 마일리지도 늘리고 싶을 것이다. 이처럼 여러 가지 목적을 동시에 추구하게 되면 의사결정의 양상이 한층 더 복잡해진다. 하나의 목적을 얻기 위해서 다른 것을 희생해야 하는 상충관계 하에서 선택해야 하기 때문이다.

실제로 상충관계 하에서 선택을 현명하게 하는 것은 의사결정에서 가장 중요하고 힘든 과정이다. 더 많은 대안을 고려할수록, 더 많은 목적을 추구할수록 상충되는 양상이 늘어난다. 하지만 상충관계 하의 풍부한 선택 가능성 그 자체가 의사결정을 힘들게 만드는 것은 아니다. 의사결정의 어려움은 서로 다른 목적이 각각 독특한 비교기준을 필요로 한다는 사실에 기인한다. 어떤 목적은 정확한 숫자나 백분율(34%, 38%, 53%)로 서로 다른 대안을 비교할 수 있다. 그러나 다른 목적은 개괄적인 비교(높음, 낮음, 중간)만 가능한 경우도 있다.

이렇게 근본적으로 다른 사물을 두고 비교할 때 어떤 방법으로 선택할 것인가? 하몬드, 키니, 그리고 라이파(Hammond, Keeney, & Raiffa, 2011)는 이러한 상황에서 좀 더 합리적으로 결정할 수 있는 방법으로서 '대등 교환(even swaps)' 방식을 고안하였다. 대등 교환 방식의 본질은 일종의 물물교환으로 어떤 목적의 가치를 다른 목적의 단위로 생각하게 하는 것이다(Hammond, Keeney, & Raiffa, 2011). 예를 들어, 항공요금 5만 원을 아끼기 위해 마일리지 적립을 포기하겠는가? 안전하고 쾌적한 항공사를 선택하기 위해 얼마나 기다려야 하는가? 이러한 특정 가치판단에 기준하여 선택을 하고 나면 서로 다른 측정방식을 일괄적으로 적용하게 되고 상충관계 하의 선택을 분별력 있게 할 수 있는 견고하고 일관성 있는 기반을 갖게 된다.

그렇다고 대등 교환 방법이 복잡한 결정을 쉽게 만들어 주지는 않는다. 여전히 어려운 가치판단과 선택을 해야만 한다. 대등 교환 방법이 제공하는 것은 신빙성 있고, 일관된 방식으로 하나를 포기하고 다른 것을 얻는 선택을 할 수 있다는 것뿐이다.

상충관계 하에서의 선택에서 먼저 가능한 대안이 무엇인지, 각 대안이 목표 달성에 어떤 결과를 가져올지를 명확히 이해해야 한다. 이를 위해 결과표를 작성하는 것이 좋은 방법이다. 결과표의 왼쪽에 목적을, 그리고 가능한 대안을 위쪽에 나열하면 빈 행렬이 생길 것이다. 이 각각의 행렬 칸에 주어진 대안이 주어진 목표에 어떤 결과를 가져올지를 간략히 적어 보라. 때에 따라 어떤 결과는 숫자를 써서 양적으로 기술할 것이고, 어떤 결과는 말을 써서 질적으로 기술할 것이다. 중요한 것은 하나의 주어진 목표에 대해 다른 대안의 결과를 일관되게 정리하는 것이다. 그렇게 하지 않으면, 다른 목적 간에 합리적인 교환을 할 수 없게 된다.

결과표가 실제로 어떤 것인지 예시하기 위해 대학생인 당신이 구직 시에 만든 표를 살펴보도록 하자. 홀아버지의 외아들로 대학에서 경영학을 전공한 당신은 병을 앓고 있는 아버지를 돕기 위해 대학원 진학을 포기하고 취직을 하고자 한다. 당신은 적당한 보수와 수당, 유급휴가를 주는, 즐길 만한 일을 원하지만, 복학 후 도움이 될 경험도 쌓고자 한다. 그리고 아버지의 허약한 건강상태를 고려할 때 직장이 비상사태에 대처할 수 있는 유연성을 제공하는 것은 아주 중요하다. 심사숙고한 후에 당신은 다섯 개의 가능한 직장을 찾아낸다. 각각의 직장은 당신의 여러 목적에 아주 판이한 결과를 가져오는데, 당신은 이것들을 결과표로 작성할 수 있을 것이다(다음 결과표 참조).

대안들					
목적	A회사	B회사	C회사	D회사	E회사
월 보수(만 원)	200	240	180	190	220
근무시간 유연성	중간	낮음	높음	중간	매우 낮음
비즈니스 기술 개발	컴퓨터	인적 관리 및 컴퓨터	업무수행 및 컴퓨터	조직	시간 관리 및 다중과업
연 유급휴가일	14	12	10	15	12
회사 복지	건강보험 치과보험 퇴직보험	건강보험 치과보험	건강보험	건강보험 퇴직보험	건강보험 치과보험
근무 선호도	매우 좋음	좋음	좋음	매우 좋음	따분함

앞의 결과표는 아주 많은 정보를 간략하고 잘 정돈된 형태로 제시해서 여러 가지 대안을 목적별로 비교할 수 있게 한다. 그리고 상충관계 하에서 선택할 수 있는 명확한 틀을 제공한다. 그뿐만 아니라 의사결정 과정의 출발점에서 모든 대안과 목표, 모든 관련 있는 결과를 다 정의하게 만드는 규율을 부과한다. 하지만 결과표를 만드는 것이 그다지 어려운 일이 아닌데도, 의사결정자들이 이를 이용하는 경우가 많지 않다. 그러나 결과표가 없으면 중요한 정보를 간과하게 되고, 무작정 선택을 하게 되어 그릇된 결정을 할 가능성이 높다.

대안에 대한 각각의 결과를 정의하고 결과표로 나타낸 후에, 한 가지 또는 그 이상의 대안을 탈락시킬 기회가 있는지 찾아보아야 한다. 대안 수가 작을

수록 궁극적으로 하나를 포기하고 다른 것을 선택해야 하는 상충관계의 수가 줄어들게 된다. 탈락시킬 수 있는 대안을 알아내기 위해서는 다음의 단순한 규칙을 따르면 된다. 만약 대안 A가 대안 B보다 몇 가지 목적 달성에 더 좋고 다른 모든 목적 달성에 더 나쁘지 않다면, B는 고려 대상에서 탈락시킬 수 있다. 이 경우에 'B는 A보다 열등하다'고 한다. B는 A보다 단점만 있고 장점은 없는 것이다.

당신은 학기 말 시험을 금요일까지 끝내고 친구들과 함께 주말여행을 다녀오려고 한다. 당신은 다섯 곳을 고려하고 있으며, 싼 비용, 많은 재밌거리, 짧은 여행시간이라는 세 가지 기준을 다 채우고 싶다. 선택 가능성을 비교하는 중에 대안 A가 대안 B보다 더 비싸고 재밌거리도 많지 않은데도 여행시간은 똑같이 걸린다는 것을 발견하게 되면, 대안 A가 대안 B보다 열등하므로 대안 A는 당연히 탈락하게 된다.

우리는 순위표를 이용해 열등한 대안을 탈락시키는 방법으로 많은 노력을 줄일 수 있다. 실제로, 이 방법을 써서 마지막 결정에 직접 도달하는 경우도 가끔 있다. 만약 하나만 제외하고 다른 모든 대안이 다 열등하면, 끝까지 남아 있는 대안이 최선의 선택이 된다(Hammond, Keeney, & Raiffa, 2011; Shoemaker, 1998).

대부분의 경우 유일한 대안만 남아 있는 경우보다는 오히려 수많은 대안이 남아 있기 마련이다. 남아 있는 대안이 열등하지 않기 때문에, 각각의 대안은 장점도 있고 단점도 있을 것이다. 문제는 남아 있는 대안 가운데 하나를 포기하고 다른 대안을 상충관계 하에서 선택해야 한다는 것이다. 대등 교환 방법은 명백한 선택이 남을 때까지 체계적으로 장점과 단점을 균형 있게 보완하는 방법을 제시하는 것이다.

대등한 교환이란 무엇을 말하는가? 만약 어떤 주어진 목표를 달성하는 데 모든 대안이 똑같이 평가되면—예를 들어, 비용이 모두 똑같으면—의사결정 시에 그 목표는 무시해도 좋다. 만약 모든 항공사의 서울-제주 간의 요금

이 같다면 비용은 문제가 되지 않는다. 어떤 대안을 선택할 것인가는 오직 다른 목적에만 달려 있다. 대등 교환 방법은 서로 다른 대안이 가져오는 결과의 가치를 조정해 서로 동등하게 만들어 상관없게 만든다. 이름이 말해 주듯이, 대등한 교환은 어떤 대안의 가치를 하나의 목표에서 늘리고, 다른 목표에서 동등한 양만큼 줄인다(Hammond, Keeney, & Raiffa, 2011).

3. 왜 우리는 올바른 결정을 못하는 것일까

대부분의 사람은 자기 자신을 비교적 냉정한 머리와 여러 대안을 평가하는 합리적인 의사결정자로 자부한다. 하지만 현실에서는 올바른 결정을 내리지 못할 때가 더 많다. 왜 그럴까? 사람들이 좋지 못한 결정을 하게 되는 다음 네 가지 이유를 살펴보도록 하겠다(Hammond, Keeney, & Raiffa, 2011).

- 앞날을 계획하지 않는다. 사람들 대부분은 장기적인 관점에서 생각하지 않는다. 그 결과, 우리는 순간적인 충동에 따라 반응하고, 우선순위를 일관성 있게 추구하지 못하며, 목표로 가는 올바른 길에서 일탈하는 경향이 있다.
- 스스로를 과신하고 있다. 사람들 대부분은 자신의 지식과 능력에 대해 과신하고 있다. 이 때문에 사람들은 선택 대안에 대한 분석은 거의 하지 않으며, 최선의 선택을 할 수 있는 능력에 대해서는 지나치게 낙관하고 있다.
- 과거 경험에 너무 많은 것을 의존하고 있다. 경험은 사람들에게 많은 것을 가르쳐 주지만 그들의 생각을 제한하기도 한다. 특히, 사람들은 새로운 상황이나 경험하지 못한 상황에 직면했을 때 과거 경험이 그들의 생각을 제한한다. 과거 경험에 대한 과도한 의존은 창의적인 대안을 전개해

나가는 것을 억압한다.
- 사실상 과거로부터 배우는 것은 별로 없다. 사람들의 기억은 매우 선택적이며, 그들은 자존감을 유지하고 강화하기 위해 과거의 경험을 재해석하는 데 매우 능숙하다. 그러므로 사람들은 과거의 '성공'과 '실패'를 비현실적으로 평가하여 당연히 보아야 할 문제들도 종종 놓치곤 한다.

합리성은 사람들이 문제를 완벽하게 규정할 수 있다고 가정한다. 우리는 적절한 모든 평가기준을 찾을 수 있으며, 목표와 가치 및 이해관계에 따라 모든 평가기준에 정확한 가중치를 부여할 수 있다고 가정한다. 또 모든 적절한 대안을 찾을 수 있으며 모든 대안들을 정확히 평가하고 비교하여 최선의 대안을 찾을 수 있다고 가정한다. 하지만 현실에서의 우리는 완전한 존재가 아니다. 합리성의 밑바탕에 있는 미숙한 가정과 인간의 불완전성 사이에서 우리는 모두 종종 비합리적으로 행동한다.

4. 의사결정의 심리적 함정과 대처 방법

사람들이 잘못된 의사결정을 내리는 이유는 대개 의사결정을 내릴 때 대안을 명확하게 정의하지 않고, 적합한 정보를 수집하지 않으며, 비용과 이익을 정확하게 비교하지 않기 때문이다. 그러나 의사결정 프로세스가 아닌 의사결정자의 두뇌 작용 때문에 잘못된 의사결정을 내리는 경우도 있다. 우리의 두뇌가 올바른 의사결정 수립을 방해하는 셈이다.

하몬드, 키니, 그리고 라이파(Hammond, Keeney, & Raiffa, 2011)는 업무 의사결정에 영향을 주는 여덟 가지의 심리적 함정을 제시하였다. 첫째, 고정관념의 함정은 가장 처음 접한 정보를 지나치게 중시하는 것이다. 둘째, 현상유지의 함정은 더 좋은 대안이 존재하는데도 현상을 유지하려 하는 것이다. 셋

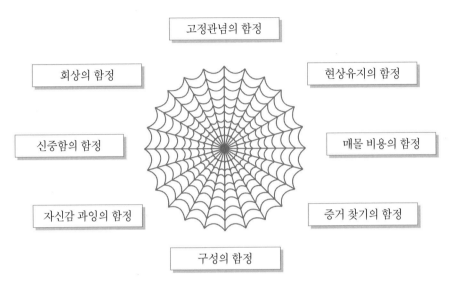

[그림 4-3] 의사결정에 영향을 주는 8가지의 심리적 함정

출처: Hammond, Keeney, & Raiffa (2011).

째, 매몰 비용의 함정은 과거의 선택이 잘못되었다는 사실을 인정하지 않고 잘못된 선택을 계속 추구하는 것이다. 넷째, 증거 찾기의 함정은 기존 선호 대상을 뒷받침하는 정보를 모색하고 반대되는 정보를 평가절하하는 것이다. 다섯째, 구성의 함정은 어떤 문제를 잘못 판단하여 전체 의사결정 프로세스를 저해하는 것이다. 여섯째, 자신감 과잉의 함정은 자기가 하는 예측의 정확성을 과대평가하는 것이다. 일곱째, 신중함의 함정은 불확실한 사건을 평가할 때 지나치게 신중을 기하는 것이다. 여덟째, 회상의 함정은 최근에 발생한 극적인 사건에 지나치게 큰 비중을 두는 것이다.

1) 고정관념의 함정

사람의 두뇌는 의사결정 사안을 고려할 때 가장 처음 접한 정보를 지나치게 중시한다. 가장 처음 접한 인상, 추정치, 정보가 이후의 사고와 판단을 좌우한다. 고정관념은 여러 가지 탈을 쓰고 있다. 동료의 말이나 조간신문에 등장하는 통계 자료처럼 단순하고 악의 없는 고정관념이 있다. 사람들의 피부색, 사투리, 옷에 대한 고정관념처럼 악의 있는 고정관념도 있다. 기업에서 보이는 가장 일반적인 고정관념은 과거의 사건에 관한 고정관념이다. 과거의 사건을 지나치게 중시하고 다른 요소에는 지나치게 소홀해지기 쉽다.

고정관념의 함정을 어떻게 극복할 것인가?
- 언제나 다른 시각에서 문제를 바라본다. 가정 먼저 떠오르는 생각에 집착하지 않고 대안적인 출발점과 접근법을 활용한다.
- 다른 사람의 의견이라는 고정관념에 얽매이는 것을 피하려면 다른 사람의 조언을 구하기 전에 스스로 문제를 생각해 본다.
- 열린 마음을 갖고 다양한 사람들로부터 정보와 의견을 구한다.
- 조언자의 아이디어, 추정치, 잠정적 의사결정에 대한 정보를 최소한으로 제시한다. 지나치게 많은 정보를 노출하며 우리의 선입견이 조언으로 되돌아올 수도 있다.

2) 현상유지의 함정

의사결정자들은 현상 유지에 유리한 대안을 선호하는 강력한 편견을 갖고 있다. 예를 들어, 최초로 등장한 자동차는 '말이 끌지 않는 마차', 인터넷의 '전자 신문'은 인쇄 신문과 외관이 매우 비슷했다. 현상유지 함정의 원천은 대개 우리의 심리, 자아를 위해로부터 보호하겠다는 의지 속에 깊숙이 자리 잡는다. 현상을 유지하면 심리적 위험에 덜 노출되기 때문에 현상의 유지는 대개 안전한 길을 의미한다. 사람들은 선택권이 많을수록 현상유지의 유혹이 커진다.

현상유지의 함정을 어떻게 극복할 것인가?

- 언제나 목적을 상기하고 현상유지가 목적 달성에 어떤 도움이 되는지 점검한다.
- 현상이 유일한 대안이라고 생각하지 않는다. 다른 대안을 파악하고 장단점을 신중하게 평가한다.
- 만일 현재 상황이 현상이 아닌 다른 대안 가운데 하나였다면 그 대안을 선택했을지 스스로 자문한다.
- 현상에서 벗어나는 데 소요되는 노력과 비용을 부풀려서 생각하지 않는다.
- 현상이 바람직한가에 대한 평가는 시간의 경과와 더불어 변화한다는 사실을 기억한다. 현재 가치와 더불어 미래 가치를 평가한다.
- 현상보다 우월한 여러 가지 대안이 있다면, 최선의 대안을 선택하는 것이 어렵다는 이유로 현상을 선택해서는 안 된다. 자신을 스스로 다스려 최고의 대안을 선택한다.

3) 매몰 비용의 함정

과거의 선택이 더 이상 유효하지 않을 때에도 과거의 선택을 정당화하는 방식으로 현재의 의사결정을 내리는 함정이다. 우리의 과거 의사결정을 경제용어로 칭하자면 매몰 비용이다. 매몰 비용이란 과거에 투자한 시간이나 돈을 지칭하며 지금은 회복할 수 없는 투자를 말한다.

사람들은 왜 과거의 의사결정에서 벗어나지 못할까? 의식적으로든 무의식적으로든 잘못을 인정하고 싶지 않기 때문이다.

매몰 비용의 함정을 어떻게 극복할 것인가?

- 초기 의사결정과 관련이 없고, 따라서 초기 의사결정에 집착할 가능성이

없는 사람들의 의견을 구하고 그들의 의견에 신중하게 귀를 기울인다.
- 초기 의사결정의 실수를 인정하고 싶지 않은 이유를 점검한다.
- 다른 사람의 의사결정과 제언이 매몰 비용 함정의 영향을 받았는지 주의 깊게 살핀다. 필요한 경우에는 업무 분담을 다시 한다.
- 다른 사람에게 보상을 제공할 때는 의사결정의 결과가 아닌 의사결정의 건전성에 초점을 맞춘다.

4) 증거 찾기의 함정

증거 찾기의 함정에 빠지면 자신의 직감이나 의견을 뒷받침하는 정보를 모색하고, 자신의 본능이나 의견에 상반되는 정보를 회피한다. 증거의 종류뿐 아니라 증거를 해석하는 방법에서도 마찬가지다.

증거 찾기의 함정을 어떻게 극복할 것인가?
- 언제나 모든 근거를 엄격하게 점검했는지 확인한다.
- 자신이 높이 평가하는 사람을 선택하여 지명 반론자(devil's advocate)의 역할을 맡기고, 현재 고려 중인 의사결정에 반대되는 주장을 펼치게 한다. 더욱 바람직한 방법은 스스로 반론을 구축하는 것이다.
- 자신의 동기에 대해 스스로 솔직해진다.
- 다른 사람의 조언을 구할 때, 자신의 의견을 뒷받침할 근거를 유도하는 질문을 하지 않는다.

5) 구성의 함정

의사결정의 첫 번째 단계는 질문을 구성하는 것이다.
구성 방식에 따라서 새로운 현상이나 고정관념이 확립되고 매몰 비용의 함정이나 증거 찾기의 함정이 커질 위험이 있다.

의사결정과 관련된 연구자들은 이익 강조 구성법과 손해 강조 구성법이 의사결정을 빈번히 왜곡함을 입증했다. 이익을 추구하는 관점에서 질문을 구성하는 경우에, 사람들은 위험을 피하는 대안을 선택한다. 반면에 손실을 회피하는 관점에서 질문을 구성하는 경우, 사람들은 위험을 추구하는 대안을 선택한다. 또한 사람들은 자신만의 방식으로 질문을 재구성하지 않고 구성된 질문을 그대로 받아들이는 경향이 있다.

준거점을 변경하여 질문을 구성하며, 같은 질문으로 전혀 다른 반응을 유도할 수 있다.

구성의 함정을 어떻게 극복할 것인가?

- 언제나 질문을 여러 가지 방향으로 재구성하기 위해서 노력하며, 질문자가 왜곡한 부분이 없는지 살핀다.
- 중립적이고 중복적인 질문을 자신에게 던짐으로써 이익과 손실을 모두 살피거나 여러 가지 준거점을 활용한다.
- 의사결정의 프로세스마다 질문의 구성법을 생각해 본다.
- 사람들이 의사결정안을 제언할 때에 문제의 구성 방식을 살핀다. 그리고 문제의 구성 방식을 달리해서 생각해 보도록 유도한다.

6) 자신감 과잉의 함정

사람들은 대부분 추정이나 예측 능력이 뛰어나지 못하지만, 자신의 추정 또는 예측이 매우 정확하다는 지나친 자신감을 가지기 쉽다. 지나친 자신감은 판단 오류와 잘못된 의사결정으로 이어진다.

자신감 과잉의 함정을 어떻게 극복할 것인가?
- 자신감 과잉의 함정이 추정치에 미치는 영향을 줄이기 위해서는 언제나 가치 범위의 최저점과 최고점을 고려한다. 그런 다음에 최저점과 최고점의 추정치에 스스로 이의를 제기해 본다.

7) 신중함의 함정

중요한 의사결정을 내릴 때 '만일의 경우에 대비하기 위해' 추정과 예측을 수정하기 쉽다. 그러나 현실화될 가능성이 거의 없는 최악의 조건 때문에 실질적인 이익을 보지 못하고, 엄청난 비용만 발생시키는 경우도 있다.

신중함의 함정을 어떻게 극복할 것인가?
- 신중함의 함정을 피하려면, 언제나 정직하게 추정치를 기술한 후에 추정치를 사용할 사람에게 추정치를 수정하지 않았다는 사실을 설명한다.

8) 회상의 함정

사람들은 흔히 과거 사건의 기억에 비추어 미래 사건을 예측한다. 그러므로 사람들의 기억에 강력한 인상을 남긴 극적인 사건의 영향을 지나치게 많이 받을 위험이 있다. 과거의 사건을 보편화하여 회상하는 능력에서 왜곡 현상이 일어나듯이, 확률을 평가하는 능력에서도 왜곡 현상이 나타난다.

회상의 함정을 어떻게 극복할 것인가?
- 가능성을 추정하고 예측할 때 원칙을 세우고 준수하는 것이다.
- 언제나 실제 통계 자료를 입수하고 인상이나 느낌에 좌우되지 않도록 노력한다.

　　현실에서 단순한 의사결정은 많지 않다. 대부분의 복잡하고 중요한 의사결정에는 여러 가지 전제, 추정, 그리고 많은 사람의 의견이 개입되기 때문에 그만큼 왜곡될 위험성이 커진다. 다시 말해 의사결정의 중요성이 높을수록 심리적 함정에 빠질 가능성이 커진다. 한편, 심리적 함정들은 단독적으로 발생하기도 하지만, 동시에 발생하는 경우도 있는데 이러한 경우 그 여파가 증폭된다.

　　심리적 함정이 단독이든 복합적으로 발생하든 모든 심리적 함정에 대항하는 최선의 방어 방법은 지각이다. 두뇌의 의사결정 프로세스에 질문과 원칙의 시스템을 구축함으로써 사고의 오류가 판단의 오류로 이어지기 전에 미리 파악할 수 있다. 그리고 심리적 함정을 이해하고 피하고자 노력함으로써, 자신의 의사결정과 선택에 더욱 강한 확신을 느낄 수 있다는 사실도 또 다른 생산물이라고 할 수 있다.

의사결정 진단 도구

다음 설문은 개인이 어떻게 중요한 의사결정을 내리는가에 관한 것이다. 각 항목에 동의 또는 동의하지 않음을 표시하라.

	거의 동의하지 않음 (1)	동의하지 않음 (2)	그저 그렇다 (3)	동의함 (4)	매우 동의함 (5)
1. 나는 의사결정을 할 때 직관에 의존한다.					
2. 나는 의사결정을 하기 전에 사실을 확인하기 위해 정보원을 반드시 확인한다.					
3. 나는 의사결정을 할 때 나의 내적 감정과 반응을 신뢰한다.					
4. 나는 논리적이고 체계적인 방법으로 결정한다.					
5. 나는 일반적으로 옳다고 느껴지는 결정을 한다.					
6.나는 심사숙고해서 결정한다.					
7. 나는 의사결정을 할 때, 합리적인 이유보다 내가 그 결정이 옳다고 느끼는 것이 더욱 중요하다고 생각한다.					
8. 나는 의사결정을 할 때 특정한 목표를 달성하기 위해 다양한 대안을 고려한다.					

출처: Robins(2015), pp. 29-30.

점수 계산 방법

홀수 번호의 질문(1, 3, 5, 7)은 '거의 동의하지 않음'에 1점, '동의하지 않음'에 2점, '그저 그렇다'에 3점, '동의함'에 4점, '매우 동의함'에 5점의 점수를 부여해서 이를 합산한다. 그리고 같은 방법으로 짝수 번호의 점수를 합산한다. 홀수 번호의 질문에 대한 합산점수는 당신의 직관성 점수이고 짝수 번호의 질문에 대한 합산점수는 당신의 합리성 점수다.

점수의 의미

두 가지 스타일에 대한 당신의 점수는 4점에서 20점 사이일 것이다. 더 높은 점수를 가진 스타일이 당신이 선호하는 스타일이다. 그리고 두 점수 간 차이가 클수록 선호하는 스타일(큰 점수를 가진 스타일)이 의사결정 방법을 강하게 지배한다는 것을 나타낸다. 만약 두 점수 차이가 크지 않거나 점수들이 중간(10~14점)에 있다면, 당신은 의사결정 방식 선정에 유연한 것이며 상황의 차이에 따라 다른 의사결정 스타일을 선택하여 사용한다는 것을 나타낸다.

성찰질문

1. 합리적으로 의사결정하는 방법들은 무엇인가?
2. 합리적으로 의사결정하는 데에 장애 요인은 무엇인가?
3. 의사결정의 심리적 함정의 예를 들고 그 대처 방법을 생각해 보라.

참고문헌

Hammond, J., Keeney, R., & Raiffa, H. (2011). A rational method for making trade-offs. In Harvard Business Review (Eds.), *Decision making*. Harvard Business School Press.

Hellor, R. (1998). *Making decisions*. DK Publising, Inc.

Robbins, S. (2005). 의사결정: 오류, 개선 그리고 성공적인 삶(*Decide and Conquer: Make Winning Decisions and Take Control of Your Life*, 이종구 역). 서울: 시그마프레스(주). (원저 2004년 출판).

Shoemaker, C. J. (1998). *Leadership in continuing and distance education in higher education*. Allyn and Bacon.

Sweeney, P. D., & McFarlin, D. B. (2002). *Organizational behavior: Solutions for management*. McGraw-Hill Companies.

제5장

성격이론 I

　어느 날 아침 무작정 떠난 여행에서 조엘은 클레멘타인을 만났다. 낯선 여자와 눈도 마주치지 못하는 성격의 조엘은 운명처럼 클레멘타인과 사랑에 빠졌다. 클레멘타인은 조엘의 평범하고 소심한 성격을 '천사표 성격'이라고 말했다. 반면 조엘은 클레멘타인의 엉뚱하고 활발한 성격이 좋았다. 그렇게 둘은 서로 다른 성격에 반해 사랑했지만 그 성격 차이는 결국 상처뿐인 이별을 가져왔다. 그리고 조엘과 클레멘타인은 서로를 잊고자 기억을 지워 주는 회사를 찾아간다.

　이 이야기는 영화 〈이터널 선샤인(Eternal Sunshine)〉의 줄거리다. 우리도 이 영화의 남녀처럼 서로 다른 '성격'에 이끌렸지만 그 '성격' 때문에 상처받거나 헤어진 경험이 있을 수 있다. 나와 다른 성격이 매력적으로 다가왔던 친구, 동료, 그리고 연인이 한순간 기억에서조차 지우고 싶은 사람으로 변한 이유는 도저히 맞지 않았던 그 성격 차이 때문이었는지도 모른다.

이런 불상사를 피하기 위해 개개인의 성격을 설명하는 매뉴얼과 같은 무언가가 있다면 좋겠지만, 개인의 성격은 정확하게 파악되거나 쉽게 표현되기 매우 어려운 것이다. 그럼에도 불구하고 성격은 인간의 삶에서 매우 중요한 개념이며 우리는 개인의 삶뿐 아니라 사회생활의 영위를 위해 자신과 타인의 성격을 이해하고 때론 표현해야 하는 과업을 가진다. 그러므로 우리는 성격의 객관적이고 올바른 이해를 위해 성격의 정의, 특징, 발달과정 등에 관한 이론들을 먼저 알아보고자 한다. 이 장의 앞부분은 성격에 관한 개략적인 설명으로 이루어져 있으며, 뒷부분은 여러 성격이론들 중 '성격심리학의 아버지'라고 불리는 지그문트 프로이트(Sigmund Freud)의 정신분석이론을 중점적으로 다루고 있다.

1. 성격이란

1) 성격의 정의

성격(personality)은 우리 일상생활에서 매우 흔하게 쓰이는 표현이다. 그럼에도 성격은 단순히 몇 가지 정의로 표현되지 않는다. 성격은 매우 복합적이고 다양한 면모를 가지고 있으므로 성격에 대한 학자들의 접근방법과 정의 역시 다양하다. 그러나 대부분의 학자들은 성격의 어원이 로마 배우들이 그리스 희곡을 공연할 때 자신의 역할을 가장하기 위해 썼던 가면(mask)을 뜻하는 라틴어 페르소나(persona)에서 유래하였다는 것에는 동의하고 있다(Feist & Feist, 2009).

우리는 이 어원을 통해 성격이 다른 사람들에게 보여지는 외적인 특성을 의미한다는 사실을 유추할 수 있다. 요컨대, 성격이 갖는 첫 번째 의미적 특징은 '다른 사람이 보는 나'라는 점이다(Shultz & Shultz, 2001). 그러나 다른 사람에게 비춰지는 모습이 곧 내 성격의 전부라고는 볼 수 없다. 성격은 표면적으로 드러나는 것뿐 아니라 숨겨진 내면의 복합체이며, 개인적 정서와 사회적 관계의 다양한 요소들이 얽혀 있는 그물망이기 때문이다.

성격의 의미가 갖는 두 번째 특징은 '일관적인 특성'이다(Carver & Scheier, 2012). 우리는 사람들이 일관적으로 혹은 연속적으로 보이는 행동의 패턴을 그 사람의 성격과 관련지어 생각한다. 예를 들어, 사람들의 의견을 모으는 자리에서 언제든지 자기 주장만 강하게 내세우는 사람이 있다고 하자. 우리는 그 사람의 성격이 고집이 세거나 완고한 성격이라고 생각할 수 있다. 반면 언제 어디서든 조용하고 자신의 의견을 잘 말하지 않는 사람도 있다. 그의 이러한 행동 패턴에 따라 우리는 그를 성격이 소심하거나 내성적이라고 판단할 수 있고, 또는 신중하거나 조심스러운 성격이라고 말할 수 있다.

성격의 정의에 포함되는 마지막 세 번째 특징은 '독특성(uniqueness)'이다. 앞의 예에서 보듯 사람들은 같은 상황이더라도 서로 다른 행동 특성을 보인다. 비슷한 것처럼 보이는 사람들도 저마다 서로 구별되는 독특한 특성을 가지고 있다. '사람은 모두 다르다'는 명제는 성격에도 적용된다. 그러므로 성격의 정의는 개인의 독특함에 따른 차이가 포함되어야 한다(Shultz & Shultz, 2001).

성격의 의미가 갖는 앞의 세 가지 특징은 성격에 대한 학자들의 다양한 정의에서 찾아볼 수 있다. 〈표 5-1〉은 성격에 관한 학자별 정의를 정리한 것이다.

표 5-1 성격에 대한 정의

학자	정의
Cattell (1943)	유기체와 환경 사이의 모든 행동에 관계하고 상황이 주어질 때 행동을 예언하는 것
Eysenck (1947)	사람들의 심리적 행동에 있어서 환경에 대한 독자적인 적응을 규정하는 개인의 자질 및 신체의 영속적 체계를 가지는 것
Sullivan (1953)	대인관계 상황에서 인간 생활을 특성화하는 비교적 안정적인 양상

Allport (1961)	환경에 대한 개인의 독특한 적응을 결정하는 신체적 · 정신적 체계로서 개인의 역동성
Hodgetts (1984)	사람들 간에 유사성과 차이점을 결정하는 비교적 안정적인 일련의 특성과 경향성
Phares (1984)	시간과 상황에 걸쳐 지속적이며 한 개인을 다른 사람과 구별해 주는 특징적인 사고, 감정 및 행동양식
Steers (1991)	유전과 외적인 환경요인에 의해 의미심장하게 형성되었으며 개인의 행동에서 공통성과 차이성을 결정하는 상대적으로 안정된 일련의 특성, 성향 및 기질
Hogan (1991)	인간의 행동, 사고, 감정의 특유한 패턴을 창조하는 심리 · 신체적 원인으로서 개인 내면의 구조, 역동성, 버릇 등의 심리적 특징
Parvin & John (1996)	다양한 시간과 상황에 걸친 어느 정도 안정적이며 다른 사람과 구별되는 특징적인 사고, 감정 및 행동양식
Shultz & Shultz (2001)	다양한 상황에서 행동에 영향을 미치는 개인의 독특하고 비교적 지속적인 내적 · 외적 특징적 양상
Carver & Scheier (2012)	한 개인의 독특한 행동과 사고 및 감정의 패턴을 창조해 내는, 개인 내부에 있는 심리신체 체계의 역동 조직

출처: 박미선(2011), p. 10의 내용을 저자가 재구성.

2) 성격이론

분트(Wilhelm Maximilian Wundt, 1832~1920)

'성격은 무엇인가?'라는 질문은 '나는 누구인가?', 그리고 '인간은 무엇인가?'라는 질문과 연결된다. 그러므로 성격은 오래전부터 많은 철학자들과 심리학자들로부터 관심의 대상이 되어 왔다. 아리스토텔레스와 플라톤과 같은 고대 철학자들로부터 시작된 인간 본성 탐구에 대한 노력은 19세기 후반에 들어와 과학의 혁명과 결합했다. 빌헬름 분트(Wilhelm Wundt)는 인간의 정신 과정(mental process)을 과학적으로 분석하는 것이 가능하다고 주장하는 실험심리학을 확립하고 대학에 심리학 실험실을 개설했다. 그러나 존 왓슨(John Watson)은 분트의 이러한 의식심리학을 비판하면서 인간의 정신 과정을 직접적으로 관찰하는 것은 불가능하므로 심리학자들은 명시적인 인간의 행동 관찰에 집중해야 한다고 주장했다. 왓슨의 행동주의 이론은 스키너(Skinner)에 의해 계승되었으며, 이후 많은 심리학자들이 인간의 성격을 연구할 때 외부적 관찰을 강조하는 과학적 방법을 엄격히 적용해 왔다.

하지만 행동주의 이론에서 소외되었던 인간 심리의 정신 과정은 오늘날 심리학자들에게 흥미로운 주제가 되었다. 심리학자라기보다는 생물학자이며 의사였던 지그문트 프로이트는 환자들을 치료하면서 과거 경험의 회상으로 이루어지는 내적 성찰이 인간 정신에서 무의식적인 부분을 발견하는 도구가 된다는 것을 깨달았다. 정신분석학(psychoanalysis)으로 불리는 그의 이론은 여러 피험자를 같거나 다양한 실험 조건에 두었을 때 나타나는 현상을 관찰하는 행동주의자들과 달리 피험자와의 깊이 있는 상담을 통한 심리적 정보의 수집과 분석, 즉 임상적 연구를 통해 확립되었다. 또한 그의 이 정신분석이론

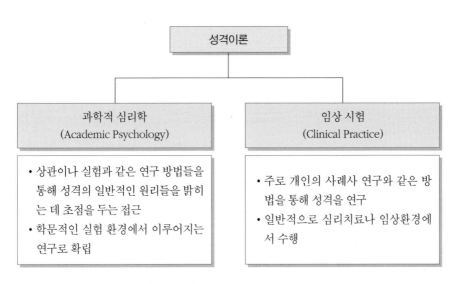

[그림 5-1] 성격이론의 두 가지 접근

출처: Engler(2009), p. 5의 표를 재구성.

은 프로이트 학파라 불리는 그의 계승자들을 통해 인간의 성격에 관한 더욱 다양하고 깊이 있는 이론으로 발전되었다.

이와 같이 성격에 관한 이론은 전통적으로 두 가지의 서로 다른 접근법인 과학적 심리학(Academic Psychology)과 임상 시험(Clinical Practice)에 따라 [그림 5-1]과 같이 두 부류로 나뉜다(Engler, 2009).

표 5-2 인간 본성에 관한 다양한 관점의 성격이론들

성격이론 관점	특징
특성적 관점 (trait perspective)	개인의 행동은 내부의 특성이 드러남으로써 결정
동기적 관점 (motive perspective)	인간의 행동은 동기적인 힘에 기초하며 동기의 균형 차이가 성격을 결정
유전과 진화적 관점 (inheritance and evolution perspective)	신체와 뇌의 작동이 성격에 반영
정신분석적 관점 (psychoanalytic perspective)	내적인 힘의 역동과 이것이 행동에 영향을 미치는 방식에 초점
심리사회적 관점 (psychosocial perspective)	인간 본성의 중요한 측면은 다른 사람들과 관계를 맺는 것과 관계가 드러나는 방식에 있음
사회학습적 관점 (social learning perspective)	성격은 개인이 학습해 온 것들의 총체적 합
자기실현과 자기결정적 관점 (self-actualization and self-determination perspective)	모든 사람은 자기 완성을 위해 자유의지를 발현하며, 여기에서 이루어지는 선택이 성격을 결정
인지적 관점 (cognitive perspective)	개인은 자신의 경험에서 의미를 구성하며 이 과정이 자신의 행동과 반응을 결정하는 데 어떻게 사용되는가가 성격 이해의 중심
자기조절적 관점 (self-regulation perspective)	사람들은 하나의 복잡한 심리적 체계로서 조직화, 응집성, 패턴화의 순환 피드백 과정을 보유

출처: Carver & Scheier(2012), pp. 33-35를 표로 재구성.

한편 성격이론은 인간 본성에 관한 다양한 관점에 따라 분류되기도 한다. 즉, 인간을 어떻게 보는가, 인간을 이해하는 데 핵심이 되는 부분이 무엇인가에 대한 상이한 관점들에 따라 다양한 성격이론이 발생한다. 이 성격이론들을 특성에 따라 정리하면 〈표 5-2〉와 같다.

심리학에서 이론이란 '서로 체계적으로 관련된 적절한 가정의 집합 또는 경험적인 정의의 집합'을 의미하는 것으로 이는 현상에 대한 설명력과 예측력을 가진다(Pepper, 1961). 그러므로 이론은 각 개인의 독특한 성격을 설명할 수 있는 원리로 작용할 수 있으며, 이론을 통해 시험하고 증명할 수 있는 다양한 가능성을 예측할 수 있다(김제완, 1998). 물론 이론으로 개인의 모든 행동을 완벽하게 예측하거나 설명하는 것은 불가능하다. 그러나 우리는 분명 성격이론을 통해 내 성격과 다른 사람의 성격을 조금 더 객관적으로 이해할 수 있을 것이다. 이를 위해 앞서 나열한 여러 가지 성격이론 중 이 장에서 우리가 중점적으로 살펴볼 성격이론은 지그문트 프로이트의 정신분석학 이론이다.

2. 프로이트의 정신분석이론

1) 프로이트의 생애와 업적

프로이트는 1856년 모라비아(Moravia)에서 태어나 다섯 살 때 오스트리아의 빈(Vienna)으로 이주한 후, 1839년 나치의 박해를 피해 영국으로 망명하기까지 일생의 대부분을 빈에서 보냈다. 어렸을 때부터 총명했던 프로이트는 우수한 성적으로 비엔나 의과대학에 진학하여 생리학을 전공하였다(Gay, 2006). 졸업 후 프로이트는 브뤼케(Brucke)의 연구소에서 연구원으로 생활하였다. 화학과

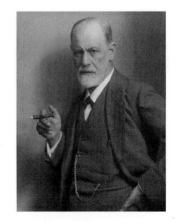

프로이트(Sigmund Freud, 1856~1939)

물리학의 원칙에 기반을 두고 탄생한 프로이트의 정신역동이론은 이 시기 브 뤼케의 생물학 강의에 매우 많은 영향을 받았다고 할 수 있다(Bowlby, 1999).

프로이트는 1885년 브뤼케 교수의 추천으로 당시 유럽의 유명한 신경학자 인 샤르코(Charcot)의 수련생이 되어 최면술을 배우게 되었다. 히스테리 환자 의 치료에 최면요법을 사용한 샤르코와의 만남은 프로이트의 진로를 신경학 자에서 정신병리학자로 선회시켰다. 이때 정신분석이론의 기초를 형성한 프 로이트는 히스테리 병인이 과거 중요한 심리 및 성적 문제와 관련 있다고 가 정하게 되었다(이무석, 2003).

이 후 신경병리 의사로 개업한 프로이트는 샤르코의 최면술을 환자에게 사 용해 보았으나 그다지 효과를 보지 못했다. 히스테리 환자의 다른 치료 방법 을 연구하던 프로이트는 환자에게 자신이 고통 받는 이유를 자유롭게 말하도 록 하였고, 이 방법을 통해 환자가 마음 깊은 곳, 즉 무의식 속에 억누르고 있 던 것을 표출함으로써 환자의 증상과 병을 이해할 수 있다는 것을 깨달았다.

그러나 무의식에서 의식으로 떠오르는 정신의 역동 과정의 원인을 성적 욕 구로 설명한 그의 이론은 당시 성을 금기시하는 사회적 풍토에 따라 학계에 서 큰 비판을 받았다. 하지만 차츰 자유연상을 통한 신경증 치료와 꿈, 실수, 농담 등의 정상심리의 연구를 통해 심층적으로 확립된 그의 정신분석이론은 사람들의 인정을 받으며 사회에 많은 영향을 끼치게 되었다. 1919년 비엔나 대학 정교수가 된 프로이트는 1936년 영국 왕립 학술원의 명예회원으로 추 대되었다(Gay, 2006).

물론 오늘날에도 프로이트의 대한 비판적 시각은 적지 않다. 어떤 이들은 그의 이론이 가진 한계점들을 지적하며 '그것이 과연 과학적 이론인가?'라는 질문을 제기한다. 하지만 지금까지 프로이트가 성격심리학의 아버지라 불리 며 「타임」지가 선정한 20세기 지적 지형을 바꾼 최고의 인물에 이름을 올릴 수 있는 이유는 무엇보다 그의 위대한 '발견'에 있다. 그가 마치 콜럼버스처럼 발견한 미지의 대륙은 바로 우리의 정신적 지형인 '무의식'이다.

2) 지형학적 모델

프로이트에 따르면 우리의 정신에는 세 가지 영역이 있다. 하나는 의식(conscious)으로 우리가 자각하는 사고, 감정, 행동과 같은 부분이다. 두 번째는 전의식(preconscious)로 이는 우리의 기억을 일컫는다. 마지막 영역은 무의식(unconscious)으로 프로이트의 성격이론에서 가장 중요한 부분을 차지하며, 우리가 자각할 수 없는 욕망의 근원이자 충동과 감정, 사고의 저장고다(Freud, 1914/1997).

[그림 5-2]는 우리의 정신적 지형을 빙산의 모형으로 비유한 것이다. 우리의 눈에 보이는 빙산은 물 위에 나타난 윗부분에 불과하다. 물론 수면에 잠긴 빙산의 일부분도 때로 모습을 드러낼 수 있다. 그러나 물속 깊이 잠겨 있는 빙산의 아랫부분은 우리의 눈에 보이지 않는다. 여기에서 우리가 눈으로 볼 수 있는 빙산의 윗부분이 바로 우리의 '의식' 영역이다. 수면에 비치거나 가끔씩 보이는 빙산의 중간 부분을 '전의식'이라고 표현한다. 그리고 우리가 크기를 가늠할 수 없는 '무의식'의 영역이 빙산 아래에 존재한다.

정신의 세 영역에는 경계선이 있다. 의식에서 지각된 사고, 감정, 그리고

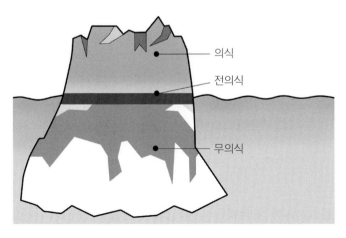

[그림 5-2] Freud의 지형학적 모델(topography model)

이미지들은 전의식의 영역에 기억으로 쉽게 저장될 수 있다. 전의식에 저장되어 있는 기억의 이미지와 지식들 역시 평상시에는 떠오르지 않지만 노력이나 어떠한 자극에 의해 의식의 영역으로 떠오를 수 있다.

이에 비해 정신의 흐름이 무의식의 경계선을 통과하기란 쉽지 않다. 무의식은 성격의 중요한 작용이 발생하는 곳이며, 우리가 숨기고픈 충동과 욕구가 갇혀 있는 하나의 감옥과 같다. 우리를 불편하게 만드는 각종 기억과 욕망들은 이 무의식에 갇혀 쉽게 의식으로 떠오르지 못한다. 그럼에도 불구하고 이 욕망들은 마치 탈옥을 꿈꾸는 죄수들처럼 충동적으로 떠오르려고 한다. 프로이트가 설명하는 성격의 형성은 이 세 영역의 경계선에서 일어나는 갈등의 충돌에서 일어난다.

3) 구조적 모델

프로이트는 우리의 정신세계에서 '무의식'이라는 미지의 영역을 발견함으로써 성격의 지형학적 모델을 확립했지만, 이 모델만으로는 그의 정신분석이론이 완벽하지 않다는 것을 깨달았다. 그는 곧 성격의 세 측면이 상호작용하여 인간의 행동을 만들어 낸다는 구조적 모델(structural model)을 만들어 냈다 (Freud, 1923/1961).

가끔 우리는 내 안에 서로 다른 내가 갈등을 겪고 있는 것 같다고 느낄 때가 있다. 이러한 갈등이 바로 프로이트의 구조적 모델의 세 측면이 일으키는 현상이다. 여기서 성격의 세 측면을 이드(id), 자아(ego), 그리고 초자아 (superego)라고 한다.

(1) 이드
라틴어로 '그것(it)'을 의미하는 이드(id)는 삶을 지배하는 '미지의 힘인 그것'을 뜻한다(정도언, 2009). 이드는 사람이 태어나는 순간부터 존재하는 본능적 욕구로서 무의식에서만 기능하며, 이 중 리비도(libido)라 불리는 성본능은 이드가 가지고 있는 정신적 에너지의 원천이 된다(김문성, 2013).

이드가 에너지를 움직이는 원칙은 쾌락원칙(pleasure principle)이다. 이드는 오직 쾌락원칙만을 따르므로 충동적이고 이기적이다. 쾌락원칙이란 모든 욕구는 즉각적으로 충족되어야 한다는 원리로서, 욕구를 충족함으로써 긴장에서 벗어나고 쾌락과 만족감을 경험하고자 하는 목적을 가지고 있다(Freud, 1940/2003). 쉬운 예로 배고픔을 생각해 볼 수 있다. 우리가 배고픔을 경험한다는 것은 위장이 비어 있어서 불편함과 긴장감을 느끼게 되는 것을 의미한다. 우리의 본능적 욕구는 무엇인가로 위장을 채움으로써 배고픔이라는 긴장을 해소하려 한다. 이때 음식을 먹으려는 시도가 쾌락원칙에 따르는 것이다. 즉, 여기서 쾌락이란 긴장의 제거와 동일한 의미로 사용된다(Hall, 1999).

긴장을 제거하는 방법에는 다음의 세 가지가 있다. 첫 번째는 반사기제를 사용하는 것으로서, 갑자기 강한 빛을 보았을 때 반사적으로 눈을 감는다거나 코나 눈을 자극하는 물질을 재채기나 눈물로 방출하는 것 등을 의미한다. 두 번째 방법은 심상(image)을 형성하는 것이다. 이 같은 방법을 1차 과정(primary process)이라고 한다. 앞의 배고픔의 예를 생각해 보자. 우리는 배고픔이라는 긴장을 제거하고 싶지만 신체적 운동에 따른 반사기제로 이 긴장을 해소할 수는 없다. 이때 우리는 우리가 좋아하는 음식의 심상을 떠올림으로써 긴장을 감소시킬 수 있다. 갈증을 느낄 때 시원한 음료수를 마시는 것을 상상한다든지, 사랑하는 사람이 그리울 때 그 사람의 모습을 떠올리는 것도 1차 과정을 통한 본능적 욕구의 만족이라 할 수 있다. 이처럼 이드가 1차 과정으로 욕구를 만족시키는 경험을 소망 충족(wish fulfillment)이라고 한다(Carver & Scheier, 2012). 마지막 세 번째 방법은 2차 과정(secondary process)을 사용하는 것이다. 2차 과정은 1차 과정에서 얻어진 심상과 실제의 대상을 연결시키는 논리적 과정이다. 이 과정은 이드가 사용할 수 없으며, 자아의 개입으로 진행되는 과정이다(Hall, 1999).

(2) 자아

자아(ego)는 라틴어의 '나(das Ich)'라는 의미를 가지고 있으며 집행관의 역할을 한다(Freud, 1923/1961). 자아는 무의식에서도 기능하며 전의식과 의식의 영역에서도 기능한다. 이드가 1차 과정을 통해 욕구를 만족하기 위해 형성한 심상을 자아는 2차 과정을 통해 실제 대상과 연결시킨다. 이 연결시키는 과정에서 이드는 현실원칙(reality principle)에 따라 외부 세계를 고려하고, 현실 검증(reality testing) 기능을 작동하여 외부 현실을 가능한 정확히 인식해 자아의 계획에 따라 이드의 욕구가 충족될 수 있을지를 판단한다. 검증한 현실이 이드의 욕구를 안전하게 충족시킬 수 없다고 판단되면 자아는 이드의 에너지 방출을 적절한 때까지 기다리게 한다.

다시 배고픔의 예로 돌아가 보자. 이드가 사용한 소망 충족의 방법으로는 배고픔이라는 긴장의 근원을 완전히 제거할 수 없다. 이드는 당장의 배고픔을 해결하기 위해 어떠한 것이든 입에 넣고자 하는 욕구를 가진다. 그러나 자아는 논리적인 힘을 발휘해 현실을 검증한다. 눈앞에 있는 무엇인가가 '먹어도 안전한 음식'이라고 판단했을 때 실제로 그 음식을 섭취함으로써 자아는 이드의 욕구를 만족시킨다. 반면 그것이 '먹으면 위험한 것'이라고 판단된다면 자아는 먹을 수 있는 실제의 무엇이 나타날 때까지 이드의 만족을 지연시키는 것이다.

이에 프로이트는 이드와 자아의 관계를 '말과 기수'에 비유하기도 하였다. 그는 다음과 같이 이야기하고 있다.

> 이드와 자아의 관계는 말과 기수의 관계에 비유할 수 있을 것이다. 말은 이동하는 에너지를 제공하고, 반면 기수는 목표를 결정하고 힘센 동물의 운동을 인도하는 특권을 갖고 있다. 하지만 자신이 원하는 길을 따라가려는 고집스러운 말을 끌어야만 하는 기수에게 이상적이지 않은 상황이 곧 자아와 이드 간에는 너무나 흔히 발생하는 것이다(Freud, 1932/2003: 106).

물론 자아에게는 '도덕적 양심'이 없다는 치명적인 결함이 있다. 자아는 오로지 욕구 충족의 안전 가능성만을 검증한다. 위험 없이 욕구를 만족시키는 것이 가능하다면 어떠한 방법이든 자아에게는 상관없다. 그러나 자아에게는 '나의 위(das Über-Ich)'를 뜻하는 양심을 가진 존재인 초자아(superego)가 있다.

(3) 초자아

초자아(superego)는 인간이 성장하는 동안 부모로부터 영향을 받은 전통적인 가치관과 사회적인 규칙인 도덕과 양심을 가진 개체다. 이드가 쾌락원리를 따르고, 자아는 현실을 검증하는 반면, 초자아는 완벽을 추구하는 집행자의 역할을 하며, 자아가 이드, 현실과 함께 고려해야 하는 세 번째 세력을 구성한다(Freud, 1932/2003).

초자아는 '양심(conscience)'과 '자아 이상(ego ideal)'으로 나뉜다. 양심은 우리가 과거에 부모 혹은 사회로부터 처벌받았던 행동을 내면화함으로써 하지 말아야 할 것에 대한 지식을 가지고 있다. 이에 따라 우리가 옳지 못한 일을 했을 때 죄책감, 수치심 등을 느끼게 함으로써 처벌하는 기능을 한다. 반대로 자아 이상은 우리가 과거에 보상받았던 행동을 내면화하여 해야 할 것들에 대한 지식을 가지고 있다. 우리가 옳은 일을 했을 때 자아 이상은 우리에게 자부심이라는 보상을 제공한다(Miserandino, 2013).

자아는 이드의 욕구를 만족시키기 위해 현실의 실행 가능성을 점검하는 것과 동시에 초자아가 가지고 있는 기준을 고려해야 한다. 예를 들어, 우리가 부모님이 내 생각과 맞지 않는 말씀을 하실 때 소리를 지르며 대들고 싶은 욕구를 느꼈다고 하자. 이드는 우리 안의 분노를 예의 없고 폭력적인 언어와 큰 소리 등으로 표출하고자 한다. 이때 자아는 이를 감시하는 초자아의 "안 돼."라는 목소리를 듣는다. 초자아는 부모님에게 화를 내며 대드는 것은 도덕적으로 옳지 않다는 기준을 가지고 있다. 만일 자아가 초자아의 목소리를 무시하고 이드가 원하는 대로 행동할 경우 초자아의 양심은 우리를 부모님에게

버릇없이 굴었다는 '죄책감'으로 처벌할 것이다. 자아가 판단한 현실 역시 안전하지 않다. 이드의 욕구대로 행동할 경우 부모님과 내가 놓인 이 갈등의 상황은 더 나쁘게 흘러가리라 판단되기 때문이다. 결국 자아는 이드의 욕구와 초자아의 명령의 타협점을 찾는다. "지금은 참고 다음에 조용히 내 생각을 말씀드리자."

이처럼 이드와 초자아의 협상을 이끌어 내는 자아의 기능을 '타협 형성 (compromise formation)'이라고 한다. 이는 우리의 성격에서 매우 중요한 역할을 담당하는 부분이다. 자아가 얼마나 강한 힘을 가지고 있는가에 따라 우리는 갈등, 고통, 시련의 감정을 건강하게 극복해 나갈 수 있다(정도언, 2009).

4) 건강한 성격: 힘의 균형과 조화

앞서 우리는 성격이 이드, 자아, 초자아의 세 가지 측면으로 구성되어 있다는 프로이트의 구조적 모델을 살펴보았다. 그러나 이 세 측면은 모든 사람들에게 동일한 힘으로 작용하지는 않는다. 정신 에너지의 총량은 정해져 있으므로 에너지가 어느 측면에 집중되어 있는가에 따라 다른 기능의 특성이 저하되며 편중된 성격 특성이 나타날 수 있기 때문이다(박아청, 2001). 즉, 세 측면 중 자아의 힘이 강한 사람이 있는 반면, 이드의 힘이 가장 강력한 사람이나, 초자아의 힘이 가장 강한 사람도 있을 수 있다. 결국 우리의 성격에서 이 세 힘이 이루는 균형과 조화는 우리가 얼마나 건강한 성격을 가지고 있는가를 결정한다. 성격의 세 힘이 가지는 에너지의 크기에 따라 나타나는 성격 특성으로는 [그림 5-3]과 같은 것들이 있다(정도언, 2009; 주건성, 2007; Mischel, Shoda, & Smith, 2006).

이드는 충동적이고 이기적이라는 특성을 가지고 있다. 또한 이드는 비논리적인 유아기 사고로 움직인다. 그러므로 이드의 힘이 가장 강하게 발달한 사람은 논리나 도덕에 구애받지 않고 충동적인 성격 행동을 보인다. 술이나 약은 이드의 힘을 때로 강하게 만들기도 한다.

반대로 초자아의 힘이 너무 강한 사람은 지나치게 강한 도덕성을 가지고 있으므로 금욕적이고 경직된 성격을 가질 수 있다. 또한 독선적일 수 있으며 목표만을 좇는 사람이 될 수도 있다. 초자아가 강한 사람은 초자아의 처벌인 죄책감과 수치심을 느끼는 것을 가장 두려워하고, 이 때문에 늘 긴장하며 살아간다.

자아에 비해 이드와 초자아가 강한 사람은 욕심이 많고 결벽증적인 병리적 행동을 보일 수 있다. 이런 사람은 나 아니면 안 된다는 생각을 가지고 남을 부정하거나 집단생활에 어려움을 느끼기도 하며, 문란한 생활이나 반사회적 범죄를 유발하는 경우도 있다.

자아에게는 이드와 초자아의 적절한 협상을 유도할 수 있는 강한 힘이 필

[그림 5-3] 성격의 불균형에 따른 병리적 현상

요하지만, 필요 이상의 커다란 힘을 가진 자아는 자기 변론적인 사람으로 만들 수 있다. 즉, 상대방에게 모든 책임을 전가하고, 심하면 사기성이나 무질서와 같은 병리적 행동을 보이기도 한다. 또한 자아가 이드의 충동을 지나치게 억압할 경우 정상적인 애정관계를 가지기에 어려울 수 있으며, 공격성의 억압으로 경쟁관계에서 심하게 위축될 수 있다.

5) 불안과 방어기제

자아는 이드의 욕구를 만족시키기 위해 현실 원칙과 초자아의 명령을 모두 고려해야 한다. 이러한 타협은 자아에게 결코 쉽지 않은 일이다. 그러므로 어느 순간 자아에게 이 균형을 유지하는 것이 너무 버겁게 느껴지면 자아에게는 무엇인가 위험한 일이 생길 것이라는 일종의 경고 신호가 울리게 된다. 이 신호가 바로 불안(anxiety)이다.

우리 안에 이처럼 불안의 경고등이 켜지면 자아는 여기에 대처하기 위해 두 가지 방법을 사용한다(Carver & Scheier, 2012). 첫 번째 방법은 합리적으로 문제에 대처하고자 하는 노력이다. 이 방법은 주로 현실적 불안을 다룰 때 많이 쓰이며, 의식적으로 위협의 요소를 제거하거나 해결하는 것을 의미한다. 두 번째 방법은 방어기제(defense mechanism)를 사용하는 것이다. 자아가 불안을 다루는 전략으로 발달시킨 방어기제는 무의식적으로 작용하며, 여러 가지 방식으로 현실을 왜곡하거나 변형하고 속이는 방법을 취한다. 사람마다 개인의 타고난 기질, 부모가 자주 쓰는 방어기제, 과거 겪은 어려움의 종류, 방어기제를 쓰고 난 후의 결과에 대한 기억 등에 따라 자주 선택하는 방어기제가 달라진다. 선택된 방어기제는 개인의 성격으로 드러나게 되며 방어기제가 잘 기능하면 불안을 감소시키지만, 너무 강하거나 습관적으로 사용되면 성격장애를 가져올 수 있다(정도언, 2009).

방어기제를 처음 제시한 것은 프로이트였지만, 그 개념을 확장시켜 더

표 5-3 방어기제의 종류와 특징

방어기제	특징
억압	기억을 의식적으로 무의식의 공간에 밀어 넣거나 회피
부정	현실을 무의식적으로 거부
합리화	실제 수용되기 어려운 행동이나 상황을 논리적으로 설명하거나 변명
주지화	많은 지식과 정보를 통해 불안을 감소시킴
고립	위협 요소로부터 자신을 스스로 격리
투사	자신이 받아들이기 어려운 특성을 타인에게로 돌림
전치	분노의 감정을 분노를 제공한 당사자가 아닌 다른 곳에 표현
반동형성	욕구와 극단적으로 반대되는 감정이나 행동 표현
승화	욕구를 사회적으로 용인 가능한 형태로 변형하여 표출

많은 방어기제를 찾아낸 것은 그의 딸 안나 프로이트(Anna Freud)였다. 안나 프로이트는 아버지의 업적에서 10개의 방어기제를 추가하였으며, 그 후 프로이트 학파의 연구자들이 50개 이상의 방어기제를 추가로 제시했다(Miserandino, 2013). 그중 주요 몇 가지 방어기제를 간략히 살펴보면 〈표 5-3〉과 같다.

(1) 억압

프로이트의 방어기제에서 가장 중심적으로 사용되는 것은 억압(repression)이다. 억압은 이드의 충동을 제지하는 것일 뿐만 아니라 기억으로 남아 있을 정보를 의식적으로 무의식의 공간에 밀어 넣는 것을 의미한다. 우리는 가끔 어떤 특정한 기억을 의식에서 지워버리고 싶을 때가 있다. 이러한 기억은 보통 수치심, 고통, 죄의식과 같은 감정을 불러일으킨다. 우리는 이러한 기억을 무의식의 영역으로 가두게 되고, 가두어진 정보는 의식의 영역으로 쉽게 나오지 못한다. 그 결과 우리는 우리가 했던 행동이나 경험을 실제로 기억하지 못하는 것이다. 하지만 억압된 사고와 감정들은 꿈이나 말실수와 같은 증상으로 나타날 수 있다.

억압의 또 다른 의미는 기억이 의식으로 떠오르는 것을 회피하는 것이다 (Kline, 1993). 우리는 '기억하고 싶지 않은' 정보의 회상을 의식적으로 피하고 자 노력할 수 있다. 여기에서 정보는 완전히 무의식에 억압되는 것이 아니라 부분적으로 억압된다. 우리의 의지에 따라 기억은 회상될 수 있다. 그러나 아 이러니한 것은 우리가 특정 기억이 떠오르는 것을 피하려 하면 할수록 그 기 억에 대해 더 생각하게 된다는 것이다. 다이어트 중에 음식 생각을 하지 않으 려 하면, 갖가지 음식이 떠오른다거나, 연인과 싸운 후 연락하지 않으려 노력 하면 할수록 그 사람의 연락에 집착하게 되는 것과 같다. 안나 프로이트는 이 와 같이 의식적으로 작동하는 방어기제를 억제(suppression)라고 부르고, 무 의식적인 억압과 구분하여 사용하였다(Miserandino, 2013).

(2) 부정

부정(denial)은 받아들이고 싶지 않은 현실을 무의식적으로 거부하는 것을 의미한다. 부정은 어떤 면에서 억압과 유사하지만 억압이 우리 내부의 의식 적 사고나 감정을 거부하는 것과 달리 부정은 외부의 사건이나 상황을 거부 한다는 점에서 차이가 있다. 부정의 예로는 사랑하는 사람이 죽었다는 사실 을 받아들이지 못하고 죽지 않은 것처럼 행동하는 경우나 심각한 병으로 사 형선고를 받은 환자가 진단 결과를 믿지 않는 것 등이 있다. 남편에게 학대받 는 아내나 부모에게 학대받는 아동이 아무 일 없다는 듯이 지내는 것도 부정 의 방어기제가 작동되는 경우다.

(3) 합리화

합리화(rationalization)의 유명한 예로는 『이솝 우화』의 '여우의 신포도'가 있다. 높은 곳의 포도를 따 먹을 수 없었던 여우는 돌아서며 "저 포도는 너무 시어서 먹을 수 없어."라고 이야기한다. 이처럼 실제 수용되기 어려운 태도나 행동 등에 대해 논리적인 설명이나 변명을 사용하여 불안을 감소시키는 방어기제를 합리화라고 부른다. 만약 당신이 소개팅에서 만난 이성에게 호감을 느꼈지만 헤어진 후 상대방에게 연락이 오지 않는다고 하자. 이때 "사실 그 사람 정말 별로였어."라고 설명하는 것이 합리화다. 또 다른 예로는 경제적 능력이 없어서 비싼 자동차를 구입하지 못한 사람이 "나는 사치하는 것을 싫어하는 검소한 사람이야."라고 말한다든가, 가고 싶었던 대학에 합격하지 못하고 다른 대학에 입학한 학생이 "취업에 실제로 도움이 되는 것은 내가 합격한 대학이야."와 같은 말로 스스로를 납득시키려 하는 것 등이 있다.

(4) 주지화

주지화(intellectualization)는 많은 정보와 지식을 통해 불안을 감소시키는 방법이다. 주지화를 사용하는 사람들은 자신을 불안하게 만드는 위협 요소에 대해 냉철하게 분석하고자 한다. 이러한 방법은 위협적인 사건을 감정과 분리시킴으로써 자아를 고통스러운 감정에서 보호한다. 주지화의 예로는 건강이나 특정 질병에 대한 지적 정보 수집에 관심을 갖는 것을 들 수 있다. 자신의 고통이 신체적 질병에서 오는 것이라고 생각하는 사람은 그 질병에 대해 최대한의 정보를 수집하고 습득하려 한다. 즉, '위협 요소에 대해 잘 아는 것'으로 불안을 감소시키려 하는 것이다. 이 종류의 사람들은 건강염려증에 빠질 가능성이 높다. 다이어트나 금연을 할 때 도움이 되는 정보 수집에만 빠져 있는 사람들도 있다. 이들 역시 주지화의 방법을 통해 실패에 대한 불안감에서 자신을 보호하려는 것이다.

(5) 고립

고립(isolation)은 위협요소로부터 자신의 감정을 스스로 격리시키려는 노력이다. 앞서 설명한 주지화 역시 정보에 대한 사고에 집중함으로써 감정을 고립시키는 한 형태다. 스트레스 상황에서 하루 종일 잠만 잔다거나 전혀 외출을 하지 않는 경우도 고립의 예라고 할 수 있다. 그러므로 고립의 방어기제를 자주 사용하는 사람에게는 대인관계나 사회생활에서 문제가 생길 수 있다. 고립의 방어기제가 심해지면 퇴행(regression)의 형태로 나타나는데, 이는 한 마디로 어린아이처럼 되는 것이다. 어린아이처럼 무책임하고 마냥 조르는 행동 등으로 불안을 감소시킨다든지 누군가에게 안아달라고 요구하고 아이처럼 손톱을 물어뜯거나 손가락을 빠는 행동 등이 퇴행의 방어기제를 사용할 때 일어난다.

(6) 투사

투사(projection)는 자신이 받아들이기 어려운 특성을 다른 누군가에게 돌리는 것을 말한다. 쉽게 말해 내 탓을 남의 탓으로 여기는 것이다. 누군가에게 적대감을 가진 사람이 사실 내가 그 사람을 미워하는 것이 아니라 그 사람이 나를 미워하는 것이라고 생각하는 것과 같다. 이 예에서 억압의 방법을 사용했다면 상대방에 대한 분노와 공격성은 무의식으로 숨게 된다. 그러나 이처럼 투사의 방법을 사용했을 경우 자아는 적대감을 표출함으로써 이드의 충동을 만족시키는 동시에 내가 아닌 상대방이 나를 위협하고 있다고 현실을 왜곡함으로써 초자아의 비판에서 자신을 보호한다. 즉, 그 욕망이 내 것이 아니라고 인식함으로써 위협에서 자유로워지는 것이다.

(7) 전치

'종로에서 뺨 맞고 한강에서 화풀이한다.'라는 속담은 전치(displacement)를 설명하기에 좋은 예다. 이처럼 전치는 분노의 감정을 제공한 대상이 아닌 다른 곳에 표현하는 것을 의미한다. 친구와 싸우고 돌아와서 부모님에게 이유 없이 화를 낸다든지, 선생님에게 혼난 학생이 책을 찢거나 문을 발로 차는 행동들이 전치의 예가 될 수 있다. 프로이트는 이드의 충동이 만족되지 않아 긴장이 생겨나면 그것은 어떻게든 방출되거나 그 밖의 다른 심리적 중상의 형태로 체계를 손상시킨다고 하였고, 이러한 이드의 에너지 방출을 감정정화(catharsis)라고 하였다(Breur & Freud, 1893/1955; Miserandion, 2013 재인용). 즉, 프로이트에게 전치는 사물이나 사람에게 공격성을 표출함으로써 이드의 에너지를 방출하여 공격적 충동을 감소시키는 것을 의미한다. 그러나 프로이트의 생각과 달리 이후의 연구자들은 실험을 통해 전치를 통한 감정 정화는 공격성을 감소시키는 것이 아니라 오히려 증가시킨다고 보았다(Miserandino, 2013). 화가 났을 때 다른 사물이나 사람을 파괴하고 공격함으로써 분노를 표현한 경험을 생각해 보자. 공격적 행동 후에 과연 화가 가라앉았을까? 화는 여전히 남아 있거나 오히려 더 화가 난 기분이 들었을 것이다. 전치는 또한 주로 애꿎은 가족이나 친구, 아랫사람에게 짜증이나 화를 내는 방법으로 사용되기 때문에 대인관계에 손상을 가져 올 뿐 아니라 타인에게 또 다른 분노와 노여움의 감정을 느끼게 하는 미성숙한 방어기제다.

(8) 반동형성

반동형성(reaction formation)은 이드의 충동을 표현하는 대신에 욕구와 극단적으로 반대되는 감정이나 행동을 나타내는 것을 말한다. 예를 들어, 헤어진 연인에 대해 미움과 증오의 감정을 가진다든지, 성적인 농담에 극단적 혐오나 불결함을 표현하는 사람들이 있다. 이 밖에도 공격성을 감추기 위해 다른 이들에게 매우 친절하게 대하는 사람도 있고, 질서를 어지럽히고 파괴하고 싶은 욕구를 지나칠 정도의 청결이나 질서를 추구하는 태도로 숨기는 사람들도 있다. 반동형성은 사람들이 자주 사용하는 반동기제로서 많은 사람들은 자신의 무의식 속에서 꿈틀대는 욕구를 정반대의 행동이나 태도를 보이는 것으로 감추고자 한다. 이러한 반동형성은 다른 사람들이 나를 나쁘게 판단할지도 모른다는 두려움을 느낄 때 자주 사용된다. 혹은 정반대의 감정을 가지지 않으면 심리적 고통을 이겨 낼 수 없기 때문에도 사용된다. 앞서 들었던 연인과 이별한 예의 경우 헤어진 연인을 증오하지 않으면 사랑하기 때문

에 느끼는 고통을 견딜 수 없어 증오의 감정을 선택하는 것이다. 유명한 예는
스톡홀름 증후군으로서 인질들이 구출된 후 자신을 인질로 잡았던 범인을 사
랑하거나 도와주게 되는 현상을 말한다. 이때 인질들은 극심한 공포 속에서
범인이 자신을 보호해 주는 사람, 사랑하는 대상으로 생각함으로써 심리적
불안을 이겨 내고자 한다.

(9) 승화

승화(sublimation)는 용인될 수 없는 원초아의 충동을 사회가 받아들일 수
있는 바람직한 모습으로 바꾸어 표현하는 방법을 의미한다. 타인에 대한 공
격적인 충동은 격투 운동이나 경쟁적인 스포츠 활동으로 승화될 수 있다. 성
적 욕구 역시 음악, 영화, 미술, 문학 등 다양한 예술 분야로 승화되어 나타난
다. 즉, 승화는 성적, 공격적 욕구를 무의식으로 억압하는 것이 아니라 안전
한 방법으로 변환시켜 표출하는 것이다. 또한 승화는 불안이 발생한 후에 이
를 감소시키기 위해 취하는 전략이라기보다는 불안의 발생을 미리 방어하는
방법이라 할 수 있다. 프로이트는 승화를 방어기제 중 가장 성숙된 방법이라
고 생각하였다(Kline, 1993).

6) 성격의 발달: 심리성적 단계

프로이트는 이드, 자아, 초자아가 형성되고 발달되는 과정인 성격의 발달
은 출생에서 청소년기까지의 기간에 이루어지는 것으로 보고 이를 일련의 단
계로 나누어 설명하였다. 각 발달단계는 성적 에너지인 리비도의 초점이 맞
추어지는 특정 영역인 성감대(erogenous zone)를 반영한다. 이 단계를 심리성
적 단계(psychosexual stage)라고 부른다. 각 단계에서 발생하는 갈등이 해결
되지 않았을 때 개인에게는 리비도가 그 단계에 영구적으로 남게 되는 고착
(fixation)이 발생한다. 고착의 발생은 다음 단계로 투자될 성적 에너지가 줄

어드는 것을 의미하므로 결국 전 단계의 갈등 해결 유무에 따라 다음 단계로 성공적인 이동과 갈등 해결이 가능해진다(Carver & Scheier, 2012). 즉, 개인이 아동기의 심리성적 발달단계에서 어떠한 경험을 하였는가는 성격의 특성을 결정짓는 토대가 된다.

(1) 구강기: 출생~생후 12~18개월

구강기(oral stage)의 유아는 입과 입술을 사용한 빨기, 핥기, 맛보기 등을 통해 쾌락을 경험한다. 구강기는 두 하위 단계로 나누어지며 첫 번째 단계는 출생부터 6개월까지 지속되는 구강 합병 단계(oral incorporative stage)다. 이 단계의 유아는 무력하고 의존적인 존재로서 제한적인 음식과 사물을 받아들이는 경험을 하게 된다(Carver & Scheier, 2012). 이 시기의 경험에 따라 개인의 의존적 성격 특성이 발달한다. 엄마가 배고픔의 고통을 즉각적으로 해결해 주면 유아는 만족을 경험하지만 그렇지 못했을 때는 좌절을 경험한다. 결핍과 좌절의 경험은 대인관계에서 의구심과 두려움을 가지고 안전감을 갖지 못하는 불신으로 남아 비관적인 성격을 형성한다. 반대로 유아의 욕구가 과도하게 충족되는 경우 타인에게 지나치게 의존하는 성격으로 고착되어, 이기적이거나 지나친 낙관주의자가 될 수도 있다. 또한 이 시기 경험한 좌절감과 불안의 양은 끊임없이 무엇인가를 충족하고자 갈구하고, 손에 쥔 것을 놓지 않으려 하는 탐욕적 성격을 형성할 수도 있다. 혹은 음주, 흡연, 과식을 즐겨 하는 성향으로 나타나기도 한다(Colarusso, 1992/2011).

구강기의 두 번째 단계는 이가 나면서 시작되는 구강 가학 단계(oral sadistic stage)로서 이 시기의 유아는 물고 씹는 행동으로 공격성을 표출함으로써 쾌감을 느낀다. 이 단계에서 만족이 결핍되거나, 지나치게 탐닉함으로써 고착되어 나타나는 성격은 언어의 공격성과 관련 있다. 이 부류의 사람들은 신랄한 풍자와 비평을 즐겨 한다. 우리가 '씹기를 좋아한다.'는 표현을 사용하는 경우를 생각해 보면 된다. 그 밖에 구강 가학적 성격을 가진 사람들은 껌을

씹거나 손톱을 물어뜯는 행위, 자책감을 느낄 때 입술을 깨무는 행동 등을 습관적으로 보이기도 한다(Hall, 1999).

(2) 항문기: 1~3세

3세까지의 아동은 배설에서 주된 쾌락을 경험한다. 그러므로 항문기(anal stage) 아동의 관심은 배설물의 보유와 배설에 있다. 이 시기 성격의 특성을 결정짓는 아동의 중요한 경험은 배변훈련이다. 프로이트는 아동이 처음으로 자신에게 부여되는 통제를 경험하는 것이 배변훈련이며, 부모의 배변훈련 방식이 개인의 성격 발달에 영향을 미칠 수 있다고 보았다(Mischel, Shoda, & Smith, 2006).

만일 부모가 아동이 배변훈련을 엄격한 처벌 위주로 실시한다면 아동은 부모에 대한 복수심으로 무절제한 배설 행동을 보일 수 있다. 혹은 반대로 처벌이 두려워 스스로 배설을 거부하는 패턴을 보이기도 한다. 전자의 이유로 인해 고착된 성격을 '항문 공격적 성격(anal expulsive personality)'이라고 부르며, 후자의 경우는 '항문 보유적 성격(anal retentive personality)'이라고 한다(Miserandino, 2013).

항문 공격적 성격은 공격성을 무절제하게 밖으로 표출하는 성격이다. 이러한 항문 공격적 성격을 가진 사람들을 관습이나 권위를 거부하고 윗사람들의 꾸중에 심하게 반항하거나, 무책임하고 제멋대로인 행동을 가질 수 있다. 또는 지나치게 관대하거나 무절제한 낭비를 일삼을 수 있고, 신체적으로는 장운동의 통제에 어려움을 느끼거나 야뇨증을 겪기도 한다. 반대로 배설을 두려워하는 항문 보유적 성격의 경우, 질서정연함, 인색함, 완고함과 같은 성격 특성을 보인다(Feist & Feist, 2009).

(3) 남근기: 3~5세

항문기를 지난 아동은 자신의 남근을 발견하게 되고 자신의 생식기를 만지는 데서 오는 쾌락을 경험한다. 아동이 자신의 생식기를 발견하는 것은 남녀의 성적 차이에 대한 인식을 가져온다. 이로 인해 아동의 리비도는 자신을 향하던 것에서 벗어나 반대 성을 가진 부모에게로 향하게 된다.

　프로이트는 남근기(phallic stage)의 특징을 '오이디푸스 콤플렉스(oedipus complex)'라고 명명했다. 소년은 자신과 다른 신체를 가진 어머니에 대한 성적 충동이 발생하면서 아버지에게 질투를 느끼게 된다. 질투는 곧 아버지가 사라지고 자신이 어머니를 차지하기를 원하는 적대심으로 발전한다. 그러나 소년은 아버지가 이러한 자신의 생각을 알아차리고 자신에게 복수할 것이라고 생각한다. 이러한 불안과 공포는 어머니에 대한 성적 욕망과 아버지에 대한 적개심을 무의식 속으로 억압하게 한다. 결국 소년은 안전하게 어머니를 사랑할 수 있는 방법으로 아버지와 유사한 모습이 되어 가는 것을 선택한다. 이를 '동일시(identification)'라고 한다(Freud, 1932/2003).

　만약 소년이 오이디푸스 콤플렉스를 해결하지 못하여 동일시를 이루지 못한다면 소년의 성적 에너지는 이 단계에 고착되게 된다. 이러한 소년은 성인이 되었을 때 남성성을 지나치게 과시하거나 과장하는 남근기적 성격을 가지게 된다. 이들의 주된 관심은 힘에 있으며 전동공구나 자동차, 기계에 대한 강한 열망을 가지기도 한다(Miserandino, 2013).

　소년과 반대로 소녀는 자신에게 없는 남근을 가진 아버지를 질투하면서도 동시에 사랑하게 되어 아버지의 남근을 소유하거나, 아버지의 아기를 갖고 싶다는 욕망을 가지게 된다. 이러한 성적 욕망은 개인의 심리적 성숙과 함께 수정되어 훗날 아버지를 닮은 배우자를 찾는 방식으로 영향을 준다(Freud, 1932/2003). 프로이트는 소녀에게도 소년과 동일하게 오이디푸스 콤플렉스라는 용어를 사용했지만, 칼 융(Carl Jung)은 이를 엘렉트라 콤플렉스(electra complex)라는 용어로 구별하여 사용하였다.

　이 단계에 고착된 여성의 경우 자신의 여성성을 과장하여 남자를 유혹하는 특징을 가지게 된다. 또한 경박하고 난잡한 남성과의 관계 패턴을 가지는 히스테리적 성격을 보이기도 한다. 이는 남성을 모욕하고 하찮게 여기는 방법을 통해 자신이 가지지 못한 남근을 상징적으로 제거하거나 소유하는 방식이다(Miserandino, 2013).

남근기에서 일어나는 부모와의 동일시는 앞서 살펴본 성격의 세 측면 중 초자아를 발달시킨다. 부모와 닮아가고자 하는 노력은 부모의 모습, 행동, 가치를 자신의 것으로 받아들이는 내재화로 나타난다. 즉, 부모가 가진 도덕적 가치를 내면에 받아들임으로써 초자아의 양심과 자아이상을 형성하는 것이다.

(4) 잠복기: 6~10세

강렬한 심리적 혼란을 동반하는 오이디푸스 콤플렉스가 종료되면 아동은 상대적으로 발달과 성장이 차분한 시기인 잠복기에 접어들게 된다. 잠복기(latency stage)는 신체적인 성숙이 시작되는 사춘기까지 지속된다. 프로이트는 아동이 오이디푸스 콤플렉스를 통해 초자아가 형성되고 잠복기에 이르러 본격적으로 조직화된다고 보았다. 자아와 초자아의 발달로 아동은 점차 성적, 공격적 소망에 대한 집착을 경계하게 되고, 자아의 현실원칙과 2차 사고가 이드의 쾌락원칙과 1차 사고를 압도하면서 충동적 욕구에 대한 조절력을 가지게 된다(Colarusso, 2011). 이 시기 아동의 성적, 공격적 충동은 학업, 운동, 또래 관계와 같은 다른 종류의 활동으로 승화되어 나타난다. 그러나 사춘기가 시작되면서 성적, 공격적 충동은 다시 강해지게 된다.

(5) 성기기: 청소년기~성인기

사춘기가 시작되면서 우리는 누군가와의 결합을 통해 성적 만족을 나누고자 하는 욕구를 느끼게 된다. 이 시기를 성기기(genial stage)라고 하며 프로이트는 이 단계가 심리성적 발달단계의 종착점이라고 생각했다. 초기 심리성적 발달단계가 잘 해결되어 왔다면 성적 에너지는 성기 주변에 조직화되어 안정된 상태를 유지한다. 또한 자신이 성적 만족을 느끼는 것에만 관심을 가졌던 것에서 벗어나 다른 이와 성적 만족을 나누는 것에 관심을 가진다. 이로 인해 우리는 이기적이 아닌 이타적인 자세로 타인을 사랑할 수 있는 능력을 갖게 되고, 성숙하고 이성적인 방법으로 타인과의 관계를 맺을 수 있게 된다.

프로이트에게 성인이 된다는 것은 이성과 결혼해 아이를 가지고 자급자족하며 사회의 생산적인 일원이 되는 것을 의미했다(Miserandino, 2013). 구강기, 항문기, 남근기, 잠복기에서 적절한 만족을 얻으며 성공적으로 단계를 통과한 사람은 이러한 성인기의 책임에 올바르게 직면할 수 있다. 반대로 각 단계에서 이루어야 할 갈등 해결에 실패했다면 고착된 문제로 인해 진정한 성기기적 성격을 가질 수 없다.

7) 프로이트 이론의 비판과 적용

프로이트의 이론은 인간의 성격 구조와 발달 과정을 무의식이라는 새로운 영역과 정신 영역에서 움직이는 힘의 원리로 설명하였다. 이러한 프로이트의 시도는 매우 혁신적이었으며, 오늘날에도 심리학뿐 아니라 많은 분야에서 중요한 이론으로 다루어지고 있다. 그러나 프로이트의 성격이론은 다음과 같은 한계점을 가지고 있다.

첫째, 프로이트가 제시한 이론은 몇 명의 환자들과 자신의 회상을 분석하는 것으로 연구되었다. 제한된 특정 대상과 방법을 사용한 그의 이론이 다른 일반적인 사람들에게도 적용될 수 있는지에 대한 의문이 제기된다. 또한 프로이트가 관찰자인 동시에 치료자였다는 점은 환자의 회상을 자신이 추론한 방식으로 끌고 갔을 수 있다는 의심을 받을 수 있다.

둘째, 프로이트의 이론은 모호한 해석을 불러일으킬 수 있다. 프로이트는 매우 은유적인 표현들을 사용하고 있으며, 그것이 검증된 사실인지 단지 추론일 뿐인지에 대해서도 명확하게 나타내고 있지 않다(Carver & Scheier,

2012). 또한 심리성적 발달단계에서 나타나는 유아의 경험 역시 과연 그것이 유아가 정말로 경험한 감정인지, 실제로 그렇게 인식하는지에 대해 확인할 방법이 없으므로 '과학적'이라고 보기 어렵다.

이와 같은 비판들에도 불구하고 프로이트의 이론은 최초의 주요 성격이론으로서 여전히 중요한 위치를 차지하고 있으며, 오히려 최근에는 성격에 대한 핵심적인 질문들의 직관적이고 흥미로운 해석이라는 점에서 연구자들에게 다시 주목받고 있다(Carver & Scheier, 2012). 뿐만 아니라 프로이트의 아이디어는 우리가 어떻게 성격을 올바르게 이해하고 스스로의 관점과 행동을 건강한 방향으로 수정해 나갈 수 있는지에 대해 다음과 같은 시사점을 마련해 준다.

첫째, 우리의 성격은 생애 초기의 경험과 밀접한 관련이 있다. 프로이트에 따르면 현재 우리가 가진 성격의 특성은 유아기와 아동기에 갈등을 어떻게 해결했는지에 따라 달라진다. 그러므로 우리가 자신과 타인의 성격을 이해하기 위해서는 부모와의 관계, 부모의 양육 태도, 어렸을 때 겪은 충격적인 사건 등과 관련하여 생각해 보아야 한다. 만일 문제가 되는 지점을 발견했다면 그다음 우리가 해결해야 할 것은 용서의 문제일 것이다. 실패한 내 모습에 대한 용서와 부모에 대한 용서는 그 단계에 묶여 있는 우리를 자유롭게 해 줄 수 있다. 그리고 이는 곧 훗날 우리가 부모로서 어떠한 모습을 가져야 하는가에 대한 고민으로 연결된다.

둘째, 건강한 성격은 이드, 자아, 그리고 초자아의 힘이 이루는 조화에 있으며 이드의 충동에 대한 자아의 올바른 선택과 조절에 달려 있다. 그러므로 우리 안의 어느 부분이 약하거나 강하게 기능하는지를 점검해 보아야 한다. 또한 힘의 균형이 깨지고 불안이 발생할 때 우리가 대처하는 방법과 사용하는 방어기제의 종류 역시 생각해 보아야 한다. 우리가 어떤 방어기제를 자주 사용하는지, 과연 그 방어기제가 성숙하고 올바른 방법으로 우리의 불안을 감소시키고 있는지 살펴보고 이를 수정해 나가는 의식적인 노력이 필요하다.

셋째, 겉으로 드러나는 성격과 남에게 비춰지는 모습이 아닌 진짜 내 안에 숨겨진 모습을 발견하는 것이 중요하다. 프로이트는 우리에게 나타나는 문제 행동은 하나의 증상이며, 그 원인은 무의식 속에 있다고 보았다(Mischel, Shoda, & Smith, 2006). 만약 우리가 어린 시절 경험으로 인해 고착된 성격의 문제적인 특성을 보이거나, 내부에서 일어나는 갈등을 다루는 데 미성숙한 방법을 자주 사용하고 있다면 그 원인을 찾아 해결하고자 노력해야 한다. 그것이 내 안에 어두운 욕망과 고통스러운 경험을 꺼내고 비뚤어진 얼굴을 마주하는 과히 유쾌하지 못한 일이라 해도 왜곡되거나 포장된 아름다운 모습이 아닌 진짜 나를 마주하는 경험이 있어야 문제의 원인을 이해할 수 있고 고쳐나갈 수 있다. 프로이트가 사용하는 꿈과 농담, 말실수 등을 통한 무의식의 발견 외에도 스스로를 객관적으로 보고자 하는 노력과 내면의 소리와 감정에 계속적으로 귀를 기울이는 시도는 무의식에 숨겨진 내 모습과 현실의 내 모습의 차이를 조금씩 좁혀 가는 좋은 방법이 될 것이다.

 성찰질문

1. 자신의 성격과 다른 이들의 성격을 이해하기 위해 필요한 것은 무엇인가?
2. 건강한 성격이란 무엇을 의미하며, 건강한 성격을 가지기 위해 중요한 것은 무엇인가?
3. 무의식을 탐구하고 이해하는 것은 왜 중요한가?

참고문헌

김문성(2013). 심리학개론. 서울: 스마트북.

김제완(1998). 심리치료 상담의 이론적 접근과 적용. 경북실업전문대학논문집, 17(1), 195-210.

박미선(2011). 성격유형에 따른 감성지능, 심리적 웰빙, 직무성과 간의 인과관계 연구.

경희대학교 대학원 박사학위논문.

박아청(2001). 성격 심리학의 이해. 서울: 교육과학사.

이무석(2003). 정신분석에로의 초대. 서울: 이유.

정도언(2009). 프로이트의 의자. 서울: 웅진지식하우스.

주건성(2007). 건전한 인성 불건전한 인성. 서울: 한빛.

Bowlby, J. (1999). *Attachment and Loss: Vol. I* (2nd Ed.). New York: Basic Books.

Carver, C. S., & Scheier, M. F. (2012). 성격심리학: 성격에 대한 관점(*Perspective on Personality,* 7th Edition, 김교헌 역). 서울: 학지사. (원저 2012년 출판).

Colarusso, C. A. (2011). 정신분석적 발달이론: 요람에서 무덤까지(*Child and Adult Development: A Psychoanalytic Introduction for Clinicians,* 반건호, 정선주 역). 서울: 학지사. (원저 1992년 출판).

Engler, B. (2009). *Personality Theories* (8th Edition). Belmont: Wadworth.

Feist, J., & Feist, G. J. (2009). *Theories of Personality* (7th Edition). New York: McGraw-Hill.

Freud, S. (1961). The ego and the id. In J. Strachey (Ed. and Trans.), *Standard edition* (Vol. 19, pp. 12-66). London: Hagarth Press. (Original work published 1923).

Freud, S. (1997). 무의식에 관하여(*Zur Einführung des Narzißmus,* 윤희기 역). 서울: 열린책들. (원저 1914년 출판).

Freud, S. (2003). 새로운 정신분석학 강의(*Neue Folge der Vorlesungen zur Einführung in die Psychoanalyse,* 임홍빈, 홍혜경 역). 서울: 열린책들. (원저 1932년 출판)

Freud, S. (2003). 정신분석학 개요(*Abriß der Psychoanalyse,* 박성수, 한승완 역). 서울: 열린책들. (원저 1940년 출판).

Gay, P. (2006). *Freud: a life for our time.* New York: W. W. Norton & Company.

Hall, C. S. (1999). *A primer of Freudian psychology.* New York: Plume.

Kline, P. (1993). A Critical Perspective on Defense Mechanisms. In U. Hentschel, G. J. W. Smith, W. Ehlers, & J. G. Draguns (Eds.), *The Concept of Defense Mechanisms in Contemporary Psychology* (pp. 3-13). New York: Springe-

Verlag.

Mischel, W., Shoda, Y., & Smith, R. E. (2006). 성격심리학: 통합을 향하여(*Introduction to Personality: Toward an Integration,* 7th Edition, 손정락 역). 서울: 시그마프레스. (원저 2003년 출판).

Miserandino, M. (2013). 최신 연구에 기초한 성격심리학(*Personality Psychology: Foundations and Findings,* 정영숙, 조옥귀, 조현주, 장문선 역). 서울: 시그마프레스. (원저 2012년 출판).

Pepper, S. C. (1961). *World Hypotheses.* Berkeley, Calif: University of California Press.

Shultz, D. P., & Shultz, S. E. (2001). *Theories of Personality* (7th Edition). Belmont: Wadworth.

제**6**장

성격이론 II

"그 사람 성격은 어떻습니까? 당신과는 성격이 잘 맞습니까?" 누구나 한 번쯤 이런 질문을 던지거나 받은 경험이 있을 것이다. 우리는 누군가를 처음 만날 때 그 사람의 성격을 무의식중에 파악하려고 하며, 그 궁금증을 풀어 가기 위한 기준점을 자신의 성격에 둘지도 모른다. 한 사람을 이해하기 위해서는 그 사람의 성격을 파악하는 것이 다른 무엇보다도 중요한 요소로 작용한다. 이는 성격의 이해를 바탕으로 상대방이 우리와의 관계 속에서 어떤 행동패턴을 나타낼지를 미리 예상할 수 있기 때문이다.

성격은 서로 부부의 인연을 맺거나 연인으로 끌리게 되는 데도 많은 영향을 끼친다. 그러나 때로는 성격이 이별의 원인이 되기도 한다. 우리는 타인에 대한 성격을 고정관념과 편견으로 판단하기도 한다. 또한 얼굴 인상이나 혈액형, 별자리와 같은 과학적 근거가 부족한 방법으로 성격을 미리 규정지어 버리기도 한다.

우리가 타인과 똑같은 세계를 공유한다면 인간관계가 그리 복잡하지도 않고, 성격으로 인한 싫은 사람, 좋은 사람의 개념이 없이도 모두 좋은 관계를 유지할 수 있다. 그러나 우리가 살아가는 세상에는 사람들이 저마다 다양한 성격 특성을 가지고 있기 때문에 복잡한 인간관계에서 벗어나기란 쉽지 않다.

여러분은 자신의 성격에 얼마나 만족하는가? 주위에 성격이 좋아 인기 있는 친구를 보게 되면 자신의 성격에 대한 단점이 하나둘씩 보이게 될 것이다. 그렇다면 과연 우리는 성격을 변화시킬 수 있을까? 그렇지 않다면 이미 굳어져 버린 성격을 바꾸기란 불가능한 것일까? 성격이란 유전적 요인과 환경적 요인 가운데 어느 쪽에 더 많은 영향을 받아 형성되는 것일까?

성격의 정의를 살펴보면 성격(personality)은 원래 무대 위의 배우들이 자신의 배역에 따른 특정적인 인상을 나타내기 위해 사용하였던 가면(personality)에서 그 유래를 찾을 수 있다. 성격이란 '한 사람을 다른 사람과 구별해 주는 특정적인 사고, 감정 및 행동양식'으로, 이러한 성격을 특징짓는 것은 우리의 외적 요소보다 내적인 요소들이 더 중요한 역할을 한다. 정신분석학의 3대 거장인 프로이트(Freud)를 비롯한 융(Jung, 1875~1961)과 아들러(Adler, 1870~1937)와 같은 정신분석학자들은 성격을 특징짓는 전체를 내적인 요소들이 결정한다고 보았다.

1. 융의 분석심리학

> 나의 생애는 무의식에 대한 자기실현의 역사다.
> —Jung—

지금 우리의 성격은 언제부터 형성되었을까? 그 많은 성격 중에 어떻게 지금의 모습이 되었을까? 이 질문에 대한 답을 곰곰이 생각하면서 아마도 우리는 가족이나 자신이 자라왔던 환경을 가장 먼저 떠올렸을 것이다. 우리의 성

격은 어릴 적부터 무수한 반복 속에서 습득해 왔던 패턴
들이 우리의 몸에 익어 지배하게 되면서 형성되었다. 만
일 우리가 지금의 성격을 변화시키기를 원한다면, 그동
안 습득해 왔던 패턴을 바꾸지 않고서는 어렵다. 즉, 우리
가 보다 넓은 성격으로 변화되기를 원한다면 이미 굳어
져 버린 성격, 즉 옛 질서를 깊이 따져 바로잡아야 한다.

융(Carl Gustav Jung,
1875~1961)

　융에 의하면, 자신의 성격으로 인한 행동의 원인을
알기 위해서는 그러한 행동이 왜 나오게 되었을지를 자
신의 내면에서 찾아야 한다고 설명하고 있다. 우리가
우리의 진정한 모습을 대면하기 위해서는 무엇보다 나
자신을 객관적으로 만날 수 있는 용기가 필요하다. 자신의 내면이란 무엇일
까? 이것은 무의식으로 설명할 수 있다.

　20세기 프로이트를 중심으로 한 정신분석학자들의 가장 중요한 발견은 무
의식에 대한 개념이다. 우리의 의식적인 모든 사고와 행동의 밑바닥에는 무
의식이 존재하고 있으며, 이러한 무의식은 성격을 형성하는 데 중요한 요소
다. 그러나 프로이트가 무의식에 대해 의식에서 받아들여질 수 없는 특성으
로 인한 억압된 유아적 경향에 한정된 것으로 보는 반면, 융은 무의식에 있는
모든 것은 사건이 되고 밖으로 형성되어 나타난다고 하였다.

　또한 프로이트가 무의식을 생물학적인 본능의 원인으로 두었다면, 융은 무
의식을 인간 심리의 근원적 유형들이 모여 있는 정신의 심층이며 무한한 가
능성을 포함하고 있는 정신에너지의 저장고라 강조하였다. 프로이트가 무의
식을 미숙하고 비합리적인 것으로 과거에 경험한 상처의 결과라고 보았다면,
융은 개인의 삶에 방향을 제시하는 지혜로운 것으로 이해하였다. 그는 우리
에게 있는 성격 역시 무의식적인 여러 조건에 근거하여 발전하여 나타난다고
하였다. 이러한 의미로 융은 깊은 내면에 대한 관심을 가져야 한다고 하였다.
또한 혼자서 살아갈 수 없는 세상에 던져진 이상 좀 더 나은 삶을 살기 위해

서는 자신에 대한 이해와 더불어 타인에 대한 마음을 읽을 수 있는 것이 중요
하다고 믿었다.

융은 목적 지향적인 삶을 추구하는 자기 완성적 목표를 지닌 인간형을 다
루는 분석심리학을 발전시켰다. 분석심리학에서의 인간의 본질은 정신의 전
체성에 있다. 정신의 전체성은 자기(self)의 개념으로 파악한다. 그러므로 분
석심리학에서 인간 본질에 대한 질문은 자기에 대한 질문이 되기도 한다.

융은 심리학적으로 성격을 정신(psyche)이라 보았으며, 정신이 의식적ㆍ
무의식적 모든 생각과 감정 및 행동을 포함한다고 생각하였다. 정신을 의식,
개인 무의식, 집단 무의식의 세 가지 수준으로 구분한 것이 특징이다.

1) 의식

의식은 개인이 알고 있는 마음의 부분으로서 내가 알고 있는 모든 것, 기억
하고 있는 모든 것을 의미하며 생각, 감정, 감각, 직감의 네 가지 심적 기능을
거쳐 성장해 간다. 네 가지 기능을 어떻게 쓰느냐에 따라 기본적인 성격이 달
라진다. 의식을 지향하는 두 가지 태도는 외향성과 내향성이다. 외향성 태도
는 의식을 외적ㆍ객관적 세계로 돌리는 반면, 내향적 태도는 의식을 내적ㆍ
주관적 세계 방향으로 돌린다.

한편, 개인의 의식이 타인으로부터 분화되어 개성화되어 가는 과정을 개성
화(individuation)라고 하며, 개성화의 목표는 자기 자신을 완전히 알게 되는
자기 의식이라 하였다. 따라서 의식이 발달한 사람일수록 개성화되어 가고
있음을 알 수 있으며, 의식의 개성화 과정에서 자아를 만날 수 있다. 자아는
우리가 경험하는 모든 일들을 의식에 도달하기 전에 제거하는 의식의 문지기
역할을 수행한다. 자아가 의식화를 받아들이는 요인은 개인의 성격과 관계
된다. 가령 감정적 유형인 사람의 자아는 이성적 경험보다 정서적 경험을 의
식화하는 것이 쉬우며, 사고적 유형인 사람의 자아는 감정보다 생각 쪽이 의

식화되기 쉬울 것이다. 즉, 자신에게 기억되는 강한 경험이 자아의 문을 열고 의식의 세계로 갈 수 있다는 것을 의미한다.

2) 개인 무의식

사람은 살아가면서 다양한 경험들을 하게 된다. 개인 무의식(personal unconsciousness)은 개인이 살아오는 과정 속에 자신이 처한 생활체험과 관련되어 나타나는 개인 특성으로 현실 세계의 도덕관이나 가치관 때문에 받아들일 수 없는 억압된 내용으로 구성된다. 즉, 자아에게 인정받지 못한 경험은 개인 무의식 속에 저장되며, 저장소에는 의식적인 개성화 또는 기능과 어울리지 못한 모든 심리적 활동이나 내용으로 채워져 있다. 이러한 개인 무의식의 기억이나 감정이 어떤 주제를 중심으로 뭉쳐서 심리적인 복합체를 이루어 나타나는 것을 콤플렉스(complex)라고 한다.

우리는 살아가는 동안에 잊고 있었던 일들을 어떠한 계기로 떠올린 적이 있을 것이다. 또한 낮에는 별다른 의미 없이 지나치던 것들이 밤에 꿈이 되어 나타나기도 한다. 이는 개인 무의식을 꿈과 관계가 깊다고 보는 측면이기도 하다. 우리는 꿈을 분석하는 작업을 통해 자신의 내면의 세계와 마주치게 된다. 그동안 바깥세상에서 우리 자신의 삶을 풍부하게 해 줄 명예, 지위, 돈과 같은 성공을 얻기 위하여 에너지를 총동원하여 왔다. 그러나 무의식에 귀를 기울인다면 내 자신의 내면이 인도하는 삶이 진리를 찾게 되어 진정한 꿈을 찾을 수 있다.

융은 이러한 무의식을 의식으로 끌어올리기 위해서는 자기 자신과의 대화가 필요하다고 강조하였다. 자기 자신과의 대화를 외면한다면 진정한 나를 찾을 수 없다고 하였다.

3) 집단 무의식

집단 무의식(collective unconsciousness)은 인간의 무의식 중 개인 특성과는 관계없이 누구나 태어나면서부터 이미 가지고 나오는 무의식의 층으로 구성되어 있는 것을 의미한다. 의식과 무의식의 대부분이 우리의 경험으로 형성되는 것이라면 집단 무의식은 이와는 다른 개념이다. 집단이라 함은 인류 일반이 가지고 있는 특성으로 누구에게나 보편적으로 존재하는 것을 의미한다. 이는 우리가 어렸을 때뿐만 아니라 그보다 더 과거 일로서 인류의 과거, 나아가서는 생물 진화의 먼 과거와도 연결되어 있는 원시적 이미지로서 조상 대대로의 과거로부터 이어받은 것이다.

집단 무의식의 내용은 모든 인간에게 공통된 것으로 인간은 세상에 대해서 보편적인 방식으로 느끼고 생각할 수 있는 자질을 가지게 된다. 즉, 인간은 똑같은 기본적인 태고유형 이미지를 유전적으로 이어받고 있다. 따라서 그 전 세대가 경험하여 배운 것들은 누가 특별히 말하거나 가르치지 않아도 알 수 있으므로 배울 필요가 없다. 집단 무의식을 구성하는 주된 내용은 본능과 원형이다. 이는 신화적 모티브의 표상을 형성하는 것으로, 예를 들어 재생, 죽음, 권력, 마법, 영웅, 어린이, 사기꾼, 신, 악마, 어머니인 대지, 나무, 태양, 달, 불을 의미한다.

융은 다양한 유형 가운데, 특히 페르소나, 아니마와 아니무스, 그림자, 자기가 우리의 성격 형성에 영향을 미친다고 하였다.

(1) 페르소나

페르소나(persona)는 고대 그리스 시대에 배우가 쓰던 가면을 의미한다. 일반적으로 사회는 각자 개인에게 주어진 일정한 역할을 가능한 한 완벽하게 해 낼 것을 기대하게 된다. 개인은 이러한 역할을 수행하는 데 있어 자기와는 다른 성격을 연출하여 다른 사람에게 어떤 특정한 인상을 주기 위해 궁리

하게 된다. 우리는 페르소나에 의해 지배되는 생활과
또 다른 심리적 욕구를 채우고 있는 생활로 인해 이중
생활을 할 수밖에 없다. 이는 우리가 집단 속에서 살
아가는 데 있어서도 여러 개의 가면을 썼다가 벗었다
가 하면서 살고 있음을 의미한다.

　페르소나는 어떤 의미로 개인과 사회가 '어떤 사람
이 어떻게 보이는 것이 좋은가?'에 대한 타협으로 세
상을 최대한 잘 헤쳐 나가기 위해 배운 행동과 태도
등이 어우러져 있다. 예를 들어, 목사에 대해서 공적
기능을 수행하는 것을 기대할 뿐만 아니라, 그 외의
다른 모든 상황에서도 그 역할을 요구한다. 가끔 우리는 뉴스를 통해 어떤 유
명인이 우리가 기대하였거나 알고 있었던 이미지와는 다른 행동을 보여 세상
이 떠들썩했던 기억을 가지고 있을 것이다.

　사회생활과 공동생활 속에서 자신의 이미지화된 가면을 쓰는 것이 필요하
며 사회에 융합되기 위한 좋은 인상을 줌으로써 개인과 사회에 이익을 가져
올 수 있다. 페르소나는 특정한 상황에서 자신의 감정, 사고, 행동을 조절해
야 할 때 유용하다. 페르소나를 제대로 형성하지 못한 사람은 사회와의 관계
에서 상실 상태에 빠지게 된다. 그들은 여러 충동에 사로잡혀 타인이나 사회
에 대한 고려 없이 자기 기분에 의해서만 행동하는 완고한 성격을 나타낼 수
있다.

　그러나 사회 속에서 맡은 역할이 지나치게 페르소나가 강조될 경우, 자아
는 자기도 모르게 사회에서 주는 틀에 동화되어 자신이 가지고 있는 진정한
개성을 잊어버리고 착각하게 된다. 이러한 페르소나는 내가 나로서 있는 것
이 아니고 남들에게 보이는 나를 더 크게 생각하는 특징을 가진다. 이것은 진
정한 자기(self)와는 다른 것이다. 따라서 페르소나에 압도된 사람은 자기의
본성에서 소외당하게 되며, 지나치게 발달한 페르소나와 발달되지 않은 성격

간의 갈등으로 긴장 상태에 있게 된다.

자신의 자아와 페르소나가 심하게 동일시되면서 자아는 자신의 내적인 정신세계와의 관계를 상실하게 된다. 이러한 사람들 가운데 일부는 어느 순간 인생의 허무함을 느끼며 일순간에 무너지게 된다. 그들은 자신의 기분, 관심에 대해 위선적이었던 것과 오랫동안 자기 자신을 속여 왔던 것에 대해 깨닫게 된다.

(2) 아니무스와 아니마

페르소나가 사회에 적응할 때 필요한 수단으로서 외적 인격이라면, 아니무스(animus)와 아니마(anima)는 내적 인격으로서 자아가 무의식의 내용을 의식화하는 과정에서 만날 수 있는 원형이다. 모든 인간은 생물학적 · 심리학적으로 모든 이성의 특징과 성격을 가지고 있다. 우리는 인간을 남성과 여성이라는 이분법적으로 구분하고 있지만 융은 남성의 정신에 내재된 여성적인 요소인 아니마의 원형과 여성의 정신에 내재된 남성적인 요소인 아니무스의 원형이 무의식에 있다고 하였다. 인간에게 내재되어 있는 이러한 양성성이 여러 세대를 거치면서 사회에서 요구하는 성역할에 의해 학습되어 남성 자아는 자신의 내면에 있는 여성성을 억압하고, 반면 여성 자아는 자신의 내면에 있는 남성성을 억압하며 남성과 여성으로 성장하게 된다. 만일 어떤 남성이 남성적 측면만 나타내고 있다면 그의 여성적 특성은 무의식에 머물게 된다. 반대로 지나치게 외모에 여성적 아름다움을 나타내려고 하는 여성도 남성적 특징에서 보이는 요소들을 무의식에 가지고 있다.

이처럼 남성 속의 여성스러움과 여성 속의 남성다움을 경멸하는 사회적 통념으로 아니무스와 아니마의 태고원형은 위축되거나 미발달한 상태로 나타나게 되어 지나치게 발달한 페르소나를 보이는 사람들을 만날 수 있다. 이러한 불균형의 결과는 과도하게 반응하여 개인의 성격 형성에 지대한 영향을 미치게 된다.

아니무스와 아니마는 우리의 이상형을 결정하는 데 영향을 미친다. 가령 어떤 남성이 여성에게 반하게 되는 일차적 원인은 자신의 무의식에 내재되어 있는 아니마상과 관계된다. 반대로 만일 어떤 남성이 싫어하는 여성을 만나게 된다면 자신의 무의식 속에 있는 아니마와 모순되는 성질을 가지고 있는 여성을 만났기 때문일 것이다. 이러한 원인은 여성에게도 적용된다.

(3) 그림자

> 인간의 심성이란 완전히 빛으로만 이루어지고 있는 것이 아니고
> 또한 많은 그림자로 되어 있다.
> —Jung—

그림자(shadow)는 자아로부터 배척되어 무의식에 억압된 의식의 바로 뒷면에 있는 심리적 내용을 말한다. 우리가 자아실현의 과정에서 처음 만나는 무의식 요소 중 하나인 그림자는 인간의 동물적 본성을 많이 포함하고 있다. 따라서 자아가 가장 싫어하는 열등한 인격과 같은 자신의 분신을 의미하기도 한다.

그림자는 자아와 비슷하면서도 자아와는 대조되는 열등한 성격을 지니고 있기 때문에, 그림자가 외부의 대상에 투사되어 의식될 때 자아는 그 대상에서 미숙하고 부도덕하다는 부정적인 인상을 갖게 된다. 그림자는 개인이 의식적으로 받아들이기 힘든 성적이고 동물적이며 공격적 충동을 포함하고 있다. 따라서 사람들은 사회생활에 필요한 사람이 되기 위해 자신에게 내재되어 있는 그림자를 조정하려고 페르소나를 발달시키게 된다. 사람들은 동물적 본능을 억누르게 되어 보다 세련된 사람으로 비칠 수 있으나 그림자는 간단히 굴복하지 않는다.

그렇다면 그림자 속에 존재하고 있는 이처럼 나쁜 요소를 어떻게 다루어야 하는가. 가령, 알코올이나 게임에 중독된 사람들이 자신의 이러한 나쁜 요소를 제거하기 위해 클리닉에 다니며 극복하려고 노력하는 것을 종종 볼 수 있

다. 그러나 이들은 어느 순간 자신에게 오는 힘든 상황을 이겨내지 못하고 다시 그 늪에 빠지게 된다. 그들이 밀어낸 중독 증세는 무의식 속으로 억지로 밀려나 그들에게 어려움이 닥치게 될 때를 기다리며 기회를 엿보게 된다.

이처럼 그림자가 사회로부터 억압되거나 배출구가 적당치 않게 되면 종종 비참한 결과를 초래하게 된다. 우리가 그림자 속에 존재해 있는 나쁜 요소들을 의식에서 내쫓기만 하면 일시적으로 처리되었다고 착각할 수 있다. 그러나 나쁜 요소는 무의식 속으로 잠깐 물러난 것이다. 이는 의식적 자아 속에서 모든 일이 순조롭게 되어 가는 한 무의식 속에 잠재해 있는데, 만일 개인이 위기나 어려운 일에 부딪히면 그림자는 이 기회를 이용해서 자아에 힘을 뻗고자 한다.

이처럼 잠재적으로 가장 위험한 콤플렉스인 그림자를 자기의 일부분으로 받아들이기란 좀처럼 쉽지 않다. 사람들은 그림자를 인간의 동물적 본성을 많이 포함하고 있기 때문에 부정적이고 열등한 인격의 한 부분으로만 인식하여 제거하려 한다. 그러나 그림자는 본래의 자기를 찾기 위해 대면해야 할 상대이자 삶의 조건이다. 그림자는 본래부터 부정적이고 열등한 것이 아니라 무의식 속에 버려져 있어 분화될 기회를 잃었던 것으로, 그것이 의식되어 햇빛을 보는 순간 그 내용들은 곧 창조 영감의 원천이 되어 긍정적인 역할로 변화될 수 있다. 그러므로 그림자를 과도하게 억압하면 불안과 긴장상태에 빠져들 수 있다. 우리는 스스로 자신의 본능을 판단하지 말고 그림자 측면을 자극하여 가치 있는 것들을 끌어낼 수 있도록 노력하는 것이 필요하다.

(4) 자기

자기(self)란 의식과 무의식이 하나로 총합된 성격 전체의 중심으로서 정신인 동시에 전체 인격을 의미하는 가장 중요한 원형이다. 자기의 태고유형은 내적인 길잡이로서 외적인 자아와는 다르다. 자아가 의식의 중심이라면 자기는 성격 전체의 중심이면서 성격 전체를 포함하고 있다.

자기는 의식을 초월하는 존재이기 때문에 의식으로는 파악될 수 없는 우리들 내부에서 작용하고 있는 어떤 것으로 자기의 중심성, 전체성, 의미에 대한 무의식적 갈망으로 체험될 수 있다. 자기는 인격을 조절하고 균형을 유지하는 힘을 가지고 있으며 우리의 성격을 성숙시킨다. 자기의 발달을 통해 사람은 자신의 일생을 인식할 수 있으며 이해하며 조절할 수 있는 힘을 갖는다.

융은 인간 삶의 궁극적 목표는 자기실현을 달성하는 데 있다고 보았다. 예수와 석가모니 같은 위대한 종교적 지도자는 이 목표에 도달하였다. 자기의 태고유형은 중년이 되어서도 드러나기 힘들다. 이는 성격이 개성화를 통해 충분히 발달되어야 비로소 가능하기 때문에 개성화가 일어나지 않는 미숙한 사람들의 경우에는 무의식에 묻혀서 다른 원형을 인식하지 못한다. 자기실현을 달성하느냐 못하느냐는 자아의 협력에 달려 있다. 자아가 자기의 원형으로부터 오는 메시지를 무시한다면 자기의 평가와 이해는 불가능하다. 그러므로 자기원형에 접촉하여 무의식의 내용들을 의식으로 더 많이 끌어오는 자기 인식에 중점을 두어야 완전한 자기실현에 도달할 수 있다.

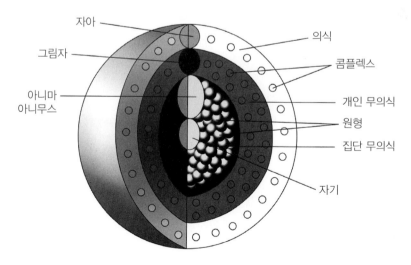

[그림 6-1] 융의 마음의 구조

4) 개성화

이 세상을 살아가는 과정을 여행으로 표현한다면 여행의 최종 목적지는 자기와의 만남, 즉 삶의 완전성을 구현하는 것이다. 삶의 완전성이란 부모나 사회에서 요구하는 인생에서의 성공을 의미하는 것이 아닌 우리 인간으로서의 완전성을 찾는 것이다. 이처럼 우리가 스스로 완전하다고 믿는 인간의 모습에 가까이 다가가기 위해 노력하는 것을 융은 개성화(individuation) 과정이라 하였다. 개성화 과정은 개인의 의식이 타인으로부터 분화되는 과정으로서 개성화의 목표는 가능한 완전히 자기 자신을 아는 것, 즉 자기 의식에 있다. 외부적인 힘에 의해 만들어진 내가 아닌 내부의 잠재력에 의하여 만들어져 가는 나를 깨닫는 것이다.

융은 이렇게 만들어진 '자기'가 전체 정신, 즉 의식과 무의식이 하나로 통합된 전체 정신이라고 이해하였다. 이것이 인격 성숙의 목표이며, 우리는 자기실현, 즉 개성화의 과정을 통하여 전체 정신을 실현하는 온전한 인간이 될 수 있다고 하였다.

융은 인간의 개성화 과정을 정오를 기점으로 오전을 인생의 전반기, 오후를 인생의 후반기로 비유하였다. 전반기는 오전의 태양이 상승하는 것처럼 삶에로 향하는 기간이라면, 후반기는 오후의 태양이 하강하는 것처럼 죽음으로 향하는 기간이라 하였다. 이처럼 인생의 전반기의 삶과 후반기의 삶의 방향이 정반대의 방향을 나타내듯이 그에 따른 삶의 목적과 과제도 다르다. 전반기의 과제가 외적 세계에의 적응을 강화하여 자아를 강화하는 시기라면 후반기의 과제는 내면세계로 시선을 돌려 무의식의 내용을 의식화하여 자기를 강화하는 시기다. 그러므로 개성화 과정은 인생의 후반기를 의미하지만 인생의 전반기의 자아 강화 없이는 자기실현은 불가능하다.

2. 아들러의 개인심리학

사회적 관심은 다른 사람의 눈으로 보고 다른 사람의 귀로 듣고
다른 사람의 마음으로 느끼는 것을 말한다.
—Adler—

아들러(Alfred Adler, 1870~1937)

아들러는 인간을 '행동, 사고, 감정이 일관된 전체적 특성을 지닌 성격을 가지고 있는 독립적인 존재'라 이해하였다. 인간은 사회적 존재로 사회 내에서 자신이 설정한 인생목표를 추구하기 위해 끊임없이 노력한다고 하며 이러한 인간의 특성을 강조하기 위해 개인심리학(individual psychology)을 제창하였다.

아들러는 인간은 기본적으로 사회적 존재로서 인간의 정신적 삶은 개인이 현재 가지고 있는 자신의 목표에 의해 결정된다고 강조한다. 프로이트가 인간을 결정론적이고 생물학적인 관점에서 바라보았다면, 아들러는 인간을 스스로가 정한 현재의 목적을 위해 움직인다는 목적론적이고 사회심리학적인 관점에서 이해하였다. 즉, 인간은 생물학적 성적 본능에 의해 움직이는 것이 아니라 사회적인 관계 속에서 자신이 선택한 목표와 가치를 추구하는 존재다. 우리가 어릴 적 경험한 상처들이 트라우마가 되어 현재에 영향을 미치는 것이 아니라, 우리 스스로가 그 경험에 어떤 의미를 부여하느냐에 따라 현재의 삶이 결정된다. 결국 내게 주어진 것을 어떻게 해석하느냐에 따라 지금 불행할 수도 행복할 수도 있으며, 이는 온전히 스스로가 선택한 결과다.

인간은 수많은 의미의 영역 속에서 살아가는 데 여기서 경험하는 일들은 언제나 자신들에게 이익이 되는 범위 안에서 이루어진다. 우리가 "인생의 의미란 무엇이냐?"는 질문을 받는다면, 선뜻 대답할 수 없겠지만 자신의 행동을 통해 답을 얻을 수 있다. 즉, 우리는 누구나 자신만의 고유하고 개인적인 인생의 의미를 가지고 있으며, 이는 우리의 행동과 표현방식, 야망, 습관, 성격의 특징 등의 하나하나가 인생의 의미와 합치되어 나타난다.

아들러에 의하면, 인간은 자신이 소중하게 여기는 목표를 향해서 미래지향적으로 나아가는 존재다. 이러한 목표의 이면에는 열등감 보상과 완전성 추구의 동기가 존재함을 주장하였다. 그는 또한 우리가 어떤 한 개인을 이해하기 위해서는 그가 추구하는 목표와 더불어 그 자신만의 고유한 생활양식과 공동체의식을 이해하는 것이 필요하다고 강조하였다.

1) 사회적 관심

아들러는 성공적인 삶과 건강한 성격의 기준으로 개인이 자신의 삶과 생활과제에 접근하는 방식이 얼마나 사회적 관심을 포함하고 있는지의 여부로 이해하였다. 사회적 관심(social interest)은 정신건강의 주요한 지표로서 개인의 내면적 인식이 사회적 환경 요구에 맞추어 조화를 이루도록 하는 심리적 태도다. 이는 자신이 가지고 있는 일종의 가치로서 소속감으로 표현되며, 삶을 향유할 능력을 나타내는 것으로 선천적인 개인차를 가지고 있다.

사회적 관심은 다른 사람과의 관계를 추구하고 협동하는 기질적 측면으로도 설명할 수 있다. 인간은 태어나면서부터 공동체의 구속력에서 벗어날 수 없으며, 공동체 속에서 소속감을 가지며 진정한 일원이 될 수 있다. 공동체 생활에 있어서의 활동은 협력으로 이루어지며 출생과 함께 시작된다. 아기가 태어나 처음으로 어머니의 젖을 빠는 행위는 최초의 협력으로서 서로 타협하는 것이며, 사랑과 결혼도 두 사람이 더 나은 길을 향해 발전하기 위한 협력의 한 방법이다.

사회적 관심은 개인적 능력으로서 타인을 이해하고 공감하며 협동과 기여를 할 수 있는 사회적 능력을 의미한다. 청소년기 전까지 가정, 학교, 또래집

단에 소속되었다가 성인이 되어서는 사회 내에서 적합한 위치에 소속되어 구
체화된다. 이처럼 사회적 관심은 일과 관련하여 협동적이며 문제를 해결하
도록 도움을 주는 결정적 역할을 하며 관계 형성의 근간이 되어 우정과 공동
체 삶에 있어서도 중요한 요소다.

사회적 관심을 가지고 있는 사람은 정신적으로 건강하고 행복하며 사회에
기여하는 사람이며, 반면 그렇지 못한 사람은 부적응한 사람이다. 따라서 사
회적 관심의 결여는 직업, 우정, 그리고 가족 등에 피할 수 없는 문제를 야기
할 수 있으며 성공하였다고 해도 그 성취는 자신에게만 한정된다.

2) 열등감과 우월성 추구

개인심리학의 가장 중요한 발견은 열등감이라 할 수 있다. 아들러는 성격
을 형성하는 가장 중요한 개념을 열등감이라 보았다. 열등감은 주관적인 개
념으로서 자기 자신에 가치 판단을 부정적으로 내릴 때 주로 갖는 느낌이다.
아들러는 특히 열등감은 인간관계의 문제에서 발생하기 때문에 누구나 열등
감을 가질 수밖에 없다고 하였다.

아들러의 아동기 시절의 경험은 여러 형제자매들 속에서 병약함과 열등감
을 극복하려 한 투쟁의 연속이었다. 그는 인간의 가장 기본적인 동기가 어린
시절에 경험한 부적절감, 즉 열등감을 극복하고 우월성을 추구하는 것이라고
주장하였다. 더불어 인간은 생물학적 조건과 환경적 제약을 극복하고 자신
의 삶을 선택하고 창조할 수 있다고 한다. 예를 들어, 키가 중요한 요소로 작
용하는 모델 세계에서 일반적인 모델이 갖는 평균 이하의 키를 가지고 있는
사람이 있다면 그는 열등감을 가질 수 있다. 키가 부여하는 의미가 큰 곳에서
는 키로 인한 열등감이 주관적 가치 판단에 더 많은 영향을 줄 것이다. 따라
서 작은 키의 모델은 타인과의 비교를 통해 열등감을 가지게 되며 그 열등감
을 극복해 가는 과정을 통하여 끊임없이 발전하고 변화할 것이다. 이처럼 사

람은 사회와의 관계를 통해 열등감을 느끼기 때문에 이에 대한 보상작용으로 우월성에 대한 추구를 통해 사회와 조화를 이루며 발전해 간다.

그러므로 우리가 느끼는 열등감이 문제가 아니라 우리가 마주하고 대하는 열등감에 대한 태도가 중요하다. 아들러는 열등감을 부정적인 것으로 여기지 않고 긍정적인 측면을 강조하였다. 사람은 사회적 존재로서 다른 사람과 비교하여 자신을 평가할 때 부족하다고 느끼는 불안을 자각할 때, 좀 더 나아지고 싶다는 바람을 가지게 된다. 열등감을 극복하고 보상하려는 노력이 자기 성장과 발전의 원동력이 되어 자기 완성의 실현이 이루어진다.

아들러는 우리가 삶 속에서 특별히 실망감이나 절망감을 느꼈던 어떤 특정 사건에 대해 관심을 가져야 한다고 하였다. 각 개인이 선택한 자신만의 우월성 목표를 이해하기 위해서는 자신이 처하게 된 사회적 상황을 자세히 살펴보아야 한다. 우리가 때로는 타인에게 우월하게 보이려고 행동하는 우리의 배후에는 특별한 노력을 기울여서 감추어야만 하는 열등감이 존재할 수 있기 때문이다. 만일 이것을 놓치게 된다면 비정상적인 열등감 혹은 우월감, 즉 열등감 콤플렉스(inferiority complex)나 우월감 콤플렉스(superiority complex)가 발생할 수 있기 때문이다.

열등감 콤플렉스를 가지고 있는 사람은 자신의 콤플렉스 때문에 아무것도 할 수 없다고 변명을 일삼는다. 키가 작은 농구선수가 '나는 키가 작아 농구선수로 성공할 수 없다'고 생각한다면, 모자란 부문을 채우려 노력하기보다 자신만의 인과관계를 적용하여 변화하기를 회피하게 된다. 열등감 콤플렉스는 자존감이 낮거나 자신에 대한 평가가 극도로 낮은 사람들에게 나타나는 증상으로 자신이 정한 목표 지점을 높이 설정했을 때 나타나기도 한다.

반대로 우월감 콤플렉스는 열등감 콤플렉스를 겪는 사람이 자신의 문제를 회피하기 위하여 사용하는 방식으로서, 실제로 그렇지 않음에도 스스로 우월하다고 믿는 일종의 거짓 평가적 행동이다. 우리는 사회에서 과도하게 자신을 거만하게 보이게 하거나 강하게 어필하는 사람들을 만날 수 있다. 과도하게 비싼 옷으로 치장하거나 과거 잘나갔던 시절을 반복하여 늘어놓는 사람들의 이면에는 다른 사람들에게 숨기고 싶은 열등감의 감정이 있을 것이다. 이것은 이상적 자기와 현실적 자기를 혼동하는 것으로 열등 콤플렉스를 보상하려는 과장된 행동이다.

열등감을 치료할 수 있는 유일한 치료법은 우리가 그 문제에 직면하여 스스로 그 문제를 해결할 능력이 있음을 깨닫는 것이다. 열등감을 극복하려는 마음과 우월성을 추구하려는 마음이 서로 끌어주고 당겨주는 방식으로 작용할 때, 열등감 그 자체는 비정상이 아니라 발전의 동기가 될 수 있다. 우월성의 추구란 다른 사람과 비교하여 경쟁하는 것이 아니라 진정으로 추구하고자 하는 이상적인 나를 향해 나아가는 것이다.

3) 생활양식

인간은 고유의 신념과 나름의 독특한 행동방식을 가지고 있다. 아들러는 개인이 지니는 독특한 삶의 방식을 생활양식이라 하였다. 생활양식(life style)은 우리에게 주어진 것이 아니라 우리가 선택한 것이라 하였다. 그러므로 우리가 마음만 먹으면 바꿀 수 있는 것이라 주장하였다.

생활양식은 어린 시절의 가족경험에 의해서 발달하게 된다. 부모와의 관계뿐만 아니라 형제관계도 생활양식의 발달에 영향을 주어 우리의 삶을 영위하는 근거가 된다. 생활양식은 성격과 유사한 개념이지만 우리의 독특한 신념, 사고, 감정, 행동을 의미한다. 우리가 가지고 있는 열등감을 극복하려는 방식과 스스로가 삶에 부여하는 의미에 기초를 두어 결정하기 때문에 독특한 신념과 행동방식을 지니는 생활양식이 형성된다. 일단 생활양식이 결정되면 외부 세계에 대한 전반적인 태도가 결정되며 기본 성격 구조가 일관성 있게 유지된다. 예를 들어, 우리가 자라오면서 겪었던 수많은 상황이나 경험 가운데 특별한 어떤 것을 기억하며 그것이 중요한 관심으로 인생 스타일의 핵심

표 6-1 생활양식 유형

		사회적 관심	
		높음	낮음
활동수준	높음	사회적 유용형	지배형
	낮음		기생형
			회피형

이 되는 열쇠가 된다.

생활양식은 직업, 사회, 사랑을 다루는 방식으로, 사회적 관심과 활동수준의 두 가지 양상으로 구분된다. 사회적 관심이 타인에 대한 공감을 나타내는 것이라면, 활동수준은 인생 문제를 다루는 데 개인이 보여 주는 에너지의 양을 의미한다. 생활양식을 지배형(the ruling type), 기생형(the getting type), 회피형(the avoiding type), 사회적 유용형(the socially useful type)의 네 가지 유형으로 구분하였다. 이러한 생활양식은 어린 시절 가정에서 부모의 영향 아래에서 형성되는 것으로 4~5세에 형성되어 일생을 거쳐 일관성 있게 유지된다.

첫째, 지배형은 사회적 관심이 낮지만 활동수준이 높아서 타인을 지배하고 통제하려는 생활양식을 의미한다. 부모가 지배하고 통제하는 독재 형태에서 양육되었을 때 나타나는 태도다. 둘째, 기생형은 사회적 관심과 활동수준이 모두 낮으며 타인에 의존하는 생활양식을 의미한다. 부모가 지나치게 자녀를 과잉보호하여 양육하였을 때 나타나는 태도다. 셋째, 회피형은 사회적 관심과 활동수준이 모두 낮으며 소극적이고 자신감이 부족한 생활양식을 의미한다. 특징은 매사에 부정적이며 소극적인 태도를 보이는 것으로 자신감의 부족으로 적극적으로 직면하는 것을 피한다. 부모가 자녀에게 자신감을 심어 주지 못하고 교육할 때 나타나는 태도다. 마지막으로 사회적 유용형은 사회적 관심과 활동수준이 모두 높아서 적극적이고 바람직한 생활양식을 의미한다. 긍정적 태도를 가진 성숙한 사람으로 양육되어 심리적으로 건강한 사람의 태도를 보인다.

따라서 개인이 효과적으로 삶의 과제를 수행할 수 있도록 잘못된 생활양식을 수정하는 것이 필요하다. 이는 우리가 정한 우월성의 목표에 도달하기 위해서는 우리의 생활습관이 중요한 역할을 하기 때문이다.

4) 인생과제

인생과제란 인간이 사회적인 존재로 살아야 할 때 직면해야 되는 과제로서 일의 과제, 우정의 과제 그리고 사랑의 과제로 나뉜다. 아들러는 이러한 인생의 과제는 사회적인 관계 속에서 이루어진다고 보았다.

먼저, 일의 과제는 일이 지니는 경제적 · 심리적 · 사회적 기능 때문에 삶을 유지하는 가장 중요한 과업이다. 일의 과제를 수행하기 위해서도 역시 인간관계를 외면할 수 없다. 다른 사람과 서로 협력하는 것 없이 제대로 일의 과제를 해결할 수 없다.

두 번째, 우정의 과제란 친구들과 우정을 나누어야 한다는 의미로서 관계의 깊이나 거리에 중요함을 둔다. 우정을 나눌 친구의 숫자가 많고 적음이 중요하지 않다. 또한 빈번하게 자주 만나지 않아도 한결같을 수 있는 진정한 벗을 얻는 것은 인생과제 중의 하나다.

마지막으로, 사랑의 과제란 가족관계와 연인관계를 모두 의미한다. 여러분은 열등감을 느끼지도 않고 우월감을 가질 필요도 없는 편안한 사람으로 누가 가장 먼저 떠오르는가? 부모님이나 사랑하는 연인이 가장 먼저 떠올랐다면 진정한 사랑을 하고 있다 말할 수 있을 것이다. 그러나 우리는 자신의 미래 인생의 과제를 푸는 데 과도한 부모님의 개입으로 상처를 받거나 원망한 적이 있을 것이다. 만일 우리가 부모나 연인과의 인간관계에 어려움을 가지고 있다면 이를 외면하지 말고 적극적으로 대면하여 풀어야 한다.

인생의 과제를 해결하기 위한 인간관계의 열쇠는 우리 모두가 가지고 있다. 인생과제를 성공적으로 해결할 때만 진정한 행복에 도달할 수 있다.

5) 성격과 출생순위

아들러는 어린 시절의 가족경험이나 출생순위가 개인의 성격 형성에 중요한 영향을 준다고 하였다. 가정에서 부모를 중심으로 어떠한 가족구도를 형성하고 있는가는 자녀의 생활양식에 영향을 주며, 자녀의 수뿐만 아니라 출생순위도 성격에 중요한 영향을 미친다고 하였다. 즉, 우리는 태어날 때부터 출생순위에 따라 부모, 형제자매로부터 이익이나 불이익을 받을 수 있게 되며, 자신만이 갖게 되는 독특한 상황에 적응하기 위하여 노력하는 과정 속에서 세상과 상호작용하는 자신만의 생활양식을 갖게 된다.

아들러는 출생순위가 개인의 행동패턴에 영향을 미치는 것을 강조하였으나 이는 결정적인 것은 아니다. 다만 출생순위에 따른 특정한 경험을 가능성으로 제시하고 있다.

첫째 아이는 많은 보호와 애정을 경험하는 상황에서 동생이 태어나면서 갑자기 자신의 지위를 빼앗기게 되어 열등감을 갖게 된다. 이는 세상의 권력과 칭송을 한 몸에 받았던 왕이 어느 날 갑자기 왕좌에서 물러나는 듯한 박탈감으로 묘사할 수 있다. 이러한 일은 첫째 아이에게 커다란 변화를 가져오게 되는데, 긍정적 변화로는 책임감과 배려심이 생길 수도 있지만 부정적 변화의 결과는 자신감 결여다. 첫째 아이는 부모의 사랑을 독차지하기 위해 착한 행동을 함으로써 우월적 지위를 되찾으려 노력하는 과정에서 부모의 관점을 지나치게 수용하면서 보수적 태도를 보일 수 있다. 따라서 사회적 유용형이 되지 않을 경우 지배형이 될 가능성이 높다.

둘째 아이의 가장 큰 특성은 경쟁적인 성향을 갖고 있다는 것이다. 연령이나 발달 정도에 있어서 맏이가 항상 앞서게 되므로 분발하여 따라가야 한다는 압박감을 가지고 있다. 맏이를 추월하고 정복하기 위해 경주하듯이 성급하게 쫓아가야 하므로 발달 정도에 있어 훨씬 조숙한 어린 시절을 보낸다. 특히, 첫째 아이가 실패한 것을 성취하여 부모의 애정을 받기 위해 노력하는 모습을 보인다. 그 결과 둘째 아이는 첫째 아이와 반대되는 성격을 발달시키게 된다. 변화가 가져오는 긍정적 측면은 창조적이고 혁신적이며 사회에 적응력이 뛰어난 점을 보일 수 있으나 부정적 측면은 남을 항상 이기려는 시기와 질투의 모습이 나타날 수 있다.

막내 아이는 태어나게 되면 부모와 형제들의 관심을 듬뿍 받을 수 있는 일단 유리한 상황에서 성장한다. 지나친 과잉보호나 응석받이로 키워지게 되어 의존적이고 독립심이 부족할 수 있다. 때로는 가장 낮은 위치에 있기 때문에 열등감과 무력감을 느낄 수 있다. 그러나 막내 아이는 자유로움 속에서 자신의 야심을 키워 나갈 수 있는 상황과 함께 형들을 능가하겠다는 동기가 유발되어 탁월한 성취를 나타낼 수 있다.

외동아이는 어른만으로 채워진 환경에서 성장한다. 다른 형제들과 다른 독특한 문제를 안고 있다. 이들은 부모의 애정을 독차지하는 사회적 조건을 가지고 있다. 외동아이는 경쟁할 다른 아이들이 존재하지 않기 때문에 어른 수준의 성취를 이루기 위해 노력하는 모습을 보인다. 때로는 부모와 경쟁하는 것이 불가능하다고 여겨서 낙담하거나 그들이 유능함을 발휘할 수 있는 다른 영역을 찾을 수 있다. 긍정적 변화의 결과는 자부심이 강하고 독립적인 성향을 보일 수 있으며, 부정적 변화의 결과는 경쟁할 형제가 없으니 남들과의 경쟁을 두려워하며 의존적이고 자기중심적 경향이 있다.

 성찰질문

1. 우리 자신의 진정한 개성화를 위해 어떠한 노력이 필요한가?
2. 자신이 가지고 있는 열등감은 무엇이며, 이를 보상 받기 위한 우월성의 추구는 무엇인가?
3. 형제 서열이 자신의 성격 형성에 어떤 영향을 미쳤는가?

참고문헌

권석만(2017). 인간 이해를 위한 성격심리학. 서울: 학지사.

기시미 이치로, 고가 후미타케(2014). 미움받을 용기(嫌われる勇氣, 전경아 역). 서울:
    인플루엔셜.

아니엘라 야훼(1989). C. G. Jung의 회상, 꿈 그리고 사상(*Erinnerungen Träume
    Gedanken von C. G. Jung*, 이부영 역) 서울: 집문당.

제임스 홀리스(2015). 나를 마주할 용기(*Finding Meaning in the Second Half of Life*,
    정명진 역). 서울: 부글북스.

Adler, A. (2005). 아들러 심리학 해설(*What life Should Mean to You*, 설영환 역). 서울:
    선영사.

Adler, A. (2014). 심리학 콘서트(김문성 역). 서울: 스타북스.

Adler, A. (2015). 위대한 심리학자 아들러의 열등감, 어떻게 할 것인가(신진철 역). 서울:
    소울메이트.

Jung, C. G. (2004). 융 기본 저작집: 인격과 전이(*Grundwerk C. G. Jung: Personlichkeit
    und Ubertragung*, 한국융연구원, C. G. 융 저작번역위원회 역). 서울: 솔출판사.

Jung, C. G. (2007). C. G. Jung 심리학 해설(설영환 역). 서울: 선영사.

Jung, C. G. (2007). 무의식의 분석(권오석 역). 서울: 홍신문화사.

제**7**장

심리적 성차

여성과 남성은 신체생물학적으로 확연한 과학적 차이가 있는데 심리적으로 과연 어떠한 차이가 있는가? 혹은 심리적인 차이는 없는 것인가? 남녀는 인간이라는 면에서 심리적으로 공통점이 있지만 어떤 점에서는 다른 면도 많이 가지고 있다. 남녀의 심리적 특성의 차이가 남녀의 사회적 능력의 차이를 가져오고 그것에서 성차별이 비롯된다는 생각, 즉 성차가 성차별을 가져온다는 믿음이 오랜 시간 동안 일반적이었다. 흑인과 백인이 평등하듯이 여성과 남성도 평등하다는 생각은 양성 간에 신체적인 것 외에는 차이가 없으며 똑같다는 생각으로까지 발전되기도 한다. 사회문화적 혹은 심리적인 부분에서는 차이가 있지만 유사점도 많다 보니 이에 대한 다양한 다른 의견들이 있다. 어떤 경우에는 차이가 차별로 오해되기도 하고 어떤 연구에서는 심리적 특성에서 남녀 간에 차이가 없다고도 한다. 여성의 심리와 남성 심리의 차이를 심리적 성차라 하며 심리적 성차에 관한 연구는 1970년대 이후 심리학자들의 연구에 있어 새로운 영역으로 등장하였다. 심리적 성차는 성역할 발달과 밀접하게 관련되어 있으며 여성과 남성의 여러 가지 차이 중에서도 개인의 진로 발달과 직업선택에 가장 큰 영향을 미친다. 이 단원에서는 성차와 함께 성역할 발달과 직업선택에 대한 내용을 다루기로 한다.

1. 성역할

까마득한 얘기지만 대학교 신입생 시절 여름방학 농촌활동 오리엔테이션에서의 교수님 말씀이 생각난다. 그것은 "여학생 여러분! 누가 여러분에게 '너 참 얌전하다.'라고 말하면 그걸 욕으로 알아들을 것이며, '너 참 지랄 맞다.'고 한다면 그것을 칭찬으로 알아들으세요."라고 한 말이었다. 중고등학교를 졸업하기까지 줄곧 '얌전한 여자'가 되라는 얘기를 귀에 못이 박히도록 듣고 살았던 우리 여학생들에게 중년의 남자 교수님의 그 말은 머리를 세게 얻어맞은 듯 충격적인 내용이었다. 나중에 성 심리학을 공부한 뒤에야 그 말의 의미를 이해할 수 있었는데 그것은 바로 성역할 고정관념에 대한 것이다.

사람들은 여성과 남성이 각각의 성별에 따른 서로 다른 역할을 가진다는 믿음이 있다. 여성과 남성의 성차가 있으므로 성역할도 당연히 다르다고 가정한다. '남자는 사회, 여자는 가정'이라는 고정관념은 남편은 직장에 다니며 가계의 책임을 져야 하고, 아내는 결혼 전에 직장을 다녔더라도 결혼하면 가사와 육아에 전념해야 한다는 성역할 분리의 가장 대표적인 예다. 각 성별이 지니는 특성에 대해 여성적·남성적 혹은 여자답다, 남자답다는 표현을 하게 되는데 여자는 여자다워야 하고 남자는 남자다워야 한다는 생각이 자연스러움을 넘어 지나치면 성역할 고정관념으로 나타나게 된다. 남녀 커플이나 부부 중 한 사람이 이러한 고정관념의 믿음을 강하게 갖는다면 그 관계에서 많은 갈등을 가져오게 된다. 성역할에 대한 고정관념이 강한 남편이라면 아내가 고정관념적으로 여자다워야 아내답다고 여길 것이며, 고정관념이 강한 아내의 경우 고정관념적인 남자가 남편다운 남자라고 생각할 것이다.

1) 성, 성차, 성역할 고정관념

성, 성차, 성역할, 성역할 고정관념은 인간관계와 결혼생활 그리고 직업선택에 보이게 혹은 보이지 않게 작용하므로 이러한 용어의 의미와 각 용어 사이의 관계를 제대로 이해하는 일은 반드시 필요하다. 우리말로 '성(性)'은 영어로는 섹스(sex)와 젠더(gender)의 두 가지로 표현되는데 섹스는 생식기로 구분될 수 있는 것으로 신체 생물학적인 의미의 성을 나타내며, 젠더는 사회적으로 구성되고 규정되는 성을 의미한다. 즉, 젠더는 사회·문화적인 성의 실체를 의미한다. 사회적인 성이라 함은 사회적으로 환경으로부터 학습된 것으로 사회적 기대로서의 성, 즉 여성다움 또는 남성다움을 말한다. 일반적으로 젠더는 섹스에 기반하여 형성되지만 사회적 성이 반드시 생물학적인 성과 일치하지는 않는다. 단순한 예로 여장 남자가 여성의 역할들을 주로 하며 생활하는 경우 섹스는 남자이고 젠더는 여자라고 말할 수 있다. 섹스가 신체적으로 가시적인 것과는 달리 젠더는 우리의 생각 속에 있어 불가시적이다. 그러나 사회에서 성별에 따라 역할을 구분하고 가정생활과 직업활동을 하는 데에 보이지 않게 작용하고 있다. 사회문화적인 차이가 있지만 대체로 자녀를 낳아 양육하고 가사를 책임지는 것은 여성의 역할로, 경제활동을 통해 가계를 책임지는 것은 남성의 역할로 생각되고 있다.

젠더라는 말은 1955년 미국의 심리학자 머니(John Money)가 처음 사용하였으며, 1995년 북경여성대회에서 제안된 이후 2000년부터 보편적으로 사용되고 있다. 여성과 남성은 언뜻 보아 성과 관련하지 않는 것처럼 보이는 영역에까지 사회·문화적으로 환경의 영향을 받고 있으므로 젠더라는 말은 이제 섹스를 대신하여 성별을 표현하는 용어로 자리잡아 가고 있다. 미국 학술원

표 7-1 생물학적 성(Sex)과 젠더(Gender)

생물학적 성(Sex)	젠더(Gender)
생물학적 XX 혹은 XY	사회적으로 형성된 역할
여자/남자	여성적/남성적
유전된 성	학습된 성
호르몬 성, 생식선 성, 생식기 성	여자와 남자에게 적절한 행동, 태도, 언어 능력, 인지 능력, 공격성 등

의 의학연구원이 발표한 내용에 따르면 신체적인 내용을 주로 다룰 것 같은 의학 논문에서도 젠더의 사용을 권고하고 있는데, 예를 들면 다음과 같은 경우다. A라는 국가의 영양섭취에 대한 연구 결과 그 나라의 영양섭취에서 '성별'이 중요한 요인이라 결론지었다. 여성들이 남성들에 비해 영양의 불균형과 결핍이 심각하다는 것이다. 이때 표면적으로 보면 A국의 여성들이 가진 신체적인 요인에서 영양 부족이 나타나는 것처럼 보일 수 있다.

그러나 사실 A국은 남성들이 먼저 식사를 하고 그들이 남긴 음식을 여성들이 먹게 되는 가부장적 문화가 지배하는 나라다. 만약 A국의 식습관이 보다 평등한 것으로 변화한다면 남성에 비해 여성의 영양결핍이 더 크다는 연구 결과는 바뀔 수 있을 것이다. 이런 경우에는 섹스가 아니라 젠더의 용어를 사용하는 것이 더 적절할 것이다. 젠더는 성역할 사회화의 핵심 개념이라 할 수 있으며 경우에 따라 성별, 성인지로 표현하기도 한다.

양성 간에는 선천적으로 존재하는 명백한 신체생물학적 차이가 있으며 후천적으로 생겨난 사회문화적 심리적 차이도 존재한다. 성차(sex difference)는 태아에서부터 이미 존재하는 것으로 섹스와 관련된 불변의 성차가 있으며, 젠더와 관련된 성차는 구분해 내기가 쉽지 않은 것들이 있다. 사실상 남녀는 생물학적으로 보더라도 23개의 염색체 중에서 22개가 같고 1개만 다르다. 남녀는 인간이라는 면에서 같은 점도 많지만 우리는 차이에 집중하게 된다. 학자들이 어떤 부분에 성차가 있고 그것이 인간에게 어떻게 작용하고 있는지

연구하게 된 것은 성차가 있으니 남녀가 하는 역할도 달라야 한다는 생각 때문이다. 섹스에서의 성차와 달리 젠더 측면의 성차는 사회적으로 형성된 것이므로 근본적인 차이가 아닐 수 있다. 사회문화적으로 형성된 것이니 사회문화가 지리적 여건에서 차이가 있거나 시간적 변화에 따라 변화할 수 있다. 그 근원이 무엇이든 간에 남녀 사이에는 성차가 존재한다. 성차는 여성과 남성에게 존재하는 실재적인 차이를 의미한다.

사람은 성장하면서 그 시대, 그 사회에서 자신의 젠더(성별)에 적합하다고 생각되는 특성과 역할을 학습해 나가기 시작한다. 자신이 여성이나 남성임을 자각하는 순간부터이지만 극단적으로 표현하면 여아가 분홍색 옷과 분홍색 포대기에 싸이고, 남아가 파란색 옷과 파란색 포대기에 싸이는 순간부터일 수 있다. 이렇듯 사람은 여성이나 남성의 바람직한 행동에 대한 사회문화적인 기대에 따른 행동을 이어 나가게 되는데 이를 성역할(gender role)이라 한다. 사회적으로 남녀의 성역할은 여성과 남성으로서의 신체적 동일성에 근거하여 나누게 된다. 성역할의 개념에는 심리적 요소와 사회적 요소를 모두 담고 있으며, 성역할의 어떤 측면은 생물학적 근거를 가지기도 한다. 즉, 성역할은 '사회집단이 인정하는 남녀의 행동양식' 또는 '개인이 자신의 문화 속에서 남성과 여성의 특성이라고 이해하는 것들의 총체'다(Schaffer, 1987). 성역할에 대한 사회적인 신념체계는 일종의 규범으로 나타나게 되며 사람들은 이러한 성역할 규범에 의해 성별로 사회화되고 각종 사회제도를 만드는 근거가 되기도 한다.

사람들은 오랫동안 여성다움이나 남성다움이 생물학적으로 결정되는 것이라 믿어 왔다. 인간의 특질 중 '부드러운 언어 사용, 다변적, 감정적, 표현적, 외모의 꾸밈, 온순함, 조용함, 깔끔함, 예술적, 희생적'과 같은 특성들이 있고, 또 다른 한쪽에는 '객관적, 지배적, 감정을 드러내지 않음, 논리적, 모험적, 야심적, 냉정함, 과학을 좋아함, 활동적'과 같은 특징이 있다. 각각은 어느 성의 특징으로 보이는가? 여성다움과 남성다움의 목록임을 여러분도 느낄 수 있을 것이며 이러한 목록을 얼마든지 더 만들 수 있을 것이다.

부모는 딸은 부드럽고 섬세하기를 바라며 아들은 아파도 울지 않을 정도로 강인할 것을 바란다. 여성과 남성의 성역할에 대한 개념은 한 사회 내에서 사람들 간에 비슷한 경향인데 이 성역할 개념에 대해 자연적인 필요를 넘어 지나치게 강조하거나 강요하는 경우 이러한 것을 성 고정관념(gender stereotype)이라 한다. 성 고정관념은 실재하는 남녀의 차이에 근거하기보다는 사회구성원들이 비과학적으로 갖게 되는 공통의 믿음이다. 즉, 성 고정관념이란 남성과 여성에 대한 전형적인 특징이나 성격 특성에 대한 합의된 신념이나 가정이다. 성 고정관념은 때로 동성 내에서 개인차를 허용하지 않는다. 사람들은 개인에 대한 다른 어떤 정보가 없이도 여성과 남성이라는 신체적 성에 근거해서 그에 대해 일정한 가정을 하게 될 수 있다(Kaplan & Sedney, 1989). 즉, 그의 신체적 성만으로 온순할 것이라든가 공격적일 것이라고 예단하게 된다. 성 고정관념은 문화적 성 고정관념과 개인적 성 고정관념으로 나누어 생각할 수 있다. 문화적 성 고정관념은 여성성과 남성성의 본질에 대해 대중매체, 예술 및 문학에서 전달하는 성별에 따른 사회적 수준의 이미지로 구성된 것이며, 개인적 성 고정관념은 여성 또는 남성의 특성에 대해 한 개인이 갖고 있는 성을 구분하는 태도와 관련된 독특한 신념이다(홍순정, 김문주, 김아영, 김현희, 박영숙, 박영신, 방희정, 이선자, 이옥형, 이지영, 전예화, 조석희, 조혜자, 1997).

성 고정관념에 대해 윌리엄(Williams)은 특성접근법과 역할접근법으로 나누어 설명하였다. 특성접근법은 여성과 남성을 여성다움과 남성다움이라는 심리적 행동적 특성을 중심으로 성 고정관념을 설명한다. 특성접근법에서 성 고정관념은 남녀의 성격적 특성에 대한 구조화된 신념들이다. 이와는 달리 역할접근법의 고정관념은 특정한 상황에서 성별에 따라 일정하게 다른 태도와 행동을 기대하는 경향이 있고 특정 직업이나 활동이 여성 또는 남성이라는 한 성에게만 적합하다고 믿게 된다. 이러한 고정관념은 성별에 따른 태도나 행동의 특성이 큰 차이가 있을 것이라는 믿음에서 비롯된 것이다.

여러분은 3~4세의 조카에게 어떤 선물을 할 것인가? 선물을 하기 전에 그 아이가 여아인지 남아인지에 따라 선물은 달라질지 모른다. 부모는 이미 여아에겐 공주풍의 옷이나 인형을 남아에겐 로봇이나 총 같은 장난감을 사주었을 것이다. 아동은 자라면서 성별에 따라 부모의 각기 다른 양육 태도와 기대를 접하고 자란다. 출생 후는 물론이고 엄밀히 말하면 태내에서부터 시작되어 자라는 동안 내내 가족이나 학교, 미디어로부터 지속적으로 성 고정관념의 영향은 계속된다. 고정관념에 의해 여아는 소위 '여자답게' 남아는 '남자답게' 자라는 것이다. 사람은 태어나면서부터 성장과정에서 그 사회가 각각의 성별에 대해 바람직하다고 여기는 행동, 태도, 규범 등을 인식하고 습득하게 된다. 부모, 교사, 사회로부터의 양육태도나 기대는 대부분 성역할 고정관념에 기반하고 있고 이에 따라 성역할이 형성되게 된다. 그 사회가 남녀에게 적절하다고 여기는 행동, 태도, 규범 등을 학습하는 과정을 성역할 사회화(gender role socialization)라 하며, 성역할 사회화는 태어나서부터 평생 동안 지속되게 된다.

성역할은 인간의 행동을 결정하는 가장 중요한 요인의 하나로, 아동의 성역할 발달에 대한 연구 결과 여아와 남아의 차이가 나타남을 말해 준다. 아동의 성 정체감은 3세 이전에 확립되는데 양육자가 주로 어머니인 여성이므로 여아는 같은 성을 가진 어머니와의 관계 상황을 경험하고 남아는 어머니와 성이 다르다는 점에서 분리의 상황을 경험하며, 이러한 사실은 결과적으로 여아는 분리나 개별화가 문제가 되고 남아는 관계 면에서 문제를 지니는 경향으로 나타난다. 놀이 과정에서도 여아는 관계를 더 중시하지만 남아는 규칙과 더 연관을 갖는 것을 알 수 있다(곽삼근, 1998).

성역할 고정관념의 영향은 개인의 모든 행동에 관계된다. 사람들은 성을 기초로 타인을 판단하거나 평가하므로 실제로 여성들 사이에 혹은 남성들 사이에 개인차가 많은 것은 무시되고, 모든 여성들이 비슷하며 모든 남성들 또한 비슷한 것으로 여긴다. 똑같은 행동을 여성과 남성이 했다 할지라도 성별에 따라 다르게 평가되는 것을 볼 수 있다. 예컨대, 심리학 실험에서 논문의 내용을 같게 하고 겉표지에 연구자의 이름만 여성적 이름, 남성적 이름으로 다르게 표시했을 때, 사람들은 표지에 남성 이름이 기재된 것을 더 우수하다고 판단한다.

어떤 경우는 같은 행동에 대해 여성과 남성에게 서로 다른 기준을 적용한다. 외도와 같은 일탈행동에 대해 남성에게는 보다 관대한 반면, 여성에게는 비난을 하는 경우처럼 성에 대한 이중 윤리가 가장 대표적인 예일 것이다. 성역할 고정관념은 기본적 귀인오류(fundamental attribution error)를 가능케 한다. 기본적 귀인오류란 행동의 원인을 추론하는 귀인과정에서 상황의 요인은 과소평가하고 개인의 내적 기질적 요인의 영향을 과대평가하는 오류다. 강간 사건이 발생했을 경우 가해자의 범죄행위보다는 피해자에게 초점을 맞추어 피해자가 몸이 노출된 옷을 입은 것이 원인인 것으로 피해자를 비난하는 경우가 이에 해당한다.

성역할 고정관념에 의해 자율적으로 사고하고 행동하는 능력, 명확한 판단력, 책임감과 같이 성인에게 바람직한 것으로 여겨지는 특성들은 남성다움과 관계되고, 관계적 능력, 표현적 능력은 여성다움으로 결부시킨다. 여성다움의 고정관념에는 바람직한 성인의 특성이 적다. 그러므로 바람직한 성인의 특성을 갖지 못한 여성은 성인으로서 불완전한 것으로 간주된다. 성역할을 분리하는 고정관념에서 사회적 역할은 남성, 가정의 역할은 여성이라는 성역할 분리를 하게 되며, 한편으로는 성인에게 바람직한 것은 관계나 보살핌의 역할보다는 개인의 분리나 자율적으로 일을 수행 쪽이라는 불균형한 가치관을 보편화한다.

우리나라의 경우 양성이 평등한 법의 제정 등으로 2000년대 이후 사회적 변화가 이루어져 성역할 고정관념도 사라졌을 것이라 기대되기도 하였지만 연구자들에 의하면 성역할 고정관념의 변화는 크지 않은 것으로 보고되고 있다. 현실이 이렇다 보니 우리나라 여성의 경제활동참가율이 2015년 기준으로 51.8%에 이르지만 아직도 여성이 가사와 육아를 전담하는 경향이 있다.

2. 성차와 성차에 대한 관점

'성차'라는 말은 남녀 사이에 차이가 있다는 것을 전제로 하고 있다. 그러면 과연 여성과 남성이 정말 그렇게 다른 것인가? 또 다르다면 어느 부분이 얼마나 다른가? 신체적인 차이를 제외한 다른 부분의 차이는 어느 시기부터 차이가 나게 된 것인가? 스타이넘(Gloria Steinem)의 주장처럼 출산행위를 과장해서 적용하는 아주 약소한 차이가 있을 뿐 공통된 인간성을 공유하는 것일까? 남녀는 능력과 성격의 측면에서 괄목할 만한 차이가 있는가? 성차에 대한 문제에는 가치와 관점이 개입되어 있으며 그에 따라 연구 결과에도 다양한 관점들이 반영되어 나타나고 있다.

1974년 성차 연구에서 교과서와도 같았던 『성차의 심리학(The Psychology of Sex Differences)』을 쓴 매코비와 재클린(Maccoby & Jacklin)은 이전에 성차를 연구한 2,000편의 논문들을 분석하고 성차가 있다고 연구된 부분에서 성차를 찾기 위해 노력했으나 언어 능력, 시·공간 능력, 수리 능력, 공격적 행동에서 미세한 차이가 있을 뿐, 대부분의 것들에서 발견되지 않았으며 그것들은 거의 미신과 같은 것으로 결론지었다.

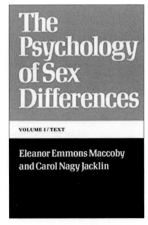

『성차의 심리학(The Psychology of Sex Differences)』

2016년의 연구로 이스라엘 텔아비브 대학교 교수인 다프나 조엘(Daphna Joel) 교수팀은 남녀의 뇌에 대한 1,400여 명에 대한 연구 결과, 전형적인 남성이나 여성을 구별할 수 있는 뇌에 관한 증거가 없다고 결론지었다. 흔히 여성은 언어 능력과 공감 능력에서, 남성은 이성적 문제해결 능력에서 우수하다고 생각되었다. 여성은 언어기능을 담당하는 좌뇌나 기억과 감정 조절을 담당하는 해마가 남성은 공간사고력을 담당하는 우뇌가 더 발달된 것으로 알려졌다. 그러나 연구 결과는 그것을 뒷받침하지 못한다. 모든 참가자들의 뇌가 성차를 보여 주지 못했다는 것이다. 이 연구 결과는 '화성 남자와 금성 여자는 없다'는 제목으로 「뉴스위크」지에 보도되었고(뉴스위크 한국판, 2016. 3. 21.), 국내 언론에서도 관심 있게 보도되었다.

반면에 발달심리학자들은 적지만 일관성 있는 성차가 있는 것으로 보고하고 있다.

성차에 대한 새로운 관점은 1970년대에 미국에서 시작된 심리학자들의 연구에 의해 제기되었다. 이전의 심리학이 보편적인 인간의 심리를 규명하고 있는지 의문을 제기하고, 성 고정관념의 신념에 기초하여 성 고정관념을 유지하는 데 기여하고 있음을 의심하게 된 것이었다. 성차에 대한 관심과 연구는 이때부터 제기된 여성심리학자들의 노력의 결과라 해도 과언이 아니다. 이들은 이전까지의 이론과 연구들의 심리학적 개념과 연구방법 등을 재검토하고 여성과 남성의 사회적 관계를 분석하여 양성에 대한 포괄적이고 적절한 이론들을 개발하려는 입장에서 접근하였다.

1) 생물학적 성

생물학적 성은 크게 유전적인 성염색체에 의한 것과 호르몬에 의한 것 그리고 생식기가 포함된다. 성염색체는 개인의 성을 결정하는 것으로 23개의 염색체 중 마지막의 염색체가 XX 혹은 XY냐에 따라 여자와 남자로 성이 결정되며, 성염색체에 의해 생식선이 난소 혹은 고환으로 분화하게 되는 것이다. 수정된 접합체(zygote)는 세포분열과 분화를 거쳐 배아(embroy)가 되는데, 배아는 임신 초기에는 남녀 동일하게 발달하며 난자와 고환 조직 양자의 전구체와 함께 울프관(Wolffian duct)과 뮐러관(Mullerian duct)을 지니고 있다. XX 염색체의 생식선은 난소로 분화되고 여성 호르몬의 대표격인 에스트로겐(estrogen)을 생성하기 시작한다. 이어서 나팔관과 자궁이 생성되고 외부 생식기가 발달하게 된다. XX 배아의 울프관은 퇴화하고 뮐러관은 여성의 내부 생식기인 나팔관과 자궁으로 분화한다. XY 염색체의 생식선은 고환으로 발달되면 즉시 남성 호르몬의 총칭인 안드로겐(androgen)이 분비되기 시작하여 남자의 내부와 외부의 생식기가 분화되게 된다. XY 배아에서는 뮐러관이 퇴화하고 울프관은 분화되어 남자의 내부 생식기인 수정관과 정액낭으로 발달하여 남성화를 야기한다.

우리가 흔히 말하는 남성 호르몬은 안드로겐이며 여성 호르몬은 에스트로겐과 프로게스테론(progesterone)이다. 그러나 이러한 지칭은 사실상 상대적인 것을 이야기하고 있을 뿐이다. 이 세 가지 호르몬은 기본적으로 양성이 일정한 양을 가지고 있다. 난소에서도 안드로겐의 하나인 테스토스테론(testosterone)이 생산되고, 고환에서도 에스트로겐과 프로게스테론이 소량 생성되므로 호르몬의 성차는 호르몬의 존재 유무가 아닌 분비되는 양이나 농도의 차이에 의한 것이다.

생식기는 내부 생식기와 외부 생식기가 있다. 내부 생식기가 태아의 다른 부위에서 발달하는 것과는 달리 외부 생식기는 동일한 태아 조직에서 발달하는데 내부 생식기가 먼저 분화된 이후에 외부 생식기가 분화된다. 임신 12주가 되어야 외부 생식기의 구별이 가능하다. 아이가 태어난 후 성을 구분하는 것은 외부 생식기만을 기준으로 결정하게 된다. 드문 경우이지만 외부 생식기가 여성 혹은 남성을 확정짓기 어려운 경우가 있을 때는 내부 생식기나 유전적 성을 검사하여 성을 결정할 수 있을 것이다.

2) 뇌 유형의 성차

남녀 행동의 차이가 뇌에서 기인한다고 생각한 것은 19세기부터다. 당시에는 남자의 뇌가 여자보다 더 클 것이라 생각하였다. 그러던 것이 1970년대부터는 남녀의 심리적 차이를 좌뇌와 우뇌 차이로 설명하는 많은 연구들이 발표되었다. 대뇌의 양반구가 기능적으로 비대칭이어서 각기 특정 능력과 의식을 담당한다는 것이다. 남자는 우반구가 더 우수하고 여자는 좌반구가 더 우수하므로 남자는 공간지각 능력이 우수하고 여자는 언어 능력이 우수하다고 생각했다. 그러나 학자들의 연구 결과 좌뇌와 우뇌는 분리되어 작용하는 것이 아니라 정보를 주고받으며 기능을 보완한다고 알려지게 되었다. 더구나 MRI 같은 뇌영상 기술이 발달하면서 그러한 이론은 사실과 맞지 않는 너무 구식인 것이 되어버렸다. 뇌는 한쪽만으로는 기능하지 않고 서로 망으로 연결된 모든 영역들에 의해 활동한다는 것이다. 좌뇌와 우뇌의 개별적인 우열에 따라서 성차를 설명하는 것은 지나치게 단순화된 것이다.

케임브리지 대학교 교수인 사이먼 배런 코언(Simon Baron-Cohen, 2008)은 남성과 여성에게서 나타나는 다양한 행동적 인지적 특징의 차이는 진화과정에서 여성의 뇌와 남성의 뇌가 각각 다른 기능을 하도록 만들어졌기 때문이라고 주장한다. 그는 인지 능력을 남녀의 뇌 발달의 차이로 설명하는데 여성의 뇌는 공감하기에 적합하고, 남성의 뇌는 규칙에 따라 작동하는 체계를 이해하고 그 규칙을 찾아내어 체계화하는 일에 적합하도록 프로그래밍되어 있다고 한다. 그러나 모든 여성이 여성 뇌는 아니고, 모든 남성이 남성 뇌는 아니기 때문에 어떤 사람은 남성의 뇌와 여성의 뇌를 동시에 가질 수 있다. 극단적인 남성의 뇌 유형은 자폐 스펙트럼에 들어 있는 사람에 해당한다. 극단적인 남성 유형은 체계화 기술이 뛰어나서 5월 5일은 금요일이고 12월 8일도 금요일이라고 말할 수 있다. 흥미롭게도 배런 코언의 연구는 대중적인 관심을 받고 있다. 또한 남녀는 동일한 행성에서 진화해 왔으나, '화성에서 온 남자와 금성에서 온 여자'라고 명명될 만큼 극단적인 차이가 없기 때문에 다르기는 하나 서로 이해하지 못할 정도는 아니라고 하였다.

배런 코언의 신생아들에 대한 실험에서 여자 연구자의 얼굴 사진과 같은 크기의 모빌을 나란히 보여 주었을 때 여아들은 사람을 더 오래 보았고, 남아들은 모빌을 더 오래 보았다. 사람의 얼굴은 사회적 대상이며 모빌은 기계적 대상을 의미한다. 생후 12개월의 여아도 남아에 비해 더 공감적이다. 다른 사람의 고통에 슬픈 얼굴이나 위로의 행동을 한다. 할머니들이 할아버지들보다 더 자주 친구의 정서적 고뇌를 함께한다. 낯선 사람에게조차 여성들은 남성보다 더 위로한다. 남성은 배우자의 성적 일탈에 고통을 느끼는 데 반해 여성은 배우자가 정서적으로 다른 사람에게 몰입하는 것에 더 질투심을 느낀다. 공감 능력이 좋은 여성은 낯선 사람과의 대면에서 일반적인 내용의 대화를 거치지 않고도 바로 신체 부위의 크기, 자신의 약점과 같은 대화를 나눔으로써 사적인 감정과 친밀감을 나눌 수 있다. 여성들의 대화는 남성들에 비해 감정이나 인간관계에 대한 것이 많다. 반면에 남성들의 대화는 운동, 자동차, 길, 새로 장만한 장비와 같이 사물과 관련된 것이 많다.

  아동들의 놀이를 보면 남아는 기계체계와 구성체계에 더 흥미를 가진다는 것을 알 수 있다. 남아가 조립하기, 탈것, 공구에 관심을 보이는 데 반해 여아는 인형, 장식품, 옷 차려입기에 더 관심을 보인다. 남성의 체계화 능력과 관련하여 집단에서 남성은 위계를 빨리 확립한다. 위계는 전형적으로 한 사람이 지도자가 되기 위해 다른 사람이 밀려나야 하기 때문이다. 남성은 사회적 서열에 관심을 더 갖고 잘 적응하는 반면, 여성은 위계가 있을 경우 그에 적응하기 어려워한다. 아동들의 경우에도 남아는 위계를 조정하고 확고히 하는 데 시간을 많이 쓴다. 위계의 정점에 서기 위해 나서기 잘하며 물러서려고 하지 않는다. 반면 여아는 사회적 서열에 관심을 갖지만 바른 행동을 하라고 주장하거나 타인을 헐뜯는 방식으로 하는데 이는 공감하기와 관계되어 있다. 수학, 물리학, 공학 분야에 남성이 많고 이 분야에서 남성이 여성보다 우수한 것은 남성의 체계화 능력에서 비롯된다.

3) 신체적 성차

여성과 남성은 물리적 힘에 있어서 차이가 있다. 작은 차이이지만 갓 태어난 영아도 남아가 여아보다 더 크고 무겁다. 사춘기가 되면서 이 차이가 더 커지는데 이것은 선천적인 골격 구조와 근육의 차이에서도 비롯되지만 소년들의 운동량이 더 많은 데도 원인이 있다. 운동량의 격차는 최근에 와서 변화되고 있어 어떤 종목의 운동 중에 여성이 남성을 앞서는 것도 있다. 남성이 힘이 세긴 하지만 건강 면에서는 여성이 남성을 앞서는 것으로 보고된다. 아동기뿐 아니라 성인의 전 생애 동안 남성이 여성에 비해 감염에 약하고 질병에 대해 걸리기 쉬운 것으로 알려져 있다.

활동력에 있어서 취학 전까지는 여아와 남아의 차이가 없는 것으로 보고된다. 단, 남아가 집단적 놀이를 할 경우는 좀 더 활동적인 경향을 보였는데 이것이 선천적인지 사회화에 의한 결과인지는 확인되지 않았다. 취학 후에도 성차를 찾기 힘든데 다만 다툼이 있을 경우 여아는 말로 해결하였으나, 남아는 신체적으로 해결하는 경향을 보였다(Tavris & Wade, 1998).

그간의 연구에서도 그렇지만 대부분의 사람들이 손재주는 여성이 우수하다고 하는 데에 동의할 것이다. 특히, 속도가 관계되는 일의 경우 여성이 앞서는데 이러한 결과가 여성이 지루한 일을 더 잘 참고 견디어낸 데서 오는 결과일 수도 있다. 이것은 해석의 여지를 갖는데 이를테면 방직공장 일이나 바느질과 같은 일은 여성에게 더 적합하다고 주장하면서 외과 의사나 소매치기가 여성에게 더 적합하다고 주장하지 않는 경향이 있다.

4) 성욕과 성에 대한 이중 기준

성욕도 성역할과 마찬가지로 사회적으로 형성되는 사회적 구성개념이다. 개인은 자신의 생물학적 특성을 바탕으로 계층, 종교 등의 사회적 맥락에 따라 서로 다른 성욕을 발달시킨다. 사회 속에는 사회문화적으로 형성된 성적 스크립트(script)가 존재한다. 성적 스크립트는 개인이 갖는 성적인 표상으로 성별에 따라 언제, 어디서, 어떻게, 누구와 성행동을 할 것인가에 대한 규칙, 지침, 규칙 위반에 대한 처벌을 포함한다. 성문화가 남녀 간에 이중적이므로 성적 스크립트도 남녀 간에 차이가 있다. 전통적인 여성의 성적 스크립트는 사랑의 감정에 초점을 맞추므로 성욕은 평가절하된다. 여성에게 성은 결혼이나 사랑 속에서는 좋은 것이지만 사랑하지 않는 관계에서는 나쁜 것이다. 전통적인 여성의 성적 스크립트에서 여성은 성적으로 순수해야 한다. 여성에게 성은 남성을 위한 것이며, 여성은 성적 욕구를 표현하거나 요구해서는 안 된다. 여성은 남성의 영원한 연인이어야 한다. 여성은 오직 성기를 통한 오르가슴만 가능한 것으로 학습된다. 반면에 전통적인 남성의 성적 스크립트는 여성과는 달리 친밀성을 위한 것이 아니며 감정적인 것을 배제하고 공격적인 것으로 간주된다. 남성은 성행동을 리드해야 한다. 남성에게 성은 성교이며 오르가슴이 많을수록 바람직하다와 같은 것들이다.

　인간은 성욕을 지닌 성적 존재다. 그럼에도 불구하고 여아에 대한 성교육에서 여성을 성적 존재로 가르치기보다는 성행동의 희생물이 되지 않기 위한 '거절(No)'을 말할 것을 배운다. 여성들은 자신들이 성적 욕구를 지닌 존재라는 것을 배우지 못하였다. 1960년대에 의사인 마스터스와 존슨(Masters & Johnson)이 수행한 인간의 성욕에 대한 심리학적 연구에 따르면 여성과 남성은 성적 반응의 패턴의 대부분이 대단히 유사하다는 점이 발견되었다. 성 자유화의 흐름에 의해 여성과 남성의 성욕이 동등하게 수용되고 있지만 여성과 남성에게 기대되는 행동규범에는 여전히 차이가 있다.

5) 인지 능력의 성차

　학교에서 지능검사를 해 보면 여아와 남아 사이에 성차가 없음을 알 수 있

다. 일반적 지능에서의 남녀 차이가 없다는 의미다. '여성이 남성에 비해 열
등하다', 즉 여성의 인지 능력이 남성에 비해 낮다고 주장하는 사람들은 여성
과 남성의 뇌가 다를 것이라고 가정하고 있다. 여성의 뇌가 남성에 비해 작다
고 생각하기도 했는데 이는 여성과 남성의 신체 크기를 전반적으로 고려하지
않았다는 점에서 신빙성이 없는 것으로 간주되고 있다. 여성과 남성의 좌뇌
와 우뇌가 서로 다르게 조직됨으로써 인지 능력의 차이가 있다고 하는 주장
도 왼손잡이와 오른손잡이의 뇌가 차이가 없는 것과 마찬가지로 신빙성이 없
는 것으로 밝혀졌다. 뇌에 관한 연구로 노벨상을 탄 스페리(Sperry)는 좌뇌와
우뇌는 각각의 분리된 학습과 기억연쇄를 가지지만 서로 배타적이지 않고 오
히려 상호적 통합성을 이룬다고 함으로써 뇌에 관한 성차에 대해 성차가 없
는 것으로 결론지을 수 있게 만들었다(장휘숙, 1996).

배런 코언이 뇌의 구조적 차이에서 성차가 비롯된다고 보는 것과는 달리
뇌 발달을 경험이나 학습의 측면에서도 생각해 볼 수 있다. 인간의 뇌는 개인
의 경험과 학습에 의해 큰 영향을 받는다는 것은 누구나 동의하는 사실이다.
그러므로 여성과 남성 간에 차이 나는 경험과 학습은 뇌 발달과 인지 능력의
성차를 가져올 수 있을 것이다.

언어 능력은 어휘, 언어구사, 유창성, 언어 이해, 읽기와 독해 등이다. 여성
이 남성에 비해 언어 능력이 우수하다는 것은 여러 연구를 통해 입증되고 있
다. 말더듬이나 난독증 같은 언어적 문제가 있는 집단을 보면 남성의 수가 여
성보다 훨씬 많다(Halpern, 2012). 영아기부터 여아들은 소리의 적은 변화에
남아보다 더 민감하여 이후의 언어 발달을 위해 잘 준비되어 있음을 시사한
다. 유아기에 여아는 남아보다 더 일찍 말하기를 습득한다. 또한 더 길고 정
교하게 말할 수 있다. 초등학교 저학년 10세까지 여아가 읽기에서 우수하고
이러한 차이는 점차 사라진다(홍순정 외, 1997). 학령기에 여아의 국어 성적이
남아에 비해 더 높은 것은 성적이 낮은 남아들이 중퇴하거나 학교에서 이탈
한 데서 오는 결과일 수도 있을 것이다. 언어 능력에 대한 연구들은 서로 상

반된 결과를 보여 주고 있다. 여아가 단순한 언어에서만 남아를 앞설 뿐이며 높은 수준의 과제에는 열등하다고 주장한 연구가 있는 반면에, 매코비와 재클린(Maccoby & Jacklin)은 10세 이후의 연령에서 모든 경우에 여아의 언어 능력이 앞선다고 하였다(Tavris & Wade, 1998).

　표준화된 검사들에서는 여성들의 언어 능력이 우위였지만, 표준화된 지능검사나 다른 학업적성검사에서는 여성들의 우위가 발견되지 않았다. 결국 언어 능력에서 여성이 더 우수하다는 생각은 언어 구사에서만 사실인 것 같다. 또한 여성이 남성보다 우위라고 할지라도 성차는 너무 적으며 시간이 지남에 따라 점차 감소하는 경향이 있다(Hyde & Linn, 1988). 언어 사용에서는 여성들은 가정과 가족에 대해 더 많이 이야기하며, 남성들은 돈, 사업, 정치, 스포츠에 대해 더 많이 이야기한다. 여성들은 정서적 언어를 많이 사용하며, 남성들은 지각적 특성이나 파괴적 행동에 관한 언어를 더 많이 사용한다. 남성들의 언어는 더 자기주장적이며 더 지시적인 반면, 여성들은 지지적 언어를 더 많이 사용한다. 언어능력검사들은 의사소통 능력을 측정하지는 못하고 의사소통에 있어서도 여성들이 앞서며, 미소, 응시, 접근 등의 비언어적 의사소통에서도 남성들보다 더 우수한 능력을 지니고 있다. 그러나 의사소통의 방식에서 여성은 관계를 중시하는 대화를 중시하는 데 반해 남성은 지위 관계와 독립을 중시하는 방식으로 대화를 하여 소통 방식의 차이를 드러낸다. 이러한 의사소통 방식의 차이는 남녀가 대화할 때 오해와 갈등을 일으키는 요인이 된다.

　미국의 경우 수학 능력을 검사하는 도구는 SAT(Scholastic Aptitude Test)나 DAT(Differential Aptitude)이다. 둘 다 표준화된 학업성적검사로 수리 능력을 검사하는 데 여러 가지 장점이 있어 연구에 자주 인용된다. 수리 능력의 성차에도 상반된 연구 결과들이 있기는 하지만 대체로 초등학교 시기까지는 성차가 없다가 이후에는 남아가 더 우수한 것으로 보고된다. 부모나 학교는 고급 수학이 남성들에게 중요한 과목이라 생각하기 때문에 남학생들의 수학적 성취가 더 격려되고 수학에 흥미를 높일 수 있는 환경을 남학생들에게 더 많이 제공한다. 수학에 대한 이러한 성역할 고정관념으로 학년이 올라갈수록 여학생들의 수학 과목 선택 비율은 현저히 낮아지고 수학 능력의 성차가 분명해진다. 성차는 학년이 높아질수록 더 커져서 고등학교에서 특히 크고 그 이후에도 지속된다. 그러나 최근의 연구들에서는 성차의 크기가 작고 차이가 시간이 지나면서 감소한다(홍순정 외, 1997). 1980년 벤보와 스탠리(Benbow & Stanley)의 연구가 「타임」지와 「뉴스위크」를 통해 대서특필되고 세상을 떠들썩하게 할 만큼 관심을 끌었던 이유는 남학생의 수학적 우세가 발생학적인 데에 근원이 있다고 해석했기 때문이었다. 그러나 수학에서의 성차가 남학생들이 수학 과목을 더 많이 선택한 것에서 비롯되었는지 생물학적인 요인 때문인지는 알 수 없다. 성차가 있다고 해서 그것이 생물학적인 요인에서 비롯되었다는 주장은 가능하지 않다.

수학 능력의 성차를 일으키는 요인들은 이수한 수학 과목의 수, 아동기의 경험, 자신감, 수학에 대한 태도, 수학의 유용성에 대한 이해, 보모나 교사의 기대 등이다. 중요한 요인의 하나로 수학에 대한 불안증이 있고 수학에 한번 놀랐던 사람은 계산, 양적 자료, 비율, 지수 등과 같은 단어를 두려워하게 된다. 특히, 어린 여학생들이 '수학 공포증'을 겪게 된다(Tavris & Wade, 1998). 또 다른 하나는 동기의 차이다. 남학생들은 수학을 흥미롭고 자신에게 유익한 과목이라 여기는 반면, 여학생들은 지루한 과목이라 여긴다. 결론적으로 남학생들은 수학적으로 풍요로운 환경에서 성장하나, 여학생은 수학적으로 빈약한 환경에서 성장할 가능성이 더 높다(홍순정 외, 1997).

시·공간 능력은 중학교 시기까지는 성차가 없다가 그 이후에 남성이 우수하다고 하거나, 아동기에는 여아가 우수하다가 고교 3년생이 되면 성차가 없다는 연구도 있다. 시·공간 능력의 성차는 유아기부터 나타나기 시작하여 점점 차이가 커지다가 18세에 분명해지는 경향이다. 시·공간 능력은 여러 개의 하위 능력으로 이루어졌기 때문에 단일 능력이 아니다. 하위 능력의 하나인 심적 회전이란 주어진 자극의 이미지를 머릿속에서 빠르고 정확하게 회전시켜서 자극의 신원을 확인하는 능력이다. 공간적 시각화란 공간적 표상의 여러 부분들 간의 관계를 분석하는 능력이다. 문제해결을 효과적으로 하기 위해 상징적 정보들을 빠르게 조작해야 하는 심적 회전 영역이 성차가 가장 큰 영역이며, 성차는 사춘기 이후 60세까지 일정하게 유지되었다(홍순정외, 1997). 분석적 책략을 필요로 하는 공간적 시각화 영역에서는 성차가 별로 없었다.

수학 능력과 마찬가지로 공간 시각적 능력에서 남성이 여성보다 우수하다는 것이 일반적 생각이지만 실제 연구에서는 상반되는 결과들이 있으며, 경험과 문화에 따라 다르다는 것도 분명하다. 성역할이 고정되어 있지 않고 여성의 활동이 활발한 사회에서는 성차가 있더라도 미미한 것으로 나타나기 때문이다.

여성이 감정적으로 예민하고 심미적이라는 고정관념에도 불구하고 뛰어난 예술가나 과학자가 남성이 더 많은 이유는 무엇일까? 매코비와 재클린의 연구는 창의력에서 7세 이상의 아동들 중에 여아가 더 우수했지만 '다양한 가설을 만들고 평범하지 않은 발상을 만들어 내는 능력'은 성차가 없다고 결론지었다. 그러나 그것은 대부분의 유명한 발명가와 예술가가 왜 남성인가를 설명하지는 못한다(Tavris & Wade, 1998).

6) 인성의 성차

감정이입과 관련하여 현대사회에서 여성들이 남성보다 타인의 감정에 대해 더 민감하고 감정이입을 잘한다고 생각되고 있다. 감정이입은 전통적인 여성적 역할과 관련되고 여성에게 조장되었을 것이다. 전통적으로 여성적인 여성이 덜 전통적인 여성이나 남성보다 상대방의 이야기에 더 경청하는 태도를 보였다. 남성의 경우에는 양육과 표현 또는 예술적 기능에 종사하는 경우 감정이입 능력이 여성과 같은 수준이었다. 감정이입은 권력과 관계되는데 권력을 적게 가진 사람은 자기보호 차원에서 권력이 더 많은 사람의 신호를 독해하도록 배운다. 예컨대, 자녀가 부모와, 종업원이 고용주와 아내가 남편과 상호작용할 때 그렇다(Tavris & Wade, 1998). 오랫동안 심리학자들은 사교성의 성차에 대해 여아들이 남아들보다 사교성이 높을 것이라 생각해 왔다. 어린 여아들이 남아들보다 더 친절하고 친구를 사귀는 것에도 더 관심을 가진다고 생각한다. 그러나 남아들이 더 집단을 이루기를 좋아하며 여아들은 둘 혹은 소집단으로 놀기를 좋아한다. 타인과 서로 좋아하는 관계를 맺는 것은 여성이 아닌 남성이다. 매코비와 재클린의 연구의 대부분 사례에서 성차는 발견되지 않았다(Tavris & Wade, 1998).

도움 행동에 대한 우리의 고정관념은 여성들이 남성들보다 타인을 더 많이 돕고 더 많이 도움을 받는다는 것이다. 그러나 통합 분석의 결과 여성들이 남성들보다 도움을 더 많이 받지만, 타인에게 더 많이 도움을 주는 쪽은 남성이었다. 도움 행동은 도움의 종류나 상황에 의해 영향을 받기 때문에 항상 그런 것은 아니다. 자신감이 높은 사람은 타인의 도움을 받으려 하지 않는다. 타인들로부터 습관적으로 도움을 받는 사람들은 자아존중감이 낮아지고 의존성이 증가하여 또다시 도움을 받을 가능성이 커진다(장휘숙, 1996).

성취 동기와 관련해서 평균적으로 여성들은 자신의 능력을 충분히 성취하지 못하고 있다. 예를 들어, IQ 점수 상위 1%에 속하는 1,500명 아동들의 종단 연구에서 40대 중반 7명의 여성과 0명의 남성이 미국 과학자로서 명성을 얻었고, 2명의 여성과 10명의 남성이 미국의 학자 명부에 올랐으며, 2명의 여성과 31명의 남성이 미국 내 유명인 명부에 올라 있었다. 여성에게서 나온 특허품이 5개, 남성에게서 나온 특허품이 230개였으며, 5편의 소설이 여성에게서, 33편의 소설이 남성에게서 나왔다. 여성들의 낮은 성취는 사회적인 외적 장애가 있기 때문이지만 여성들이 이러한 장애를 내면화하는 데도 원인이 있다.

성취가 고정관념적으로 명백한 남성 역할이므로 남성들은 자기 자신에 대해서보다는 자신의 업적에 따라 평가 받는 것을 느끼는데, 남성들은 사회의 성취 기준에 도달하는 것이 불가능함을 발견할 때 좌절과 고립 같은 부정적 감정으로 나타날 수 있다.

공격성은 남성이 여성보다 더 공격적임이 보다 분명하게 나타나는 분야다. 매코비와 재클린의 연구에서 2~3세부터 아동기의 남아들은 신체적 공격성, 상상적 공격성, 언어적 공격성, 놀이에서도 여아들보다 더 공격성을 보여 준다. 성인들의 경우에도 72개의 통합연구 결과 남성들이 공격적 행동에서 분명한 우위를 차지하였다. 남성들은 공적으로 여성들보다 더 공격적이고 격렬하다. 남성들은 반사회적 행동과 범죄, 자동차 사고, 말다툼, 살인행위를 더 많이 한다(Tavris & Wade, 1998).

이러한 연구 결과는 논쟁을 불러올 소지가 상당히 많다. 공격성은 때로는 폭력성의 한 면으로 보기도 하지만 운동장에서의 신체적 공격성이 사업가의 심리적 공격을 가능케 한다고 보아 긍정적인 것으로 여기기 때문이다. '공격성'은 모임에서 큰 소리로 말하기 위해 다른 사람을 때리는 행위에 대해 개인의 권리를 옹호하는 보호 우산이 되기도 한다. 따라서 이러한 연구 결과는 여성들이 직업세계에서 나약함을 보여 주는 것으로 염려되기도 한다. 공격성과 관련하여 타인을 의도적으로 해치는 적대적 공격성과 타인의 권리를 유린하지 않으면서 자신의 욕구를 알리는 단호함을 구별하는 것이 필요하다.

정서 표현에 있어서는 여성이 남성에 비해 더 강한 정서 체험과 생리적 반응을 보이며 정서 표현을 더 잘한다고 하였다. 하지만 여성의 경우 부정적인 정서를 표현하지 않는 것이 바람직하다는 기대가 존재하여 부정적 정서를 표현하는 데 제한적이라고 하였다(Kring & Gordon, 1998). 이에 반해 Gross와 John(1998)은 여자가 남자보다 긍정적인 정서뿐만 아니라 부정적 정서의 경험과 표현 또한 더욱 높다고 하였다. 이렇듯 일관적이지 못한 결과는 상황적 맥락을 고려했을 때, 좀 더 명확히 이해할 수 있다. 여자의 분노는 가까운 관계에서 유발되는 경향이 있는 반면, 남자의 분노는 낯선 사람과의 관계에서 유발되는 경향이 높다고 할 수 있다. 남자와 달리 여자의 분노 표현은 정서적으로 친밀한 사람과의 관계에서 나타난다.

7) 의사소통의 차이

흔히 남성이 의사소통 능력이 부족하다고 말하는 것은 여성의 관점이다. 공적인 대화의 장에서 사적인 대화를 이어 나가는 여성을 보면서 남성은 여성이 소통 능력이 없다고 한다. 남성들이 주를 이루는 대부분의 공적 회의에서는 남성의 언어가 기준이 된다. 지금까지 남성의 영역은 공적 영역이었고 여성의 영역은 사적 영역이었다. 지금까지 남녀가 관계 맺고 살아온 이러한 영역의 차이 때문에 남성의 언어는 공적인 언어이고, 여성의 언어는 사적인 언어가 되었다.

여성의 대화의 기능은 관계 맺기를 위한 도구다. 여성에게 대화란 자신의 감정 표현과 친밀한 관계를 유지하기 위한 수단이다. 여성은 사회화 과정에서 감정 표현을 자유롭게 하며 성장하였으나, 남성은 쉽게 감정을 표현하는 것은 남자답지 못한 것으로 사회화되면서 감정 표현에서 여성만큼 자유롭지 못하였다. 대화에서 감정 표현과 관계가 중요한 여성에게는 대화의 과정이 중요하다. 반면 남성은 결론을 얻기 위한 대화이므로 여성이 관계 유지를 위한 과정으로서 대화를 원할 때 결론이 없는 대화라면 만족하지 못한다.

여성은 인간관계에서 대화의 비중이 크고 중요하다. 그러므로 대화가 없는 인간관계란 여성에게 의미가 없다. 악화된 관계도 대화하면 좋아질 수 있다고 생각하며, 인간관계의 문제도 대화로 해결할 수 있다고 여긴다. 반면에 남성에게는 대화가 그리 중요하지 않다. 문제가 생겼을 때 대화 없이 스스로 추측하거나 대화가 아닌 다른 방법으로 문제를 해결할 수 있다고 생각한다. 이런 차이 때문에 남녀 사이에 문제가 생겼을 때 해결하는 방식에서 갈등이 생긴다.

대화 내용에서도 관계 중심적인 여성의 대화 주제는 사적인 이야기와 인간 관계의 내용이다. 반면 남성은 힘, 정치, 경쟁에 가치를 두므로 대화 주제는 스포츠, 사물, 사건 등이다. 친구와의 관계에서 여성은 공감하기에 가치를 두지만 남성은 공통의 관심사에 관심을 둔다.

남녀 사이에 의사소통이 어려운 것은 표현방식에서 오는 것이 가장 크다. 여성들은 간접적, 비유적인 표현을 하는 데 반해 남성들은 여성들의 간접적 표현을 이해하지 못하며 자신들은 직접적인 표현을 선호한다. 여성들이 친밀하게 동의하는 대화를 하는 데 반해, 남성들은 독립적으로 자신의 지위나 힘을 드러내는 방식으로 대화한다.

8) 성차와 직업

직업을 선택하는 데 있어 성은 주요하게 작용한다. 남녀 학생의 직업선택에 있어서도 개인의 능력보다는 성역할이 더 큰 영향을 주는 요인이다. 남학생은 장래에 당연히 직업을 가질 것으로 간주되는 반면 여학생은 직업을 가질 것인지 혹은 가사활동에 전념할 것인지 여부를 먼저 결정하고 직업을 선택하는 과정을 거치게 된다(강일규, 고혜원, 기영화, 조은영, 한우섭, 황치석, 2008). 여성의 성역할이 가사에 있으므로 우리나라 여성의 경제활동참가율은 낮은 편이다. 2016년 12월 현재 경제활동참가율의 성비를 보면 여성이 58.4%이며, 남성이 78.9%로 양성 간에 20.5%의 차이가 있다(통계청, 2017). OECD 여성 평균 62.8%(2014년 기준)에 비해서 여성의 경제활동참가율이 현저히 낮다. 여성이 직업을 갖고 경제활동을 하는 비율은 낮으며 직업을 가진다 하더라도 전통적으로 여성적인 직업을 선택하는 가능성은 높다. 초등학교 교사의 여초 현상이나 발레리노의 부족과 같은 현상이 생기는 것도 직업의 선택에 있어서 여성이냐 남성이냐에 따라 부모의 기대나 본인들의 선택이

다르기 때문이다.

남아에게는 성취와 생애 목표를 향한 노력이 격려되는 반면 여아에게는 상대적으로 성취보다는 인기나 사회성 같은 것이 더 높이 간주된다. 남성은 그의 일이나 직업에 의해 평가되며 과업 지향적이며 생산적이도록 기대되는 반면 전통적으로 여성은 인생 계획의 한 부분에 직업을 포함시키도록 기대되지 않았다. 결과적으로 많은 여성들은 그들의 인생에서 소중한 남성들의 성공을 통하여 간접적인 성취만족을 추구하려 한다. 한편 지적이며 성취동기가 높은 여성은 자신의 성취 경험이 없는 것에 대해 곧잘 좌절하며 분개한다(Schaffer, 1987).

성차와 관련하여 직업적 성취에 영향을 미치는 요소는 내재적인 것으로 여성들에게는 성공에의 공포가 있다. 성공했을 때 생길 수 있는 부정적인 결과가 통념상의 성역할과 상충될 것을 예측하면서 성공을 두려워한다. 예를 들면, 여성들은 대학원 진학이나 좋은 직업기회 등 남편보다 성공이 예상되는 때에 임신을 하는 경우가 더 많다고 알려져 있다(Kaplan & Sedney, 1989). 내재적 요인의 두 번째는 성역할 사회화다. 성역할 사회화는 여성들에게 직업에 대한 계획을 세우고 준비하고 직업에 들어가는 과정에 결정적인 영향을 미치게 된다. 사회적 고정관념이 여성의 성취행동을 지지하지 않으므로 성역할 고정관념은 여성의 직업성취에 장애요인이 된다. 반면 고정적인 성역할에서 자유로운 여아는 더 좋은 성취의 기회를 가진다. 성역할 사회화 과정과 직업의 선택과정은 어느 정도 중복되는데 여학생들에 대한 연구 결과를 보면 직업선택에 학업의 능력보다는 성역할 사회화 과정에 의해 더 큰 영향을 받는 것으로 나타난다(강일규 외, 2008).

직업적 성취에 영향을 미치는 외부 환경의 요인은 부모나 가정과 역할모델이다. 남성의 높은 성취는 전통적 가정에서 빈번한 반면 여성의 높은 성취는 양성적 가정에서 빈번하다. 아동의 사회화 과정에서 어머니가 취업모이거나 부모가 성역할 구분을 뚜렷하게 두지 않는 양육 태도를 지녔을 경우 딸은 양성적 인간으로 성장하게 된다. 성장기에 부모의 딸에 대한 태도가 영향이 크다. 여성의 성취는 부모의 온정, 허용성, 정서적 독립의 훈련, 성취와 노력에 대한 격려와 관련이 되어 따뜻하지만 독립적인 부모와의 관계가 중요하다. 여성이 비전형적인 직업을 선택하는 과정에 있더라도 정서적인 안정이라는 기반 위에서 가능하다. 비록 부모의 성역할 태도가 전통적이라 하더라도 더 독립적으로 키운 딸들은 자신의 지위를 확보할 가능성이 커진다. 아버지가 딸에 대해 무조건 지지하기보다는 딸의 성취에 따라 애정과 인정을 주는 부녀 관계가 딸에게 강하게 작용을 한다. 인생에서 성취가 가장 중요하다고 생각하는 아버지는 딸이 '남성적' 성취를 하게끔 동기유발한다.

사회화 과정에서 교사, 카운슬러, 교수, 고용주가 아동에게 역할모델로 작용하는데 대학교수들도 성과 관련하여 상이한 직업적 가치를 갖고 있어 여성 교수들은 학생을 발달시키며 학업을 촉진시키는 일에 더욱 관심을 가지는 반면 남성 교수들은 직업적 특권과 학업 능력에 더욱 관심을 가지는 것으로 나타난다. 남성에게는 직업을 갖는 것과 남편이나 아버지의 역할을 하는 것이 서로 상충되는 것이 아니지만 여성은 동료의 대부분이 남성이므로 관련된 참조 집단을 찾는 데 더 어려움이 있다. 기혼의 취업 여성들은 여전히 아내나 어머니 역할에 대해 전업주부들과 비교 평가되는 것을 느끼고 직업의 성취와 주부의 역할 두 가지 사이에서 갈등하게 된다(Schaffer, 1987). 특히, 여성들의 경우에는 직업적 성취를 위해 결혼 전의 부모 형제의 지지와 결혼 후에는 남편의 지원이 절대적이었음이 드러나고 있다(한우섭, 2007).

가족 중 아내나 남편의 지지는 직업에 절대적 영향을 준다. 전문 직업에서 성공한 사람들은 아내나 남편의 지지적 보살핌이 중요하게 작용했다. 전문직에서 성공한 사람들을 보면 부부 중 한 사람이 부모 역할과 가사를 함으로써 직업을 가진 쪽이 직업에 전념할 수 있는 경우가 많았다. 남편이나 아내가 모두 직업에서 성공하려면 그들을 지지해 줄 누군가가 필요하다고 느끼고 있는 것이다.

3. 성역할 발달과 성차에 대한 관점

남녀의 성별에 따른 성격의 차이는 성역할 정체감(gender identity) 형성과 밀접하게 관련이 있다. 성역할 발달 과정에서 성격 형성이 이루어지기 때문이다. 생물학적 성을 가지고 태어나는 것과는 달리 성정체감은 타고나는 것이 아니다. 성역할 정체감은 개인의 성유형화(gender typing) 과정을 통해 형성된다. 성별에 따른 행동과 성격 특성을 습득하는 것으로 개인의 성역할 정체감은 부모나 사회가 아동에게 기대하는 성별에 의해 형성된다. 부모는 자녀에게 성을 할당한 후 그 성에 적합하다고 믿는 태도를 보여 주게 되고 부모의 이러한 태도는 아동의 성역할 발달에 주요한 영향을 미치게 된다.

앞에서 본 바와 같이 사람은 생물학적으로 백 퍼센트 남성 혹은 백 퍼센트 여성이지는 않다. 생물학적 성, 성별 정체감, 심리적 성 사이의 관계가 반드시 단순하게 남녀로 나눌 수 있는 것만은 아니다. 성별 정체감은 보통 생물학적 성과 일치한다. 그러나 우리는 생물학적 성이 확실한 성별 정체감을 성립시키지는 않는 경우를 본다. 생물학적 성과 심리적 성의 관계는 훨씬 더 논의의 여지가 많다. 사람의 성정체감이나 성과 관련된 태도나 행동에 대해 선천적인 성과 학습된 요인들이 어떻게 영향을 미치는가? 남성이 여성보다 공격적인 것은 호르몬의 영향인가? 여성이 남성에 비해 양육적인 것은 임신과 수유의 능력 때문인가? 아니면 후천적인 학습의 영향인가?

1) 프로이트

프로이트(Freud)와 에릭슨(Erikson)과 같이 남녀가 태어나면서부터 선천적으로 성격적인 성차를 지닐 수밖에 없다고 여기는 사람들은 남녀가 해부학적으로 차이가 있기 때문이라고 본다. 프로이트는 남녀의 심리적 차이의 기본을 여성의 남근 부재에 의한 '남근 선망(penis envy)'이라는 말로 설명하였다. 남녀 생식기의 차이를 서로 다른 것이 아닌 있어야 할 것이 없는 부족한 것으로 해석하여 여성은 남근의 부재로 인해 심리적 열등감이 있을 수밖에 없다는 것이다. 성역할 발달과 동일시의 개념을 비롯한 프로이트의 이러한 입장은 이후의 학자들에 의해 비판을 받고 있다. 소수 환자의 치료 과정에서 만들어진 이론을 과학적 검증을 기본으로 하는 이후의 심리학에서 인정하기란 쉽지 않을 것이다. 성심리학자였던 호나이(Karen Horney, 1967)는 프로이트가 남성으로서 소수의 남성 환자를 대상으로 한 남성 중심의 연구라는 점을 비판하였다. 또한 남근 선망의 개념은 남성 중심적 이론으로서 여성만이 가진 임신 능력, 모성 등의 능력에 대해 남성이 갖는 선망과 열등감이라는 반격까지 하게 되었다. 여성이 열등감이 있다면 그것은 사회적으로 남성에게 주어진 상대적으로 높은 지위와 권력, 여성의 자녀양육 역할 수행에서 비

캐런 호나이(Karen Horney, 1885~1952)

롯된다고 하였다. 여성은 남성의 사회적 지위와 권력을 선망하며 한편으로 자녀양육 과정에서 어머니에게 의존성이 강한 영아는 강력한 만족과 처벌을 주는 어머니에 대해 공포와 분노를 느끼게 되고 성장하면서 여성에 대한 방어와 평가절하를 하게 된다는 것이다. 프로이트의 이론은 과학조차 엄격한 결정론의 입장에 기초하였던 시대적 한계도 작용하는 것으로 이해할 수 있을 것이다.

프로이트의 이론에 대해 이상과 같은 비판이 있음에도 불구하고 아직도 주요 이론으로 남아 있는 것은 성심리학에 대한 괄목할 만한 이론이 미비하기 때문이다.

2) 에릭슨

개인의 자아 성장에 관심을 가지고 8개의 발달단계를 제시했던 에릭슨 (Erikson)은 남녀의 성격 발달에 관한 연구를 위해 소년 소녀들에게 사람과 동물 등의 모형을 주고, 구성하여 놀이하는 모습을 관찰하여 연구하였다. 관찰 결과, 남녀 아동의 놀이 구성의 차이를 그들의 해부학적 차이로 연계하여 설명하였다. 소녀들은 낮은 담에 대문과 현관을 구성하고 사람과 동물이 정적 자세를 취하는 내부적 장면을 연출하였고, 소년들은 빌딩, 탑, 원추형 돌출물로 구성하는 외부적 장면과 건축물의 사고로 붕괴된 장면을 연출하였다. 여기서 에릭슨은 소녀들의 내부적 공간은 여성의 자궁과 질로, 소년들의 외부적 공간은 음경을 의미하는 것으로 보았다. 여성은 울타리, 보호와 같은 내적 양육기관과 일치하고 남성은 직립적 · 투사적 · 외부적 활동기관과 일치한다고 하여, 남녀의 생물학적 차이가 사회적 역할을 결정한다고 보았다.

에릭슨에게 여성의 내부 공간인 자궁과 질은 여성의 자아 발달에 중요한 요인이다. 여성은 해부학적으로 결혼과 모성의 역할이라는 맥락에서 정체감 형성이 가능하다는 입장에서 여성의 생물학적 조건이 여성의 성격을 제한한다는 것이다. 그러나 에릭슨의 주장과는 달리 다른 연구자들은 동일한 연구에서 소년 소녀들의 놀이 활동의 남녀 차이를 발견하지 못한 것으로 보고되고 있다(장휘숙, 1996).

3) 사회학습 이론가들

정신분석학파의 이론가들과는 달리 사회학습 이론가들은 남녀의 성역할 발달의 차이가 후천적으로 학습된 남녀의 사회문화적 학습의 결과라고 본다. 사회학습이론에서는 성역할 발달이 다른 행동과 마찬가지로 강화, 관찰, 모방, 일반화 등의 사회학습이론의 학습원리에 따라 발달한다고 본다. 전통적 학습이론가인 스키너(B. F. Skinner)는 프로이트와는 달리 선천적 경향성을 인정하지 않는다. 스키너에게 학습이란 강화에 의해 일어나는 행동 잠재력의 영속적인 변화다. 여아가 인형 놀이를 할 때 부모는 미소를 짓지만 전쟁 놀이를 한다면 제제를 당하거나 격려 받지 못할 수 있다. 여성이 사회문화적으로 고정관념의 여성다운 성격인 온정적·양육적·수동적 행동을 할 경우에는 긍정적 강화를 받지만 남성적인 것으로 여겨지는 공격적, 강한 자기 주장과 같은 행동을 할 경우에는 부정적 강화를 받게 된다. 남성의 경우는 반대로 고정관념의 남성적인 성격인 공격적, 자립적 행동에는 강화를 받지만 여성적인 것으로 여겨지는 의존적, 온순한 행동 등에는 부정적 강화를 받게 된다. 이러한 강화들이 반복적으로 일어나게 되면 여성의 성격은 고정관념의 여성적인 것으로 학습되어 환경을 조정하는 적극적인 행동을 하지 못할 가능성이 있다.

사회학습 이론가인 밴듀라(A. Bandura)는 아동이 부모나 교사 혹은 각종 매체에서 볼 수 있는 행동을 관찰하여 그대로 모방하거나 동일시하는 가운데 학습이 가능하다고 보았다. 가정에서 부모의 행동을 관찰한 남녀 아동은 부모의 행동을 그대로 모방하지 않는다. 아동은 부모나 교사의 의도와는 무관하게 동성의 부모나 교사의 성역할을 학습한다. 동성 부모의 행동에 대해 자신의 성에 적합한 것으로 이해하고 더 자주 동일시나 모방을 하며, 다른 성의 행동에 대해서는 적합하지 않은 것으로 여기고 동일시나 모방이 일어나지 않을 것이다. 그러나 다른 연구 결과 모든 아동은 반드시 동성의 부모를 동일시하지 않는 것으로 보고된다. 실제로 우리 주변에서도 지극히 여성적인 어머니와는 달리 여성적 특성을 적게 가진 딸이나 남성성이 높은 아버지의 아들이 남성성이 낮은 사례들을 접할 수 있다.

대학생들에 대한 관찰 학습의 장기적 연구에 의하면 남녀 대학생 모두 그들의 어머니가 행복한 결혼생활을 하고 있고 어머니의 삶이 성공적이라 여길 때, 여성의 성역할에 보다 더 전통적 태도를 지니는 경향이 있었다. 반면, 어머니가 불행한 결혼생활을 하고 있다고 여기는 경우 여성의 성역할을 보다 더 개방적으로 지각하였다. 이는 남녀 모두 어머니를 통하여 그들의 성역할 정체감을 형성한다는 것을 시사한다(Travis & Seipp, 1978).

　최근에는 좀 더 다양한 모습으로 변화가 나타나는 추세에 있으나 〈타잔〉, 〈007 제임스 본드〉의 경우처럼 동화책, 교과서, TV 등의 미디어 속에서 남아나 남성은 더 자주 주인공이 되며 지위가 높으며, 독립적인 행동을 보여 준다. 반면 여아나 여성은 주인공인 남성의 파트너나 보조자로서 의존적이며 수동적인 역할을 보여 주게 된다. 가정에서 부모는 자녀를 다르게 대할 뿐 아니라 아동에게 보이는 모습에서도 양성 간에 차이를 보인다. 어머니가 양성의 자녀에게 공통적으로 돌봄과 양육의 모델로 보이는 것과 달리 아버지는 아들과 딸을 보다 더 다르게 대한다. 아버지는 아들에게 도구적 모델로 보이고, 딸에게는 이성애 측면의 상호작용이 개입되고 표현적 모델로 보인다. 아버지의 경우와 달리 어머니는 아들에게 아버지와 같은 역할을 하지 않으며, 딸의 경우와 마찬가지로 아들에게도 성적 상호작용의 영향이 나타나지 않는다. 사회학습이론은 성차에 의한 행동의 차이를 생물학적 변인에서 찾지 않았고 양육과 교육과정에서 사회문화적으로 형성되는 것이라 하였다.

4) 인지 발달 이론가

콜버그(Lawrence Kohlberg, 1927~1987)

　인지 발달 이론가인 콜버그(Kohlberg)는 아동의 성역할 발달은 인지 발달과 함께 이루어진다고 하였다. 이 이론에서는 성역할은 생물학적 혹은 사회문화적 영향으로 발달되는 것이 아닌 인지적 발달 과정의 하나로 이해한다. 아동의 성역할은 자신의 신체와 사회를 인지적으로 구성하는 가운데 발달시키므로 세계를 인지적으로 이해하는 능력에 따라 성역할을 발달시킨다는 것이다. 아동은 자신의 성정체감을 기초로 인지적 범주화

를 한다. 즉, 아동이 자신의 성별 정체를 이해한 후에 부모 중의 어느 한편과
동일시하는 과정이 일어나게 된다. 성인의 행동을 모델로 삼아 모방 학습하
기 이전에 자신의 성별에 따라 성역할을 판단한다는 것이다. 인지 발달 이론
에 의하면 아동의 성역할 발달은 성역할 발달을 포함한 인지 발달이 확립되
는 아동기의 부모와 유치원, 학교 교육이 성인기에 이르기까지 중요한 영향
을 미친다고 본다. 콜버그는 양육과 조기 교육과정에서 성에 대한 가치, 개념
태도 등으로부터 성 차별적인 토대가 형성된다면 이때 형성된 성역할 정체감
이나 성 고정관념은 성인이 되어서는 변화하기 어렵다고 보았다.

이제까지 검토한 의미들을 생각해 보자. 언어 능력, 시간 · 공간 능력, 수
학 능력에서 성차가 나타났으며, 평균적으로 언어 능력은 여아가 더 높으며
시 · 공간 능력과 수학 능력은 남아가 더 우수하며 공격성도 남아가 더 높은
것으로 입증되고 있다. 반면 사회성, 자존심, 분석력, 성취동기, 경쟁심, 모성
적 행동 등에서는 차이가 검증되지 않았다. 성차가 발견된 부분에서조차 아
동기까지는 성차가 없다가 청소년기 이후에 성차가 나타나는 것은 사회문화
적 기대와 교육의 영향임을 암시한다. 이러한 차이는 선천적인 성차이기보
다 출생 시부터 성별에 따라 부여되는 사회적 학습 결과일 수 있다. 또한 심
리적 성차에 대한 연구에 의하면 남녀 간의 차이보다 동성 내에서의 개인차
가 더 큰 것으로 보고되고 있다. 또한 성차를 드러낸 부분에 대해 차이의 정
도를 분석한 하이드(Jenet Hyde)의 연구를 보면 남녀의 평균 점수가 아주 유
사한 것으로 보고되고 있다(Tavris & Wade, 1998). 성차에 대한 고정관념은 개
인의 자아상과 직업선택에 영향을 미칠 뿐 아니라 직업선택에 대한 사회적
기대 및 공공정책 등에도 영향을 미친다(임정빈, 정혜정, 1997).

5) 성차의 대안적 관점

현대사회의 다양한 변화 속에서 성역할도 전통적인 것으로부터 크게 변화되고 있다. 성역할의 확연한 구분이 모호해지고 개인의 성정체감도 과거와는 다른 양상으로 변하고 있다. 이러한 흐름에 맞춰 심리학 연구에서도 성역할의 대안 모델들이 제시되었다. 앞에서의 전통적 성격이론들이 성유형화된 성역할을 바람직한 것으로 전제하는 가운데 아동기에 성역할 발달이 이루어진다고 한다. 반면에 최근의 연구들은 성정체감이 전통적인 성유형화를 초월하는 것이 바람직하다는 관점에서, 성인기 동안에도 계속해서 발달한다는 것을 입증하여 보여 주고 있다. 대안 모델들은 전 생애적 관점에서 성역할 발달을 접근하며 초월 모델이라고도 한다.

남아가 쉽게 우는 것을 본 경우 '남자가 울면 남자답지 못하다'고 말하는 경우를 보거나 '여아가 섬세하지 못하고 덜렁댄다며 여자답지 못하다'고 나무라게 되는 경우를 본다. 인간이 지닌 여러 특질들은 많은 경우 여성적이거나 남성적인 것으로 범주화하여 생각하게 되는 것이다. 많은 이들이 사실일 것이라고 받아들이고 있는 '여성은 섬세하고 감성적이며, 남성은 합리적이며 이성적이다'는 명제는 정말 '참(true)'일까? 여성의 사회참여가 증가하고 현대사회의 성역할이 변화하면서 1970년대에 이전까지의 고정관념적인 성역할에 의문이 제기되었다. 뱀(Sandra Bem)이 심리적 양성성(androgyny)의 개념을 제시하게 되면서 성역할 고정관념에 대한 생각이 변화하고 연구에도 큰 공헌을 하게 되었다. 한마디로 양성성의 입장에서 보면 사람은 남녀를 떠나 누구나 여성적 특성과 남성적 특성을 모두 지닐 수 있다는 의미다.

양성성(androgyny)의 andro는 그리스어에서 남자를 의미하고 gyn은 여자를 뜻한다. 양성성이라는 말은 얼핏 생각하기엔 여성과 남성의 중간쯤에 있을 것 같은 중성적 인간을 떠올리기 쉽다. 그러나 양성성이란 한 사람이 고정관념적인 의미의 여성성과 남성성의 특성을 모두 갖는다는 뜻이다. 특히,

양성의 고정관념 중 사회적으로 바람직한 특성만으로 구성된 것으로 전제한
다. 따라서 양성적 인간은 두 성의 긍정적인 점만을 갖추고 있다. 즉, 부드러
움, 따뜻함, 겸손함, 활발함, 유능함, 독립성, 적극성 등의 요소로 구성된 것
을 말한다.

　여성성과 남성성은 플러스와 마이너스처럼 서로 상반되거나 모순되는 개
념이 아니다. 일직선 그래프에서의 +, −의 위치처럼 일직선상에 놓인 개념
이 아니라 서로 독립된 개념이다. 여성성과 남성성이 서로 상반된 개념이라
면 한 개인이 여성성을 많이 갖는다면 남성성을 갖지 않을 것이고 남성성을
많이 갖는 것은 여성성을 갖지 못함을 의미하는 것이 될 수 있을 것이다. 그
러나 양성성의 개념은 한 개인이 여성성의 요소를 많이 지녔더라도 남성성의
요소 또한 많이 지닐 수 있다는 의미다. 두 가지 요소가 개인 안에 공존할 수
있는 것으로 여겨진다. 심리적 양성성의 개념을 수용하게 되면 여자와 남자
라는 신체적 조건에서 고정관념에 갇혀 자유로운 인간으로서의 자유로운 행
동에 제약을 받지 않게 되고 자신을 마음껏 표현해 내지 못했던 것으로부터
벗어나 자유롭고 다양한 행동이 가능한 인간으로 나아갈 수 있을 것이다. 뱀
(1975)은 양성성을 가진 사람은 완고한 성역할 개념에 구속받지 않아서 다른
성유형의 사람보다 훨씬 적응하기에 좋다고 주장하였다. 아동의 양성성 획
득에 미치는 부모의 영향을 살펴보면 아이들에게 양육적이고 많은 관여를 하
는 부모들이 남성적이고 여성적인 특성 모두 발달하도록 조장함을 알 수 있
었다(Kaplan & Sedney, 1989).

　성 정형화된 인간이 자신의 여성다움이나 남성다움의 입증을 위해 억지로
부적응적인 행동을 하게 되는 데 반해 양성적 인간은 심리적 자유로움을 갖
는다. 초기의 양성성의 개념이 고정관념을 만들어 낼 수 있다고 보아 최근에
는 양성성을 보다 넓은 의미로 이해하는 경향이다. 양성적 인간의 특성은 다
음과 같다.

① 고정관념적 인간은 자신의 성별에 적합한 행동만 하는 데 반해 양성적인 사람은 다양한 행동을 고루 할 수 있다.

② 고정관념적인 사람이 반대되는 성의 특성이 요구되는 상황에 대처하지 못하는 반면에 양성적인 사람은 상황의 요구에 유연하게 반응할 수 있다.

③ 양성적 사람은 전형화된 성역할을 따르지 않고 가능한 여러 행동 대안을 고려하기 때문에 어떤 환경에서 효과적으로 대처하여 성공할 확률이 높다.

양성적 아이는 성취에의 욕구나 자존심, 창의력, 심리적 안정도 면에서 고정관념적인 아이보다 우월하다. 사회적으로 성공한 사람들을 보면 덜 여성적 여성이거나 덜 남성적 남성인 것으로 입증되었다. 반면 지적으로 낮은 성취를 이룬 여성은 전통적 의미의 여성성의 요소를 많이 지녔으며, 남성은 전통적 의미의 남성성의 요소를 많이 지닌 사람임이 드러났다. 따라서 양성성의 이론은 자녀교육이나 성인 남녀의 성정체성의 발달에 긍정적 영향을 미치고 있다.

 성찰질문

1. 여성과 남성의 차이들이 삶에서 어떤 영향을 주고 있는가?

2. 남녀의 의사소통 차이의 사례와 소통의 어려움을 극복하는 방안은 무엇인가?

3. 성적으로 대안적인 인간의 삶의 방식에는 어떤 것들이 있을까?

참고문헌

강일규, 고혜원, 기영화, 조은영, 한우섭, 황치석(2008). 직업의 이해. 서울: 북코리아.

곽삼근(1998). 여성과 교육. 서울: 박영사.

사이토 타마키(2014). 관계녀 소유남(김유영 역). 서울: 나비꿈. (원저 2009년 출판)

안이환(2008). '젠더커뮤니케이션에 기반한 남녀 간 소통능력 향상'. 군인을 위한 젠더
    강의, 35-63.

임정빈, 정혜정(1997). 성역할과 여성. 서울: 학지사.

장휘숙(1996). 여성심리학: 여성과 성차. 서울: 박영사.

정진경(1987). 성역할 연구의 양성적 시각. 한국여성학. 3. 한국여성학회.

통계청(2017). 일반고용동향. 통계청 e-나라지표.

한우섭(2007). 여성 거버넌스 리더들의 경력개발 과정에서의 성인학습 경험. 숭실대학
    교 대학원 박사학위논문.

홍순정, 김문주, 김아영, 김현희, 박영숙, 박영신, 방희정, 이선자, 이옥형, 이지영, 전예
    화, 조석희, 조혜자(1997). 여성심리학. 서울: 교육과학사.

Baron-Cohen, S. (2008). 그 남자의 뇌, 그 여자의 뇌(*The Essential Difference*, 김혜리,
    이승복 역). 서울: 바다출판사. (원저 2003년 출판).

Bem, S. L. (1975). Sex-role adaptability: One consequence of psychological
    androgyny. *Journal of Personality and Social Psychology, 31,* 634-643.

Gross, J. J., & John, O. P. (1998). Mapping the domain of expressivity: Multi-method
    evidence for a hierarchical model. *Journal of Personality and Social Psychology,
    74,* 170-191.

Halpern, D. F. (2012). *Sex differences in cognitive abilities.* New York: Psychology
    Press.

Heritier, F. (2009). 여자, 남자 차이의 구축(*Hommes, femmes, la construction, de la
    différence,* 배영란 역). 서울: 알마. (원저 2005년 출판)

Horney, K. (1967). *Feminine Psychology.* NY: Norton & Co. Inc.

Hyde, J. S., & Linn, M. C. (1988). Gender difference in verbal ability: A meta analysis. *Psychological Bulletin, 104*, 53-69.

Kaplan, A. G., & Sedney, M. A. (1989). 성의 심리학(김태련, 이선자, 조혜자 역). 서울: 이화여자대학교 출판부.

Karen, H. (1989). 여성 심리학(이근후, 이동원 역). 이화여자대학교 출판부. (원저 1973년 출판)

Kring, A. M., & Gordon, A. H. (1998). Sex Differences in Emotion: Expression, Experience, and Physiology. *Journal of Personality and Social Psychology, 74*(3), 686-703.

Maccoby, E. E., & Jacklin, C. N. (1974). *The psychology of sex differences.* Stanford, CA: Stanford University Press.

Schaffer, K. F. (1987). 정신건강과 성역할(*Sex-Role Issues in Mental Health,* 황순자 역). 서울: 형설출판사.

Travis, C. B., & Seipp, P. H. (1978). "An examination of secondary reinforcement, operant conditioning, and status envy hypotheses in relation to sex role ideology." *Sex Roles, 4,* 525-538.

Tavris, C., & Wade, C. (1998). 성과 사회(*The Longest War: Sex Differences in Perspective,* 박민자 역). 서울: 경문사.

제8장

사랑, 이별, 결혼

두 사람의 만남은 두 가지 화학물질의 접촉과 같다.
어떤 반응이 일어나면, 둘 다 완전한 변화를 경험한다.

—Jung—

에릭슨(Erikson)은 인간의 발달과정을 8단계로 나누고 단계별로 성취해야 할 발달과제를 제시하였는데, 그에 따르면 성인 초기와 중기를 아우르는 청년기는 정체성 확립, 친밀감 획득, 생산성 향상이라는 중요한 발달과제를 완수해야 하는 시기다. 이들 발달과제 모두 넓은 의미에서 인간관계를 통해 성취되지만, 특히 남녀 간의 의미 있는 관계를 통해 더 성공적으로 발전한다. 즉, 인간은 누구나 진정한 사랑을 통해 자신을 더 잘 이해하게 되고 삶의 방향을 찾기도 하며, 또한 이성과의 진정한 사랑을 통해 친밀감과 생산성의 발달과업을 완수하게 된다. 우리의 정체성은 끊임없이 진화하는데, 특히 누구와 사랑을 나누는지에 따라 우리의 인격과 삶도 달라진다. 즉, 우리가 사랑하는 사람의 가치와 사상을 사랑하게 되면 그 가치와 사상들이 우리의 영혼 속으로 스며들어 우리의 자아도 확장되고 성숙하게 된다(Merrien, 2011).

그렇다면 도대체 사랑이란 무엇일까? 왜 그일까? 왜 그녀일까? 사랑의 금단 혹은 중독 증세에 빠진 남녀라면 사랑에 대한 이론 전문가 혹은 철학자가 아니라도 문득문득 이러한 의문을 갖게 될 것이다. 사랑에 빠져 본 사람이라면 통제하기 힘든 감정의 힘 앞에서 무기력해지는 순간들, 즉 끊임없이 밀려오는 상대에 대한 생각, 식욕 상실과 불면증, 환희와 절망의 교차, 채워지지 않는 갈망, 신경과민 등 파란만장한 감정의 회오리를 경험했을 것이다. 수많은 시와 소설, 그리고 영화에서 사랑은 광기와 비참함으로 그려지곤 한다. 특히, 질투, 버려짐, 집착, 불안과 같은 사랑의 고뇌는 '이미 준비된 독약'으로 묘사되면서, 사랑의 어두운 단면을 적절히 묘사한다(Barthes, 2004: 48).

피셔(Fisher, 2010: 152)는 "사랑은 모순덩어리이고, 다양한 형태와 농도로 존재하기 때문에 사랑에 대한 어떤 이야기도 옳은 것처럼 들릴 것"이라고 전제하면서 사랑의 복잡 난해한 속성을 "수많은 음정과 화음으로 이루어진 감정의 교향곡"으로 표현한다. 남녀의 사랑에는 기쁨, 질투, 혐오, 두려움, 슬픔, 분노 등의 수많은 원초적 감정과 존경, 감사, 연민, 신뢰 등의 고등적 감정이 얽혀 있고 조화를 이룬다. 여기에 개개인의 숨겨진 희망, 마음의 상처, 추억과 생각조차 우리 사랑의 감정에 색깔을 더하게 되는데, 가장 예측하기 어려운 점은 이러한 사랑에 수반된 감정들이 논리적으로나 질서 있게 드러나거나 전개되지 않는다는 것이다(Fisher, 2010). 이는 셰익스피어(Shakespeare)의 비극 『오델로』에서 강렬한 질투가 사랑의 감정을 누르고 분노로 변한 것이나, 오스틴의 소설 『오만과 편견』에서 허영심과 편협함이 좋아하는 마음을 가리고 오만함으로 드러나는 것을 통해서도 알 수 있다.

인간의 언어 중 '사랑'이란 단어만큼 시공간을 초월한 다양한 맥락에서 무한한 의미를 지닌 채 사용되는 언어도 없을 것이다. '사랑'이란 신과 인간, 부모와 자녀, 친구, 형제, 남녀 등 다양한 대상들 간의 정서적 교감 그 이상을 의미하는 다의적인 단어이면서, 사람들마다 사랑에 대한 이해와 관점을 달리하지만, 대체로 그 단어를 통해 전하고 싶은 게 무엇인지 알고 있다. 사랑에 대한 진정한 정의를 추출해 내기 위해 많은 학자와 철학자들은 사랑의 모습을 상징하고 나타내는 파일을 통해 사랑의 복잡한 의미를 규명해 왔다(Sternberg & Weis, 2010). 사랑을 낭만적 열정으로 보는가 아니면 육체적 욕망을 초월한 영혼 간의 교감으로 보는가에 따라 그 정의와 해석은 사뭇 달라질 수밖에 없다.

이 장에서는 특히 남녀 간의 사랑으로 국한해 사랑의 의미, 사랑의 기승전결, 사랑의 요소와 유형, 사랑의 기술 등에 대한 사랑 전문가와 철학자들의 여러 이론과 견해들을 제시할 것이다.

1. 사랑의 의미와 다양한 관점

> 결핍은 욕망을 불러일으키고 만족은 욕망을 사라지게 한다.
> —Merrien—

행복하기만 한 사랑은 없다. 그러나 '사랑이 없으면 행복도 없다.'는 명제는 비록 사랑에 대한 관점은 다르지만 플라톤(Platon)에서 데카르트(Descartes), 쇼펜하우어(Schopenhauer), 니체(Nietzsche)에 이르는 위대한 철학자와 사랑을 연구한 학자들의 공통적 견해다. 프로이트(Freud)는 성공적 삶을 위한 핵심 요소로 사랑을 이야기했고, 글래서(Glasser)와 매슬로(Maslow)는 사랑하고 사랑받고 싶어 하는 인간 본연의 욕구를 역설하기도 했다.

고대에서 현대의 철학자와 사랑 전문가에 이르기까지 남녀 차이, 사랑에 대한 관점은 일관되거나 명확하게 '이것'이라고 규명된 것은 없다. 단지 인간은 사랑할 운명으로 태어났으며, 사랑으로 존재감이 빛을 발한다는 것에는 동일한 입장을 공유한다. 따라서 내가 사랑을 어떤 관점에서 바라보는지 어떤 사랑을 추구하는지가 더욱 사랑의 의미와 가치를 명료하게 할 뿐이다. 그렇다면 철학적 관점, 진화 심리학적 관점, 사회문화적 관점에 근거한 사랑의 의미를 조명함으로써, 사랑에 대한 자신의 고유한 관점과 방향성을 정립해 보자.

1) 철학적 관점에 근거한 사랑의 의미

질투는 인간의 영혼이 걸릴 수 있는 가장 무익하고 고통스러운 질병이다.
—Montaigne—

질투를 느끼지 않는 사람은 사랑할 능력이 없다.
—Capellanus—

소크라테스(Socrates)는 "너를 사랑하는 자는 너의 영혼을 사랑하는 자"라고 주장하며 육체보다는 정신적 사랑을 중요시했다. 그의 제자 플라톤 역시 누군가를 사랑하는 것은 그의 인격이 아닌 신성을 사랑하는 것으로 결국 상대를 통해 투영된 이데아를 사랑하는 것이라 강조했다. 이처럼 소크라테스와 플라톤은 육체와 영혼은 분리되어 있으므로 비속한 욕망에 따른 고통에서 벗어나 상대를 통해 본 이데아를 경외해야 한다는 것으로 세속적 사랑에 선을 긋고 있다(Merrien, 2011). 에피쿠로스학파 역시 열정은 병이며 상상력의 산물일 뿐이라고 치부한다.

이와 유사한 맥락에서 루소(Rousseau)는 『에밀』을 통해 사랑의 열정에 휩싸인 주인공 에밀이 현실의 존재가 아닌 상상의 존재인 소피를 사랑하다가 이러한 환상이 깨졌을 때 그 강렬했던 열정이 식는 것을 그리고 있다. 칸트(Kant) 역시 열정은 인간에게 가장 해로운 것이라고 비판하면서 "욕정은 어떤 약도 듣지 않는 영혼의 병이다."라고 주장하면서, 열정에 사로잡힌 사람을 자신만의 행복을 생각하며 타인을 배려하고 도덕적으로 행동하려는 능력을 상실한 이기적인 환자로 규정한다(Merrien, 2011: 144).

니체 역시 열정적 사랑보다 더 타산적인 감정은 없으며 연인들의 행동보다 더 이기적인 것은 없다고 주장한다. 즉, 상대가 나의 소유가 되기를 원하며, 상대의 선함과 아름다움을 오직 나만이 소유하기를 원하며, 나만을 생각하고 나하고만 행복하기를 바란다는 것이다. 또한 사랑에 빠지면 사랑하는 사람을 위해 '모든 것'을 해 줄 수 있고 '모든 것'을 줄 수 있을 것 같은 기분에 사로잡힌다. 그러나 상대를 위하는 듯 보이는 이러한 헌신이나 희생은 다른 형태의 이기심일 뿐이라고 비판한다(Merrien, 2011: 227).

니체는 우리가 속속들이 잘 아는 사람을 사랑하기는 불가능한 반면, 반대되거나 다른 것만이 서로를 끌어당길 수 있다고 주장하면서, 열정적 사랑이 이상화를 통해 시작되며 상대를 완전히 소유하지 못할 때에만 가능하다고 한다(Merrien, 2011). 이와 유사한 맥락에서 스탕달(Stendhal)은 사랑하는 대상에게 끊임없이 완전함을 부여하는 과정을 '결정화(crystallization)'라고 명명하고, 사랑하는 대상을 소유하게 되면 환상이 하나둘 깨지고 사랑의 대상이 있는 그대로의 모습으로 보이는 '탈결정화(decrystallization)'의 과정이 시작된다고 주장하기도 한다(Merrien, 2011: 59).

한편, 데카르트는 "나는 사랑한다, 고로 존재한다."는 명제로 열정 없는 현인은 불행한 사람이며, 사랑에 빠진 자도 철학자가 될 수 있다고 역설하면서, 위대한 사랑을 방해하는 두 가지 원인을 다음과 같이 제시한다(Merrien, 2011). 첫째, 우리의 정신적 측면을 포기하고 육체에만 이끌려 사랑을 하는 경우 그 사랑은 타락과 비천함으로 종결될 수 있다. 둘째, 상대의 인격을 존경하는 것만으로 사랑에 빠질 수 있다고 믿는 태도 역시 위험하다고 주장한다. 즉, 육체적 욕망이 없으면 진정한 사랑도 없다는 것이 데카르트의 신념이다.

2) 진화심리학적 관점에 근거한 사랑의 의미

『왜 사람은 바람을 피우고 싶어할까』

진화심리학적 관점으로 사랑을 연구한 피셔(Fisher, 2009)는 자신의 저서 『왜 사람은 바람을 피우고 싶어할까』에서 성별에 따른 차이의 근저에 생물학적 요소가 깔려 있음을 제시하고 있다. 대표적으로 그는 여성의 직감 능력 및 대인관계에 대한 감수성이나 공감력이 남성보다 뛰어난 것을 수백만 년 동안 자녀들을 기르면서 발달시킨 산물로 보는 진화심리학적 관점으로 설명한다. 또한 자신의 유전자를 최대한 보존하려는 기본적 욕구를 충족시키기 위해 여성은 자기가 낳은 아이를 잘 기를 수 있는 능력 있는 남성을 선택하는 반면, 남성은 자신의 유전자를 가진 건강한 아이를 다산할 수 있는 육체적으로 매력 있는 여성에게 끌린다는 것이 끌림에 대한 진화심리학적 성차이다. 그는 이러한 남성과 여성의 진화론적 성향을 자신의 자손을 번성시키려는 남자의 '성적 과지각 편향'(이성의 말과 몸짓에서 보내는 단서나 암시를 찾고 의미를 찾으려고 하는 성향)과 좋은 유전자의 자손만을 낳으려는 여자의 '헌신 회의 편향(사랑하는 이의 언행에 대한 신뢰성을 시험해 보거나 의심하는 성향)'으로 설명한다(Fisher, 2009: 33).

3) 사회문화적 관점에 근거한 사랑의 의미

사랑에 대한 피셔의 진화적·생물학적 관점과는 다르게 루티(Ruti, 2012)는 만 8세 정도가 되면 가족이나 친구와의 상호작용 및 환경의 영향으로 우리에게는 '사랑의 스키마(schema)'가 형성된다고 한다. 이는 자신이 속한 문화와 사회적 상호작용에 의해 특정한 어떤 사람의 특성과 기질을 다른 사람의 그것보다 더 좋아하게 되는 무의식적 작용으로, 시간이 흐르면서 "내 완벽한 짝, 내가 매혹되는 환경, 나를 흥분시키는 대화와 에로틱한 행동"에 관한 정립된 사고로 발전하게 되는 것을 의미한다(Ruti, 2012: 71).

즉, "여자로 태어나는 것이 아니라 여자로 만들어지는 것"이라는 시몬 드 보부아르(Beauvoir, Simone de)의 말처럼 성별에 따른 차이들은 문화별로 학습된 것일 가능성이 짙으며, 남녀를 특정한 관점으로 바라보는 문화에 살면서 우리에게 맞는 성역할을 '수행하는' 법을 학습한다는 것은 사회문화적 관점의 핵심이다(Ruti, 2012). 이와 같이 사회적 메시지의 영향으로 '적절한 여자'와 '괜찮은 남자'의 코드가 내면화되고 각인된 나머지 이를 타고난 것으로 착각하게 되는 것이다(Ruti, 2012: 71). 결국 문화적 환경과 유년의 경험, 부모와의 관계 및 자신의 욕구와 성향이라는 무의식 속에 구축된 스키마(schema)로 인해 사랑하는 사람을 선택하게 된다.

루티(2012)는 수백 년에 걸쳐 진화해 온 남녀에 대한 통념 및 선입견이나 집단적 가치관은 문화가 만들어낸 허구 중 가장 강력하다고 주장하면서, 남성성과 여성성의 많은 부분이 문화의 영향력 때문이라는 사실을 인정하고 서로를 이해하기 위한 노력을 해야 한다고 강조한다.

"최초의 신비로운 매혹에 이끌리는 경험, 자신을 사랑하듯 남을 사랑해 보는 경험, 너에게 좋은 일이 일어나길 바란다 말하고 그것을 간절히 꿈꾸어 보는 경험, 상실과 결핍, 방황 끝에 충만감을 맛보는 경험, 한 사람을 통해 새로운 세계를 맛보는 경험, 한 사람을 사랑한 덕에 세계가 달라지는 경험, 온전히 이해받아 보는 경험, 자신을 벗어나 보는 경험, 다른 사람과 함께 새로운 세계를 만들어 보는 경험, 다른 사람이 되어 간다는 사실을 기쁘게 받아들이는 경험…… 사랑 안에서만 가능한 이런 경험들이 없다면 우리는 우리의 '마음'을 뜨겁게 들여다볼 기회조차 얻지 못할지도 모른다"(Ruti, 2012: 14).

사랑은 우리 삶에 일어난 황홀난측한 사건이다. 새로운 미래가 열리고 색다른 미래를 꿈꿀 수 있는 사건이다. 그 사람이 없었으면 생겨나지 않았을 어떤 세계가 태어나는 사건이다. "사랑은 영혼을 조각하는 경험이며, 성공한 사랑은 성공한 사랑대로 실패한 사랑은 실패한 사랑대로 우리 삶에 의미를 더한다. 어떤 경우든 실패한 사랑은 없다"(Ruti, 2012: 14). 즉, 사랑의 힘을 온전히 느끼고 체험하는 데 가장 무익한 것은 남녀관계나 연애에 관한 우리의 편협되고, 경직된 사고일 뿐이다. 불가사의한 사랑의 마법에 빠지고 싶다면 사랑의 가능성에 우리를 맡기고 그 아름다운 고통에 맞닥뜨리는 유연한 도전을 시작해야 할 것이다.

2. 사랑의 기승전결: 밀물과 썰물 같은 사랑

> 사랑처럼 엄청난 희망과 기대 속에서 시작되었다가
> 반드시 실패로 끝나고 마는 일은 찾아보기 어려울 것이다.
> —Fromm—

대다수의 사람은 사랑에 빠졌을 때의 황홀하면서도 희망적인 동시에 외롭고 불안한 극적인 변화를 겪는다. 사랑하는 이에 대한 생각만으로 가슴이 벅차고 행복했다가 사소한 말 한마디에 상처를 받기도 하고, 유행가 가사 혹은 영화나 소설 속 모든 대사가 나와 사랑하는 사람의 이야기처럼 느껴지는 특별한 경험을 했을 것이다. 도대체 사랑이란 무엇이고, 어떤 마법적 힘을 지니고 있는가? 기원전부터 수많은 시와 노래, 소설과 오페라, 연극과 신화에서 남녀 간의 지독한 사랑을 그려 왔음에도, 또 무수한 남녀가 사랑이라는 명분으로 가족과 친구, 심지어 조국을 저버리거나, 자살 또는 살인을 저지르는데도 이런 격정에 대해 명쾌한 해답이나 설명을 제시하지 못한다(Fisher, 2010).

왜 '그' 혹은 '그녀'일까? 무엇이 '그' 혹은 '그녀'를 선택하게 하는 것일까? 사랑 전문가들은 공통적으로 사랑이란 상대 이성에게 '호감'을 느끼면서 시작된다는 것에 동의한다. 호감을 갖게 되는 첫 번째 요소는 매력적인 얼굴과 체형인데, 매력적인 이성의 사진을 보았을 때 실험참가자들 뇌의 보상 기대 부위가 활성화되는 것을 알 수 있었다(곽금주, 2012). 또한 '가까이 있음', 즉 근접성, 사랑의 불꽃을 당기는 데 중요한 요인들이라고 설명한다(Fisher, 2010). '눈에서 멀어지면 마음에서 멀어진다.'는 우리 속담도 있듯이, 가까이서 자주 보고 학교나 교회, 동아리처럼 같은 공간에서 자주 마주치는 것은 사랑의 확률 가능성을 높이는 중요한 변수다.

피셔(2010)는 또한 "우리가 여자를 사랑하는 정도는 낯선 만큼 커진다."고 보들레르(Baudelaire)의 말을 인용하면서 호감을 느끼게 하는 중요한 또 다른 요인을 신비감으로 뽑고 있다. 기본적으로 대부분 사람은 자신과 닮은 누군가에게 끌리는 성향을 지니면서 동시에 나와 다른 신비감을 가진 사람에게 끌리는 성향을 지니고 있다. 이는 마치 브론테(Emily Bronte)의 작품『폭풍의 언덕』의 여주인공 캐서린이 자신과 닮은꼴의 거칠고 강한 기질을 지닌 히드클리프에게 사랑을 느꼈지만, 자신과 정반대의 온화하고 안정적인 성향을 지닌 애드가라는 남성에게 매력을 느끼는 것에서 잘 알 수 있다. 육체적 매력이나 지적 수준이 비슷하고, 가치관, 관심 분야, 장래 희망, 커뮤니케이션 스킬 등이 유사한 사람에게 끌리는 인간의 이러한 성향을 인류학자들은 '긍정적으로 분류하는 짝짓기', '적합한 짝짓기'로 정의한다(Fisher, 2010: 163).

1) 이성 간 사랑의 변화

사랑하는 것은 천국을 살짝 엿보는 것이다.
—Karen Sunde—

로미오와 줄리엣이 뜨겁게 사랑을 하고 양가의 축복 속에 결혼을 했다면 그 이후 그들의 사랑은 어떻게 변했을까? 로미오와 줄리엣 효과로 잘 알려진 '욕구불만 끌림(frustration-attraction)'은 역경이 불꽃을 더 강하게 피어오르게 하는 현상으로 사회적 혹은 물리적 장벽은 낭만적 열정을 더 뜨겁게 달군다는 것을 표현한 것이다(Fisher, 2010). 이는 장애를 만났을 때 더욱 강렬해지는 것이 욕망의 본성이며, 쉽게 얻을 수 없는 것에 인간은 더 큰 매력을 느끼는 성향을 잘 드러낸다(Ruti, 2012).

프로이트는 이러한 열병의 원인을 무의식 속에 억압된 성적 충동으로 단정했지만, 1990년대에 개발된 기능적 자기공명영상(fMRI)과 같은 기술 덕분에 사랑의 징후로 나타나는 도취, 격정, 비참함 등의 감정의 기복은 가슴이 아닌 뇌에서 일어나는 현상이라는 과학적 근거를 낳게 되었다(Parker-Pope, 2012). 특히, 피셔는 사랑에 관한 '과학적' 접근을 시도한 학자로 사랑은 뇌의 특정 부위가 활성화되고 몇몇 화학물질로 인해 생겨나는 보편적 인간의 감정이라는 것을 증명해 왔다.

피셔(2010: 126)에 따르면, 낭만적 사랑은 두 가지 욕구와 얽혀 있고 일반적

[그림 8-1] 이성 간 사랑의 단계

출처: Fisher(2010).

으로 세 가지 국면으로 진행되는데, 그중 한 욕구는 성적 환희를 갈구하는 욕망, 다른 하나는 오래된 연인에게 느끼는 안정감과 신뢰감, 하나 되는 느낌을 의미하는 애착이다. 각각의 욕구는 서로 다른 신경화학물질과 관련이 있는데, 첫 번째 '갈망' 단계에서는 서로에게 성적 욕구를 갖게 되는 남성호르몬인 테스토스테론과 여성 호르몬인 에스트로겐이 활성화된다.

'갈망' 단계가 지나고 두 번째 '끌림'의 단계가 되면 상대에게 더 친밀하게 이끌리며, 상대에 대해 끊임없는 생각에 빠지는 등의 강박 증세가 나타난다. '갈망' 단계에서의 열정적 사랑은 도파민, 노르에피네프린, 세로토닌 등의 신경화학물질로 불이 붙는데 눈에 콩깍지가 씌어 상대의 결점을 보지 못하거나 얼빠지고 들뜨게 되는 상태로 만들기도 한다. 특히, 도파민은 사랑에 목매고, 사랑하는 이와의 정서적 결합을 갈망하며, 떨어져 있을 때 금단현상을 경험하는 등 천국과 지옥을 넘나드는 여러 변덕스러운 증상에 대한 해답을 제시한다. 즉, 의존, 집착, 갈망 등은 중독의 징후들로 인간이 겪는 모든 중독은 도파민 수치의 증가와 관련 있다(Fisher, 2010: 89).

피셔(2010: 35)는 사랑에 깊이 빠져 있는 연인들을 '상대방의 줄에 매달려 있는 꼭두각시들'로 묘사하면서 이들은 서로에게 정서적으로 깊이 의존하기 때문에 함께 하지 못할 때는 '분리의 괴로움'을 앓기도 한다고 지적했다. 그의 실험에 참가한 남자의 86%와 여자의 84%가 '내가 그(그녀)를 갈구하는 만큼 그(그녀)도 나를 갈구했으면 하는 마음이 간절하다'라는 질문에 동의했듯이 사랑에 빠진 남녀는 정서적 결합을 위한 갈망, 즉 소위 채워지지 않는 '허기진 상태'를 경험하는 것을 알 수 있다.

다양한 과학적 근거를 통해 열정적 사랑의 현상들이 우리에게 유익하다는 것이 입증되고 있다. 실험 결과 키스를 할 때 우리에게 행복감과 신뢰감을 주는 세로토닌, 도파민, 옥시토신 등이 분비될 뿐만 아니라 스트레스 받을 때 분비되는 호르몬인 코르티솔의 수치가 낮아지는 것으로 밝혀졌다(김형자, 2012: 54). 포옹 역시 몸으로 표현할 수 있는 가장 포근한 언어로 심신의 힐링에 대한 효과가 입증되고 있는데, 포옹할 때 분비되는 옥시토신은 혈압을 낮추고 심장병 발병을 줄이는 역할을 하는 것으로 알려지고 있다(김형자, 2012: 88).

그러나 사랑의 시간이 지나면서 우리의 뇌는 더 이상 이런 지속적인 각성 상태를 견디지 못하거나 신경종말이 신경화학물질에 면역이 되어 버리고, 사랑의 절정 단계에서 연인들이 느끼던 격정과 환희의 감정은 점차 사그라지고 시들해지게 된다. 다행히 애착과 신뢰감을 쌓을 수 있는 옥시토신과 바소프레신이라는 새로운 화학물질이 생성되면서, 남녀의 사랑은 새로운 전기를 맞게 된다(Fisher, 2010). 즉, 사랑의 종착점인 세 번째 '애착'의 국면에서는 두 번째 단계에서의 이성이 마비된 듯 끓어오르는 정열의 감정은 다소 누그러지지만 신뢰가 다져지고 정이 돈독해지면서 협조적 유대관계가 구축되는데, 이러한 애착의 느낌은 옥시토신과 바소프레신에 의해 생겨난다.

낭만적 사랑은 성욕의 화학물질을 유발시킬 수 있고, 반대로 성욕의 화학작용은 낭만적 사랑을 촉발시킬 수 있다(Fisher, 2010: 138). 다시 말해, 갈망, 끌림, 애착은 순서에 상관없이 다가올 수 있으며, 이 세 가지 욕망이 동일한 한 사람에게 집중되지 않고 둘 이상의 사람에게 분산될 수도 있다는 것이다(Fisher, 2010). 이와 같이 갈망, 끌림, 애착 간의 상호작용은 타이밍과 상황에 따라 달라진다고 할 수 있다.

하지만 시간이 흐르고 연인 간에 서로의 사랑을 지키고 아름답게 가꾸려는 노력이 부족하다면 연인 간 애착의 감정마저도 어느새 무뎌져서 무관심과 짜증, 염증과 초조감으로 대체된다. 그러한 감정들은 서서히 두 사람의 사랑을 좀먹고 권태, 싸움, 바람, 이별, 이혼으로 몰아간다. 로맨스에 대한 갈망, 애착을 향한 욕구, 장기적인 관계에서의 초조감, 새로운 연인을 향한 역설적 희망과 같은 감정들은 바람에 날리는 연처럼 사랑에 빠진 이들을 끌고 다니며 롤러코스터와도 같이 이 감정에서 저 감정으로 솟구치게 했다가 곤두박질치게 만든다(Fisher, 2010: 204).

이와 같이 사랑으로 인한 다양한 징후와 현상, 사랑하는 사람의 욕망 등을 바르트(Barthes, 2004)는 『사랑의 단상』에서 괴테의 『젊은 베르테르의 슬픔』
을 주요 텍스트로 묘사하고 있다. 대표적인 예로 그는 사랑의 격정이 식어 가
는 현상을 '변질'로 지칭하면서 사랑하는 사람의 이미지가 변해 가는 과정을
'이미지의 소름끼치는 역류'로 적나라하게 묘사한다(Barthes, 2004: 47).

> "내가 갑자기 목격하는 사람은 어떤 사람(더는 나의 그 사람)이 아닌,
> 한 낯선 사람(미치광이?)이기 때문이다.
> 이미지가 변질될 때 헌신의 봉투는 찢어지고
> 어떤 진동이 내 스스로의 언어를 뒤엎는다.
> 망가뜨림에 대한 공포는 잃어버림에 대한 공포보다 더 강열하다"
> (Barthes, 2004: 47)

3. 사랑의 유형과 사랑의 요소

사랑이라는 단어는 여러 가지 현상을 의미하는데, 이러한 현상은 여러 학
자와 전문가에 의해 다양한 사랑의 유형 혹은 모델로 분류 또는 지칭되어 왔
다. 이는 남녀 간의 사랑이 시작된 이래 사랑이란 용어로 불렸던 다양한 현
상의 개념화로 볼 수 있는데, 이들 유형이나 모델이 하나의 현상인 '사랑'
에 대한 대안적 또는 경쟁적 관점은 아니라는 점을 이해하는 것이 중요하다
(Sternberg & Weis, 2010: 208).

1) 사랑의 6가지 유형

사랑을 해 본 사람이라면 사랑의 스펙트럼 상에서 다양한 강도와 느낌의
사랑을 경험해 봤을 것이다. 사랑의 강도와 느낌을 리(Lee)는 '사랑의 색깔 이

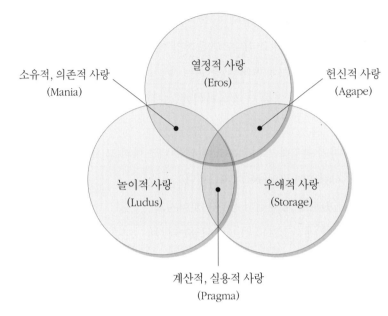

소유적, 의존적 사랑
(Mania)

열정적 사랑
(Eros)

헌신적 사랑
(Agape)

놀이적 사랑
(Ludus)

우애적 사랑
(Storage)

계산적, 실용적 사랑
(Pragma)

[그림 8-2] 사랑의 색깔 이론

출처: Lee(1973).

론'으로 설명하는데, 1차색의 사랑 유형과 1차색이 혼합된 2차색의 사랑의
유형으로 구분한다. 리(Lee)는 사랑을 색깔로 구분함으로써 연인 간 사랑의
색깔이 잘 어울리는지, 즉 사랑을 통해 각자 어떤 목적이나 가치를 추구하는
지에 연구의 초점을 맞추었다.

　Lee의 '사랑의 색깔 이론'에 근거해 Hatkoff가 제시한 여섯 가지 사랑의 유
형은 다음과 같으며(Parker-Pope, 2012: 83), 그가 개발한 사랑 척도를 통해 각
자 자신이 사랑의 어떤 측면을 가장 가치 있게 여기는지 알 수 있다(pp. 18-20
참고).

- 낭만적 사랑: 열정과 성적 끌림이 특징이다.
- 우애적 사랑: 깊은 애정과 관심을 보인다.
- 논리적 사랑: 사랑의 감정이 금전, 종교, 가치관처럼 실제적 문제들에 영

향을 받는다.
- 유희적 사랑: 유혹과 도발적인 상호작용에서 오는 흥분감을 중시한다.
- 소유적 사랑: 질투와 집착이 특징이다.
- 이타적 사랑: 돌봄, 친절함, 희생이 특징이다.

사랑의 실험실에서 김형자(2012)는 연인들 간의 갈등이나 이별의 원인을 사랑의 유형, 사랑 코드가 맞지 않았기 때문이라고 지적한다. 라스웰과 햇코프(Lasswell & Hatkoff)가 제작한 '사랑의 척도'를 통해 나타난 사랑의 유형 중 최근 많은 사람들에게서 나타나는 사랑의 형태는 우애적 사랑과 논리적 사랑으로, 우애적 사랑은 영화 〈해리가 샐리를 만났을 때〉의 해리와 샐리의 사랑과 같은 형태라고 할 수 있다. 논리적 사랑은 사랑하는 사람에 대한 외모나 교육수준, 가정환경, 성격 등의 기준치를 미리 정해 놓는 경우로 결혼 정보회사를 통해 만나는 커플들의 경우를 떠올릴 수 있다(김형자, 2012). 일반적으로 남성은 논리적 사랑에서 높은 점수를 받는 반면, 여성은 소유적 사랑에서 높은 점수를 받는데 여성에게 질투는 한 사람의 애정 수준을 측정하는 방법의 하나이기도 하다(Parker-Pope, 2012: 40).

2) 사랑의 삼각형 이론

스턴버그(Sternberg)가 제시한 사랑의 삼각형 이론은 사랑의 유형을 이해하는 데 객관적이고 합리적인 관점을 제공한다. 사랑의 삼각형 이론은 세 가지 구성요소로 사랑을 이해할 수 있다는 가설에 기초하는데, 이 세 가지 요소, 즉 친밀감(intimacy), 열정(passion), 결심·헌신(commitment)이 삼각형의 꼭짓점을 형성한다. 사랑의 세 가지 구성요소는 사랑에 대한 다양한 이론과 민간 이론(folk theory)을 바탕으로 도출된 것이며, 이때 삼각형은 엄격한 기하학적 모델이라기보다는 상징적 은유에 가깝다(Sternberg, 1986).

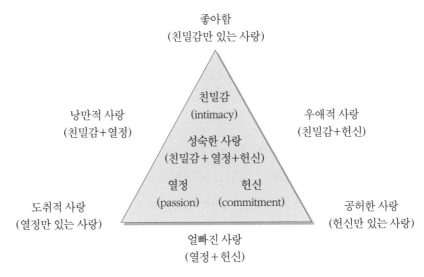

[그림 8-3] 사랑의 삼각형 이론

출처: Sternberg(1986).

　친밀감은 관계에서의 '따뜻한' 부분으로 사랑하는 관계에서 본질적으로 가까움, 포근함과 편안함, 유대, 결속의 경험을 유발하는 다양한 감정과 관련된 현상들이다. 사랑의 친밀감을 통해서 연인들은 정서적 도움을 주고받고, 서로 의지하며, 자신의 시간이나 소유물을 공유하고, 진솔하게 대화하고, 서로를 이해하고 중요하게 여기게 된다. 이러한 친밀감은 우정을 이루는 신뢰, 정직, 헌신, 이해 및 인정, 도움, 충성 등과 같은 질적 요소를 포함하고 있다. 스턴버그(1986)는 사랑의 기초가 되는 친밀감은 자신을 숨김없이 털어놓을 때 쌓이기 시작한다고 제안한다.

　열정은 관계에 있어서의 '뜨거운' 부분으로 낭만, 신체적 매력, 성적 자극과 교감 등의 욕구와 연관되는데, 이는 사랑하는 대상에게 성적인 매력을 느끼며 그(그녀)와 육체적 사랑을 나누고, 하나가 되고자 하는 강한 욕망을 느끼는 상태를 의미한다. 열정은 친밀감에 의해서 자극을 받기도 하지만 종종 친밀감이 열정의 상태나 정도에 따라 우러나기도 하는 것처럼 이 두 요소는 서로 영향을 주고받으면서 사랑의 밀도와 강도를 조절한다(Sternberg, 1986: 125).

결심·헌신은 관계에 있어서의 '차가운' 부분으로 단기적으로는 특정한 상대를 사랑하겠다는 결심이고, 장기적으로는 그 사랑에 지속적으로 헌신하는 것을 의미한다. 결심·헌신은 친밀감과 열정의 속성과는 다르게 사랑의 오르막이 아닌 내리막의 시기에 관계를 유지해 주고 희망을 통해 침체기를 극복하게 해 주는 역할을 한다. 사랑에서 결심·헌신이란 요소 또한 친밀감과 열정의 요소와 상호작용한다.

사랑의 세 가지 요소는 서로 상호작용한다. 즉, 한 가지 요소가 커질수록 다른 요소도 커지는 것이 일반적이며, 반대로 어떤 요소의 양이 줄어들면 다른 요소의 양도 줄어든다고 볼 수 있다. 성숙한 사랑을 위해서는 이 세 가지 요소가 모두 중요하지만, 그 관계가 어떤 관계인가에 따라 혹은 어떤 시기인가에 따라 각 요소의 중요성도 달라진다(Sternberg, 1986).

사랑의 세 가지 요소를 조합하면 일곱 가지 사랑의 유형이 만들어진다. 사랑의 어떤 요소도 없는 상태로 기차여행에서 옆자리에 앉은 낯선 사람과의 관계와 같은 것은 비사랑(nonlove)이다. 물론 이 일곱 가지 사랑의 형태는 극단적인 것으로 어떠한 사랑도 한 가지 요소로만 이루어진 경우는 없다. 즉, 대부분의 사랑은 다양한 종류의 사례가 '섞여' 있거나 '혼합된' 것으로 세 요소의 성질을 모두 갖고 있지만, 그 양과 균형 상태가 다르다(Sternberg, 1986).

좋아함(liking)은 친밀감의 요소만 있는 상태로 일상의 즐거움을 나누며 가벼운 우정관계를 맺을 수 있는 직장 동료들과의 관계와 같은 것이다. 좋아함과 사랑을 구별하고 싶다면 상대가 여행을 떠났을 때 온통 그 혹은 그녀에 대한 그리움 때문에 힘든지 아닌지를 테스트해 보는 것도 방법이다. 도취적 혹은 눈먼 사랑(infatuated love)은 열정의 요소만 있는 상태로 누군가에게 첫눈에 반하는 경우로, 보통 순식간에 나타났다가 구름처럼 사라진다. 상대에게 도취된 눈먼 사랑의 경우 상대의 실제 모습보다는 환상을 바탕으로 이루어질 가능성이 높다.

공허한 사랑(empty love)은 결심 · 헌신의 요소만 있는 상태로, 대개 사랑의 마지막에 이른 침체된 관계의 특징이다. 즉, 친밀감과 열정은 이미 사라지고 껍질뿐인 관계에 대한 헌신만 남은 채 공허함을 느끼게 되면 헤어질지 말지 갈등하게 될 수도 있다. 낭만적 사랑(romantic love)은 친밀감과 열정이 결합된 상태로, 사랑하는 상대에 대한 깊은 정서적 유대감과 육체적 매력이 불러일으킨 열정이 가미된 상태다. 소설 『메디슨카운티의 다리』 속 킨케이드와 프란체스카의 사랑이 낭만적 사랑과 유사한 형태로 볼 수 있다.

우애적 사랑(companionate love)은 친밀감과 결심 · 헌신이 결합된 상태로 대부분의 경우 열정으로 시작한 관계라도 시간이 지남에 따라 열정은 식고 장기적 우정의 형태로 진행된다. 니체는 열정적 사랑이 소유에 대한 욕망이라고 정의하면서, 이기심을 뛰어넘는 신뢰와 친밀감, 충성심에 기초한 우정의 사랑이 열정보다 훨씬 더 고귀한 감정이라고 주장한다. 즉, 우애적 사랑이란 상대의 행복이 나와 상관이 없고 내게 아무것도 가져다주지 않을 때조차도 그것에 기뻐할 줄 아는 능력임을 강조한다(Merrien, 2011: 241).

얼빠진 사랑(fatuous love)은 친밀감은 없고 열정과 결심 · 헌신이 결합된 상태로 할리우드 영화에서 그려지듯이 서로에 대해 진정으로 알기 전에 첫눈에 반하고 헌신을 약속하는 사랑이다.

성숙한 사랑(consummate or complete love)은 친밀감, 열정, 결심 · 헌신의 세 가지 요소가 모두 결합된 상태다. 스턴버그(1986: 129)는 성취하기도, 유지하기도 어렵다는 점에서 성숙한 사랑을 다이어트에 비유한다.

물론 대부분의 사랑은 다양한 종류의 사례가 '섞여' 있거나 '혼합된' 것으로 세 요소의 성질을 모두 갖고 있지만 그 양과 비율의 상태가 다르다. 즉, '사랑의 삼각형'의 기하학은 사랑의 양과 균형이라는 두 가지 요인에 의해 좌우된다. 즉, 사랑의 양이 다르면 삼각형의 크기가 달라지고, 사랑의 비율이 다르면 삼각형의 모양이 달라진다. 예를 들어, 세 가지 요소가 균형 잡힌 사랑이라면 정삼각형으로 나타나고 불균형한 사랑은 이등변 혹은 부등변 삼각형으로 나타난다.

　행복이란 삼각형의 크기나 모양과 관련이 있기보다는 두 상대가 이상적으로 느끼는 삼각형의 크기 및 모양과 현재 진행 중인 삼각형의 크기 및 모양의 일치 정도에 있다고 할 수 있다. 즉, 이상적 삼각형과 현실적 삼각형과의 일치는 만족한 관계로 진전되지만, 그렇지 못한 경우에는 불만족한 관계로 이어질 것이다(Sternberg, 1986). 현재 자신이 맺고 있는 관계가 어떤 상태라고 느끼는지와 사랑의 각 요소에 대해 얼마나 가치 있게 여기는지에 대해 알고 싶다면 스턴버그(1986)가 개발한 사랑의 삼각형 척도와 파커포프(Parker-Pope, 2012)의 사랑의 유형 척도를 참고할 것을 권한다.

4. 어떻게 사랑?: 성숙한 사랑을 위한 7가지 노력

집착에 눈이 멀면 곧 애욕의 나락으로 떨어지게 된다. 물이 한 방울 한 방울 더해져
연못을 가득 채우듯이 불안감은 하루하루 더해갈 것이다.
―애욕망경―

　Rubin(1973)은 사랑이란 상대방 없이 못 산다는 애착, 그의 편안과 행복을 원하는 배려, 사랑받는다는 느낌, 믿을 수 있고 마음을 터놓을 수 있는 신뢰를 의미한다고 했다. 프롬(Fromm, 2009)은 『사랑의 기술』에서 "사랑이란 우연히 경험하는 즐거운 감정인가?"라는 질문에 삶이 기술인 것처럼 사랑도 기술이라고 답을 한다. 더욱이 두 남녀가 서로에게 몰입해서 "미쳐버리는 상태란 그들이 서로 만나기 전에 얼마나 외로웠는가를 입증하는 것"이지 열정적 사랑의 증거로 착각해서는 안 된다고 강조한다(Fromm, 2009: 17). 열정적 사랑에 대한 프롬의 비판적 관점에도 불구하고, 사랑만큼 인간의 나약함, 존재의 허무와 고독을 충만감으로 변화시키는 것은 없다. 사랑하는 사람은 우리의 불완전함을 잊게 해 줄 뿐 아니라, 자아성취에 대한 기대를 갖게 하고, 우리 안의 결핍과 고독을 희망과 가능성으로 채워 준다(Ruti, 2012: 141).

사랑은 우리가 살아온 날의 경험들, 삶의 조건, 살아보고 싶은 삶의 모습, 무의식에 담긴 유년의 사건들, 욕망과 소망 등 수많은 것들과 관계를 맺고 있다. 복잡한 현대인은 자신의 삶에 녹아든 불안과 고단함을 해소해 줄 안정적 사랑을 갈망한다. 그들에게 사랑은 점차 계산적이 되고 대체 가능한 것이 되기도 하며, 사랑 때문이 아니라 사랑이 가져다주는 것들 때문에 필요한 것처럼 여겨지게 된다(Ruti, 2012: 6).

그렇다면 모든 것이 수단시되고 사랑도 도구가 되고 수단이 되는 세상에서 과연 어떻게 하는 것이 똑똑하고 성공적인 사랑일까? 다양한 사랑이나 연애 및 결혼 관련 서적들은 성공적 사랑 및 연애와 결혼을 위해 구사할 전략이나 기술들을 나열하고, 사랑이 아니라 사랑의 흉내 내기나 사랑을 가장한 이기심 채우기 등에 대해 말하고 있다. 그러나 사랑은 그렇게 단순하거나 수학공식처럼 해결되는 것이 아니다.

종종 사람들은 연애 몇 년 차, 혹은 결혼한 지 몇 년 등에 주목하면서 장기적인 안정성을 기준으로 연애나 결혼의 성공을 측정하곤 한다. 그러나 사랑의 성공은 지속성이나 안정성만을 목표로 두지는 않는다(Ruti, 2012). 나의 가슴에 울림을 주지 않는 그리고 영혼을 건드리지 않는 밋밋하고 겉도는 관계를 오래 끌고 가는 것은 사랑의 성공이라기보다는 차라리 우유부단함이나 이기심의 성공으로 보아야 옳을 것이다. 안정감, 편안함, 신뢰감 또한 중요하지만 사랑의 가치를 이런 것으로만 평가할 수는 없는 일이다. 진정한 사랑은 매 순간 서로를 인정하고 그리워하며, 서로를 통해 자아가 충만하고 삶의 진한 아름다움을 느끼게 되며, 때로는 고통스러운 사랑의 좌절을 통해 인생에 대해 값진 통찰을 얻는 것이다(Ruti, 2012).

1) 집착과 욕망을 내려놓기

사랑은 감옥 같은 것이 아니다. 진실한 사랑은 우리에게 충분한 공간을 내어준다.
—Thich Nhat Hanh—

틱낫한(2014)은 사랑의 본질을 관찰하는 것이 중요하다고 강조한다. 물에 빠진 사람이 통나무에 매달리듯이 인간은 욕망의 대상에게 매달린다고 하면서 진실한 사랑에는 고통과 집착이 따라오지 않으며, 오히려 행복을 가져다 준다고 한다. 특히 그는 사랑하는 사람에게 줄 수 있는 최고의 선물 중 하나는 두려워하거나 집착하지 않는 상태를 보이는 것이라고 충고하면서, 인간의 욕망이 부질없음에 대해 부처의 가르침을 이야기한다(Thich Nhat Hanh, 2014: 38). 갈증이 심한 사람은 물에 독이 들어 있다는 꼬리표를 보고도 맑고 깨끗하고 신선해 보이는 겉모습에 현혹되어 그 물을 마시는 치명적 우를 범하는데, 이는 마치 겉보기에 매력적인 것을 가지려고 또는 몇 분간의 행복을 위해 위험을 감수하는 것이다.

2) 사랑의 문제에 대한 핵심을 파악하기

반대 방향을 향하는 마음이 없다면 절제도 미덕도 존재하지 않는다.
—Montaigne—

프롬(2009)은 '사랑의 기술'에서 수많은 연인이 빚어내는 사랑의 문제는 크게 두 가지에서 비롯된다고 지적한다. 첫째, 대부분이 사랑의 문제를 '사랑하는'이 아닌 '사랑받는' 문제, 즉 사랑할 줄 아는 능력의 문제가 아닌 어떻게 하면 사랑받을 수 있는가에 집중하는 것에 연유한다는 것이다. 둘째, 대다수가 사랑의 문제는 '능력'의 문제가 아니라 '대상'의 문제라는 잘못된 믿음을 갖고 있다는 것이다. 이들에게 '사랑한다'는 것은 쉬운 일이고 사랑에 빠질 만한 올바른 대상을 발견하기가 어려울 뿐이다. 그러나 어떤 사람을 진심으로 사랑한다는 것은 수동이 아닌 능동이며, 보호, 존경, 책임, 지식, 생산성을 의미한다. "순수한 사랑은 사랑받는 자의 성장과 행복에 대한 능동적 갈망으로 인간 자체에 대한 사랑을 아우른다"(Fromm, 2009: 84). 특히 프롬(2009)은 성숙하고 성공적인 사랑을 원한다면 삶이 기술인 것처럼 '사랑도 기술'이라는 것을 이해하고 인간 실존문제에 대한 해답으로서의 사랑에 대한 지식을 갖추고 이에 기초한 실천을 지속해야 한다고 주장한다.

3) 자아도취적 이기심에서 벗어나기

프롬(2009)은 사랑의 결실을 위한 중요한 조건으로 '자아도취의 극복'을 조언한다. 그에 따르면 자아도취적 인간은 자신의 자아에 빠져 자신의 관념을 중심으로 세상을 바라보기 때문에 외부 세계의 현상이나 대상이 자신의 기준에서 유익한지 아닌지에 따라 가치를 부여한다. 자아도취의 반대 극은 사람과 사물을 있는 그대로 보는 객관성으로, 자신의 욕망과 두려움에 의해 정립된 고정관념이나 편견으로부터 외적인 현상을 분리시킬 수 있는 능력이다(Fromm, 2009). 인간은 모두 세계와 타인에 대한 자기중심적 견해, 다시 말해 자신의 자아도취적 방향으로 인한 왜곡된 견해를 갖고 있다. 그러나 진정한 사랑이란 두 연인이 자신을 잃지 않으면서도 각자 자신을 위해, 그리고 상대를 위해 아름답고 드넓은 하나의 세계가 된다는 조건에서만 가능하다(Merrien, 2011: 238).

> "상대가 나와 다른 식으로, 반대되는 방식으로 살고, 행동하고 느끼는 것을 이해하고 즐기는 게 사랑이 아니면 무엇이겠는가? 사랑이 기쁨 속에서 반대되는 것을 통합할 수 있으려면 차이를 없애거나 부정하려고 해서는 안 된다"(Merrien, 2011: 234).

4) 틀에서 벗어나 고유한 독립성과 조화된 통합성 유지하기

> 행복은 애지중지할 소유물이 아니라 생각의 자질이고, 정신의 상태다.
> —Daphne Du Maurier—

성숙한 사랑이란 '자신의 통합성', 즉 자신만의 고유함을 유지하면서, 사랑하는 연인과 하나가 되는 것이다(Fromm, 2009). 이는 사랑하는 사람을 향한 위선과 가식에서 벗어나 자신의 고유한 경험, 소중한 꿈과 가치가 담긴 개성을 온전히 드러내고 상대의 그것을 포용하는 것을 의미한다. 과거부터 현재까지 켜켜이 쌓아 온 남성성과 여성성이란 틀 안에서 사랑에 대한 행동양식을 규정하는 것은 순수하고 자유로운 사랑의 감정을 구속하는 것일 뿐이다(Ruti, 2012). 우리의 사고를 경직시키고 진실한 감정 표현을 억제하는 남성과 여성에 대한 일반화에서 좀 더 유연해지고 자유로워짐으로써 사랑의 신비에 빠져 보는 것은 어떨까?

「포브스」에서 선정한 세계에서 가장 영향력 있는 인물이기도 한 라이프 카운슬러 필립 맥그로(McGraw, 2007)는 『똑똑하게 사랑하라』에서 이성 간의 긍정적 관계를 위한 팁으로 자신을 인정하고 신뢰하며, 개성을 발산하라고 조언한다. 이처럼 사랑은 각자 자신의 특성을 인정하고 장점을 키워 가는 동시에 상대에 대한 가능성을 믿고 지지함으로써 인간 본연의 고독과 고립감을 극복해 가는 과정이다(Fromm, 2009). 진정한 독립성이란 밀고 당기기 게임을 하며 의도적으로 상대를 애태우고 힘들게 함으로써 자신의 가치를 높이거나 관심을 얻기 위해 상대를 조종하는 것이

『똑똑하게 사랑하라』

아닌 마음에 여유와 중심을 갖고, 자신의 품위와 독특성을 유지하면서, 자기확신을 통한 내면의 힘을 갖는 것이다(Ruti, 2012: 121).

5) 보편적 남녀 차이를 이해하기

맥그로(2007)는 남녀의 정신세계, 즉 여자의 논리로 남자들의 행동에 대한 귀인을 완벽히 이해할 수 없고, 남자의 논리로 여자들의 행동에 대한 귀인을 완벽히 이해할 수 없다는 사실을 인정하고 받아들이라는 충고를 하고 있다. 이는 존 그레이(John Gray, 2008)의 남자는 화성인, 여자는 금성인의 시작부터 끝까지의 주된 내용으로, 여자의 온정 지향적, 남자의 합리 지향적 사고로 상대를 판단하면 서로의 모든 행동은 일부러 상대를 괴롭히려 하는 행동처럼 보일 수도 있다는 것이다. 남녀 차이에 대한 일반화는 모든 남녀에게 언제나 적용될 수는 없으며, 남녀에 대한 고정관념에 얽매이는 것은 사랑의 순수함을 훼손할 수도 있다. 그럼에도 불구하고 남녀 간의 의사소통이나 정서적·생물학적 차이 등에 대한 보편적인 이해를 갖는 것은 새로운 관점으로 상대 이성을 바라보고 공감할 수 있는 여유를 갖게 하는 것이다. 예를 들어, 남자는 한 가지 일에 몰두하면 다른 것에 관심을 두기 힘들다는 사실을 이해하고, 남자의 무관심에 좌절하거나 상처받지 말라는 식의 조언이 때때로 도움이 될 수 있다는 것이다(McGraw, 2007: 148).

6) 있는 그대로 느끼고 온 마음으로 사랑하기

더 많이 사랑하는 것 외에 다른 사랑의 치료약은 없다.
—Henry David Thoreau—

한편 남녀를 일반화하는 상투적 지식이나 편견에 빠져 상대를 통제하려고 하면 사랑하는 대상을 있는 그대로 느끼고 자유롭게 사랑을 표현하는 것은 점점 더 어려워지고 결국 서로에게 치유하기 힘든 상처만을 남기게 된다(Ruti, 2012). 즉, 여자는 배려와 공감의 달인, 남자는 메마른 정서의 이기주의자라는 화성인, 금성인의 사고에 묻힌다면 우리의 사랑은 무기력해질 수밖에 없다. '남자(여자)가 원하는 것'이나 '남자(여자)를 유혹하기 위해 여자(남자)가 해야 할 일'과 같은 진부한 조언들은 아름다운 남녀관계를 아주 단순한 공식으로 전락시킨다. 또한 사랑하는 사람에게 다가가기 위해 자신을 뜯어고쳐야 한다거나 '나'를 포기해야 한다고 생각한다면 자존감은 떨어지고, 둘이 함께 하는 시간은 허상과 추락의 시간이 될 것이다(Ruti, 2012).

사랑을 일차 방정식이나 밀당게임 정도로 치부하는 것은 사랑으로 인한 달콤하고도 쓰디쓴 모든 환희와 고통의 경험이 우리의 삶을 새로운 차원으로 변화시키고 승화시킨다는 사실을 깨닫지 못하는 것이다. 오히려 우리 모두 사랑하게 되면 욕망하고 집착하며, 혼란스럽고 취약해진 감정으로 인해 자존심과 품위를 버리고 때로 어리석은 말과 행동을 하게 된다는 점을 인정해야 한다(Ruti, 2012). 모든 사랑은 오르막과 내리막의 연속으로 사랑에 성공하는 '공식'이나 '해법'이란 없다.

> "사랑은 혼란스럽고 관리가 불가능한 감정이라는 사실을 인식하고, 사랑하다가 상처를 받더라도 그것은 상대가 내게 상처를 줄 계획을 세웠기 때문도, 내가 뭔가를 잘못했기 때문도 아니란 것을 담담하게 받아들여야 한다. 사랑이란 본래 혼란스럽고 예측 불가능하기 때문이며 사람들이 온전히 사랑만 할 수 없는 복잡한 삶을 살고 있기 때문이다"(Ruti, 2012: 91).

7) 공동 반응성을 높이기

우리의 위대함과 풍족함은 우리가 베푸는 사랑의 양에 달려 있다.
—Comte—

성숙한 사랑이란 둘의 만남을 통해 서로의 정서적 지평이 넓어지고 우리 존재의 일면을 일깨우게 되고, 다차원적인 미래를 불러들이며, 우리의 개성에 밀도와 깊이를 더해간다. 이러한 사랑을 위해서 스턴버그와 와이스

(Sternberg & Weis, 2010: 246)는 남녀 관계에서의 공동 반응성에 중점을 두었다. 이는 파트너의 행복한 삶에 초점을 맞추고, 그 사람이 표현한 욕구와 갈망, 목표를 따라주는 조건 없는 반응으로, 상대의 약점을 이용하지 않는다.

이 반응성의 다섯 가지 형태를 보면 다음과 같다(Sternberg & Weis, 2006: 15). 첫째, 도와준다(예를 들어, 다치거나 특정한 물건이나 행동이 필요할 때 주는 것과 뭔가를 잃어버리거나 아픔을 겪을 때 도와주는 것도 포함된다). 둘째, 단기, 장기 목표를 이루도록 지원한다(다이어트를 도와주거나, 상대방의 희망을 들어주고, 이해하고 격려해 주는 것이다.). 셋째, 상대와 협동해 무엇인가를 만들어낸다(같이 춤을 추거나 게임을 한다.). 넷째, 상대가 실수했을 때 너그러운 태도를 보인다(파트너가 너무 바빠 점심 약속을 잊어버렸을 때 용서해 준다.) 다섯째, 상대방을 배려하고 있음을 상징적으로 보여 준다. 이는 필요할 때 옆에 있어주겠다는 의미의 전달로 말과 신체적 행동 등으로 전달된다.

반응성은 관계에서 사랑 혹은 공감의 감정을 정립하는 핵심 역할을 한다. 반응성을 높이기 위해서는 무엇보다 사랑하는 사람의 행복을 위해 무엇을 해야 할지 민감해야 한다. 특히, 서로의 공동 반응성의 수준을 높이려면 자기노출을 통해 자신의 욕구나, 목표 갈망, 두려움을 자유롭게 표현해야 한다(Sternberg & Weis, 2006: 250).

흔히 사랑은 움직이는 것이라고들 한다. 이 말은 사랑은 고정불변의 감정이 아닌 진화하는 '과정'으로 여러 단계를 거쳐 변화하는 그 무엇이란 의미다. 즉, 우리 스스로 '뭔가' 하고, 능동적으로 설계하고 정성을 투입해야 생겨나는 것이다(Jellouschek, 2007: 29). 사랑이란 두 사람이 자신들만의 스토리와 추억을 공유하는 것으로, 둘이 함께 한 시간 속에는 온전한 하나가 되어 가기 위해 파동치는 감정의 애환들이 녹아 있다. 사랑에 성공하는 법칙이나 공식은 없지만, 인간의 본질을 깊이 성찰하고 사랑의 의미를 다양한 관점에서 조망한 여러 학자와 철학자들의 깊은 성찰과 경험의 이야기를 나의 삶에, 사랑에 투사함으로써 더 진실하고 아름다운 사랑을 가꾸어 보자.

당신이 생각하는 사랑이란?:

사랑의 유형 척도(Tara Parker-Pope, 2012: 85-87)

다음 질문에 '예'나 '아니요'로 답하시오.

1. 첫눈에 반하는 사랑이 가능하다고 생각한다.
2. 처음으로 키스하거나 볼을 비볐을 때 성기가 반응(질액 분비 또는 발기)하는 것을 느꼈다.
3. 만난 지 얼마 되지 않아 둘 다 원해서 키스를 했다.
4. 보통 제일 먼저 내 관심을 끄는 것은 상대방의 외모다.
5. 그(또는 그녀)의 손길이 처음 닿았을 때 사랑의 가능성을 감지했다.
6. 사랑에 빠지기 전부터 내 진정한 사랑의 모습에 대해 생각이 분명했다.
7. 연인과 같은 종류의 옷, 모자, 화분, 자전거, 자동차 등을 갖고 싶다.
8. 나는 시간이 어느 정도 지나고 나서야 사랑에 빠졌다는 사실을 깨달았다.
9. 먼저 아끼는 마음이 어느 정도 든 다음에야 사랑할 수 있다.
10. 전에 사귀었던 사람들 거의 모두와 여전히 좋은 친구관계를 유지하고 있다.
11. 최상의 사랑은 오랫동안 쌓아 온 우정에서 싹튼다.
12. 사랑하면 가장 좋은 점은 함께 살면서 가정을 만들어 나가고 아이들을 키우는 것이다.
13. 키스와 포옹, 성관계는 서두르면 안 된다. 그것은 서로 충분히 가까워지면 자연스럽게 하게 된다.
14. 정확히 언제 사랑에 빠졌는지 말하기 어렵다.
15. 최고의 사랑이란 가장 오래가는 사랑이다.
16. 둘 사이 관계가 삐걱거리면 소화가 잘 안 된다.
17. 연인과 헤어졌을 때 너무 우울해서 자살까지 생각해 본 적이 있다.
18. 가끔 사랑에 빠졌다는 사실에 너무 흥분해서 잠을 설칠 때가 있다.
19. 연인이 나에게 관심을 보이지 않으면 온몸이 아프다.
20. 사랑에 빠지면 다른 일에 집중하기가 힘들다.
21. 연인이 다른 사람과 함께 있다는 생각이 들면 견딜 수가 없다.
22. 연인이 다른 사람에게 관심을 보이면 질투를 하지 않으려 해도 어쩔 수 없이 질투가 난다.
23. 연인과 관계가 끝났다고 생각할 때도, 다시 만나자 옛 감정이 되살아난 적이 적어도 한 번은 있었다.
24. 연인이 잠시 내게 무관심해지면 관심을 끌기 위해 가끔 어리석은 짓을 했다.

25. 현실적으로 볼 때 누군가를 헌신적으로 사랑하기 전에 그 사람이 내 삶에 어떤 자리를 차지하게 될지 심사숙고해야 한다.

26. 사랑하는 사람을 만나기 전에 인생 계획을 잘 짜 놓는 것이 좋다.

27. 나와 비슷한 환경에서 자란 사람을 사랑하는 것이 가장 좋다.

28. 사랑하는 사람을 선택할 때 고려해야 할 중요한 요소는 그 사람이 우리 집안에 걸맞은 사람인가 하는 점이다.

29. 사랑하는 사람을 선택할 때 고려해야 할 중요한 요소는 그 사람이 좋은 부모가 될 수 있는가 하는 점이다.

30. 결혼하고 싶지 않은 사람과는 진심으로 사랑할 수 없을 것 같다.

31. 사랑하고 싶지 않은 사람과는 데이트도 하지 않겠다.

32. 사랑하는 사람을 선택할 때 고려해야 할 중요한 요소는 그 사람이 내 직업에 걸맞은 사람인가 하는 점이다.

33. 아이를 가지게 될 때를 대비해 관계가 깊어지기 전에 그(또는 그녀)와 나의 유전적 궁합이 맞는지 알아보려 한다.

34. 내가 우리 관계를 진지하게 여기는지 상대방이 확실히 알 수 없도록 여지를 남겨 놓는 것이 좋다.

35. 사랑의 재미 가운데 하나는 관계를 발전시키면서 동시에 거기에서 내가 원하는 것을 얻어 내는 능력을 시험해 보는 것이다.

36. 나에 대해 모르는 부분이 있다 해도 내 연인은 그것 때문에 상처를 받지는 않을 것이다.

37. 두 사람을 동시에 만나면서 서로에 대해 알아채지 못하도록 용의주도하게 계획을 세웠던 적이 적어도 한 번은 있었다.

38. 옛사랑을 쉽게, 빨리 잊는 편이다.

39. 매력적인 사람들을 유혹하는 것을 즐긴다.

40. 나와 다른 사람들 사이에 있었던 일들을 연인이 알게 된다면 그(또는 그녀)는 매우 속상해할 것이다.

41. 마음에 들지 않는 사람이라도 그 사람이 나의 데이트 신청에 응할지 시험해 보는 것은 재미있을 것이다.

42. 연인이 어려운 시기에 빠지면 설사 그(또는 그녀)가 바보처럼 행동하더라도 있는 힘을 다해 도우려 노력한다.

43. 연인이 고통받는 것을 지켜보느니 차라리 내가 고통받는 편이 낫다.

44. 나는 연인의 행복을 나의 행복보다 우선해야 행복하다.

45. 연인과 헤어질 때 어떻게 해서라도 그(또는 그녀)가 괜찮도록 해 주어야 한다.

46. 연인이 원하는 것을 얻도록 기꺼이 내가 원하는 것을 희생하는 편이다.

47. 연인이 다른 사람과 아이를 갖게 된다면 내 자식처럼 사랑하고 키우고 돌보겠다.

48. 연인에게 짐이 되느니 차라리 헤어지겠다.

49. 내가 가진 것은 무엇이든 그(또는 그녀)가 마음대로 써도 된다.

50. 연인이 한동안 나와 만나지 못하거나 전화하지 않을 때 그럴 만한 이유가 있다고 생각한다.

'예'라고 답변한 질문들이 어떤 사랑 유형에 속하는지 확인해 보자.

사랑의 유형	질문 번호	'예'라고 답변한 질문 개수
낭만적 사랑	1~7	
우애적 사랑	8~15	
소유적 사랑	16~24	
논리적 사랑	25~33	
유희적 사랑	34~41	
이타적 사랑	42~50	

당신의 사랑은 얼마나 열정적일까?:
열정적 사랑의 척도(Tara Parker-Pope, 2012: 75-76)

다음 질문에 답하면서 여러분의 사랑이 얼마나 열정적인지 알아보자. 여러분이 지금 이 순간 가장 열렬히 사랑하는 사람을 염두에 두고 답을 고르기 바란다. 답변은 전혀 그렇지 않다(1)에서 전적으로 그렇다(9)까지 있다. 답을 한 후 점수를 더해서 해당하는 설명을 확인하면 여러분이 사랑이 얼마나 뜨겁게 타오르는지 알 수 있다.

	그렇지 않다 그렇다
연인이 내 곁을 떠난다면 깊은 절망감에 빠질 것이다.	1 2 3 4 5 6 7 8 9
가끔 생각을 자제할 수가 없다. 온통 연인 생각뿐이다.	1 2 3 4 5 6 7 8 9
연인을 행복하게 해 주는 일을 할 때 행복하다.	1 2 3 4 5 6 7 8 9
그 누구보다도 연인과 함께 있는 것이 좋다.	1 2 3 4 5 6 7 8 9
연인이 다른 사람과 사랑에 빠진다고 생각하면 질투가 난다.	1 2 3 4 5 6 7 8 9
연인에 대해 모든 것을 알고 싶다.	1 2 3 4 5 6 7 8 9
육체적으로, 감정적으로, 정신적으로 내 연인을 원한다.	1 2 3 4 5 6 7 8 9
연인의 애정을 끊임없이 갈망한다.	1 2 3 4 5 6 7 8 9
연인은 내게 완벽한 연애 상대다.	1 2 3 4 5 6 7 8 9
연인의 손길이 닿으면 내 몸이 반응하는 것을 느낀다.	1 2 3 4 5 6 7 8 9
늘 연인을 생각한다.	1 2 3 4 5 6 7 8 9
연인이 내 생각, 내 두려움, 내 희망을 알았으면 좋겠다.	1 2 3 4 5 6 7 8 9
연인이 나를 원한다는 단서를 열심히 찾는다.	1 2 3 4 5 6 7 8 9
연인에게 강렬한 매력을 느낀다.	1 2 3 4 5 6 7 8 9
연인과 관계가 삐거덕거리면 무척 우울해진다.	1 2 3 4 5 6 7 8 9

열정적 사랑 점수

106~135점: 매우 열렬하다. 당신의 사랑은 격정적이며 무모하다.

86~105점: 열렬하다. 열정의 불꽃이 타오르고 있지만 강렬하지는 않다.

66~85점: 보통이다. 만족할 만하다. 가끔 불꽃이 일기도 한다.

45~65점: 서늘하다. 미지근하다. 열정을 느끼는 횟수가 잦지 않다.

15~44점: 매우 차갑다. 열정이 식었다.

출처: Sternberg & Weis(2006).

성찰질문

1. 자신이 생각하는 이상적 사랑에는 어떠한 요소들이 포함되어 있는가?
2. 진화심리학적 관점 및 사회문화적 관점에서 주장하는 남녀 차이에 대한 자신의 견해는 어떠한가?

참고문헌

곽금주(2012). 도대체, 사랑. 경기: 쌤앤파커스.

김형자(2012). 사랑의 실험실=사랑에 관한 유쾌한 실험과 흥미로운 이론들. 경기: 책 읽는 수요일.

마리 루티(2012). 하버드 사랑학 수업(The Case for Falling in Love, 권상미 역). 서울: 웅진지식하우스.

로버트 스턴버그(2002). 사랑의 기술(Cupid's arrow: The course of love through time, 류소 엮음). 서울: 사군자.

로버트 스턴버그, 카린 스턴버그(2000). 우리는 어쩌다 적이 되었을까?(The Nature of Hate, 김정희 역). 경기: 21세기북스.

로버트 스턴버그, 카린 웨이스(2010). 심리학, 사랑을 말하다(The New Psychology of Love, 김소희 역). 경기: 21세기북스.

롤랑 바르트(2004). 사랑의 단상(김희영 역). 서울: 동문선.

에리히 프롬(2009). 사랑의 기술(The art of loving, 권오석 역). 서울: 홍신문화사.

존 그레이(2008). 화성에서 온 남자 금성에서 온 여자(Men Are from Mars, Women Are from Venus, 김경숙 역). 서울: 동녘라이프.

카트린 메리앙(2011). 철학자에게 사랑을 묻다: 사랑, 뜨겁고도 차가운 이야기: 플라톤에서 앙드레 콩트−스퐁빌까지(L'amour, 정기헌 역). 서울: 한얼미디어.

타라 파커포프(2012). 연애와 결혼의 과학: 지금까지 당신이 몰랐던 사랑의 진짜 얼굴(For Better: The Science of a Good Marriage, 홍지수 역). 서울: 민음사.

틱낫한(2014). 틱낫한 스님이 말하는 섹스, 그리고 사랑(Fidelity: How to Create a Loving

Relationship That Lasts, 신소영 역). 서울: 영림카디널.

필립 C. 맥그로(2007). 똑똑하게 사랑하라(*Love Smart: Find the One You Want–Fix the One You Got*, 서현정 역). 서울: 시공사.

한스 옐루셰크(2007). 결혼수업(*Wie Partnerschaft gelingt-Spielregeln der Liebe*, 김시형 역). 서울: 교양인.

헬렌 피셔(2009). 왜 사람은 바람을 피우고 싶어할까(*Anatomy of Love: The Natural History of Monogamy, Adultery, and Divorce*, 최소영 역). 경기: 21세기북스.

헬렌 피셔(2010). 연애본능: 심리학이 말하는 연애의 모든 것(*Why we love: The Nature and Chemistry of Romantic Love*, 정명진 역). 서울: 생각의 나무.

Lee, J. A. (1973). *The Colors of Love: An Exploration of the ways of Loving*. Don Mills, Ontario, Canada: New Press.

Rubin, Z. (1973). *Liking and Loving: An Invitation to Social Psychology*. New York, NY: Holt Rinehart & Winston.

Sternberg, R. J. (1986). A triangular theory of love. *Psychological Review, 93*(22), 119-135.

Sternberg, R. J., & Weis, K. (2006). *The new psychology of love*. New Haven, CT: Yale University Press.

제**9**장

커뮤니케이션과 대인관계

커뮤니케이션은 인간 사회의 구성체들을 이어 줌으로써 공동생활을 가능케 하는 생활양식이다. 인간 사회가 다른 동물보다 발전한 것은 커뮤니케이션 능력이 더 뛰어나다는 데서 원인을 찾을 수 있다. 따라서 커뮤니케이션은 인간 사회의 생존양식이자 사회생활 자체라고도 말할 수 있다. 커뮤니케이션은 21세기 들어 더욱 그 중요성이 부각되고 있다.

잡코리아가 교육업체 CMI 연구소와 함께 20대 직장인 306명을 대상으로 설문조사한 결과, 신입사원이 직장생활에서 가장 어려워하는 점은 '상사와의 커뮤니케이션(79.1%)'으로 나타났다(파이낸셜뉴스, 2009. 8. 22.). 이것은 직장뿐만 아니라 실생활에서도 커뮤니케이션의 중요성을 말해 주고 있다. 여러 가지의 커뮤니케이션 중에서 '대인관계' 커뮤니케이션은 다양한 인간과 인간의 커뮤니케이션으로, 대인관계를 효율적으로 이끌어 가기 위해서는 무엇보다 서로가 적합한 커뮤니케이션의 환경을 조성하는 것이 필요하다. 그리고 긴밀한 커뮤니케이션을 위해 다양한 방법을 이해해야 한다. 따라서 이번 장에서는 커뮤니케이션과 대인관계에 대한 기본적 이해에 대해서 살펴보고자 한다.

1. 커뮤니케이션의 정의

커뮤니케이션은 'Common'(공통의)을 뜻하는 라틴어의 'Communis'에서 유래된 용어로서 common, company, community처럼 communication도 '무엇을 공유한다'는 의미를 가지고 있다. 즉, 커뮤니케이션(communication)이란 대인 간에 정보를 공유하고 나누는 과정으로, 자신의 생각을 전달하는 화자와 청자 사이에 공통적인 이해가 존재할 때 효과적인 커뮤니케이션이 이루어진다. 이러한 커뮤니케이션에 대한 학자들의 정의를 살펴보면 사이몬(Simon)은 "조직구성원의 한 사람으로부터 다른 사람에게 결정 전제(decisional premises)가 전달되는 과정"으로, 메리휴(Merrihue)는 "전달자가 청자에게 소정의 의미를 전달하여 청자로부터 그가 바라는 반응 행동을 일으키게 하는 전달자의 주도적 행동"으로, 데이비스(Davis)는 "한 사람에서 다른 사람에게 정보를 전달하고 이해하는 과정"이라고 정의하고(김창걸, 1997), 최은수와 배석영(2008)은 "커뮤니케이션은 의미 있는 기호(symbols)를 통한 정보의 전달과 이해를 가능하게 하며, 둘 또는 그 이상의 사람들이 함께 연관되어 있는 사회적 과정"으로 정의하고 있다. 케리(Carey, 1989)는 커뮤니케이션을 의식적 관점(ritual view of communication)을 전달적 관점(transmission view)과 대비시키면서, 신명이 갖는 의식적 성격이야말로 커뮤니케이션의 본질로 보았다. 의식적 관점에 따르면 커뮤니케이션이란 메시지를 공간적으로 전달하는 것이 아니라 한 사회를 시간적으로 유지하기 위해 사람들을 나눔의 공동체로 묶어 주는 것이다. 따라서 커뮤니케이션이 정보의 제공(imparting), 전달

(sending), 전송(transmitting) 등의 용어가 아니라 의식의 나눔(sharing), 참여
(participation), 연대(fellowship), 제휴(association) 등의 용어와 관련된다고 보
기도 하였다(한국언론학회, 2009). 이렇게 커뮤니케이션은 여러 가지의 관점
에서 달리 정의를 내리고 있으나 종합적으로 커뮤니케이션은 "우리들의 생
활 속에서 관련을 맺고 있는 사람 혹은 세상을 통해 메시지를 보내고, 받고,
해석하는 과정"이라고 할 수 있다.

2. 커뮤니케이션의 필요성

원활한 커뮤니케이션이야말로 인간의 삶의 질과 직접적인 관계가 있다.
이런 커뮤니케이션은 서로 공유를 통해서 진정한 소통이 되지만, 커뮤니케
이션 상황과 맥락이 생소하게 전개되면 해석이 어렵거나 아예 불가능하게
됨에 따라 서로 간에 커뮤니케이션에 장애가 발생한다. 이러한 장애는 우리
들의 삶 속에서 얼마나 많은 고통과 마음의 상처를 주는지 쉽게 접할 수 있
는가 하면 가장 기본적인 커뮤니케이션의 장애가 서로에게 적절히 반응하
지 못함으로써 오히려 엉뚱한 결과를 초래하게 된다. 중요한 것은 이러한 커
뮤니케이션 장애가 되풀이될 때다. 학교에서 왕따, 고령사회 속에서 고독사,
날로 늘어가는 이혼 등의 경우를 생각해 보면, 사람들은 심리적 · 정신적 건
강에 많은 손상을 입게 되고, 커뮤니케이션의 교착과 장애는 결국 서로에게
상처만 준다.

이러한 결과는 두 사람만으로 끝나는 것이 아니라 그들을 둘러싸고 있는
모든 사회적 관계에 영향을 미치며, 이혼의 경우는 결별 후 상당한 후유증이
상처로 남게 된다. 원활한 커뮤니케이션은 사람들의 건강을 유지하지만 사
회적으로 고립된 이들은 스트레스나 질병에 시달리거나 일찍 죽음을 맞이한
다. 대인관계가 좋지 못한 사람들에게 심장병도 더 많이 발병되며, 유방암에

걸린 여자들의 경우, 함께 이야기할 수 있는 친구나 가족이 있는 사람은 그렇지 않은 경우보다 2배나 더 오랜 기간 생존했다고 하는 연구도 있다(Crowley & Heyer, 1995).

커뮤니케이션은 거미줄과 같은 인간들의 사회생활 속에 연결망이다. 거미가 거미줄을 통해서 먹이를 잡아 살아가듯이 우리 인간들 역시 사람들과 연결망인 커뮤니케이션을 통하여 삶을 영위하고 있다. 커뮤니케이션은 삶 자체이기 때문에 우리는 첨단 기술(technology)을 통해 사이버 공간에서 커뮤니케이션하며 살아가고 있다.

3. 커뮤니케이션과 대인관계 기본 원리

다양한 상황에서 효율적으로 커뮤니케이션할 수 있는 능력을 강화하기 위한 기본 원리는 다음과 같이 여섯 가지 영역으로 인식과 이해, 분위기, 언어커뮤니케이션, 비언어커뮤니케이션, 경청, 그리고 상황이다. 이러한 기본 원리들은 커뮤니케이션을 하고 있는 상황에 따라 각각 관심도나 비중이 다를 수 있겠지만 서로 밀접한 관계 속에서 커뮤니케이션이 이루어진다(이경우, 김경희, 2007).

1) 인식과 이해

관계하는 사람과 환경에 대한 커뮤니케이션의 첫 단계는 그와 관련된 자신, 타인, 상황과 경험에 대한 인식이다. 우리들의 생활 속에서 어떤 사람이나 상황을 접할 때 우리는 모두가 기존에 갖고 있는 인식에 의해 결정하게 된다. 이러한 인식은 첫 이미지에 의해 영향을 받는다는 것이다. 그리고 지금까지 우리가 어떻게 생활했는가, 또 다른 사람들과 어떻게 관계해 왔으며 다른 사람의 이야기를 어떻게 받아들였는가에 의해 형성된 현재의 인식 체계에 의해 새로 관계하는 사람에 대한 인식의 방향이 결정된다는 것이다. 이처럼 우리들의 인식체계는 우리들의 생활 속에 수많은 요소들과 연계되어 우리의 인식이 형성되고 또 그것을 통해서 상대방과 환경을 이해하게 되는 것이다. 따라서 커뮤니케이션에 대한 통찰력을 얻고 다양한 상황에서 효율적인 커뮤니케이션을 하기 위해서는 인식의 오류를 범하지 않도록 해야 한다.

2) 분위기

커뮤니케이션의 분위기란 커뮤니케이션을 할 수 있는 심리적 기분 또는 정서적 느낌을 말한다. 쉬운 예로 아무리 기분 좋은 소식이라도 속상한 일로 우울해 있는 경우 그 기쁜 소식에는 별 관심이 없을 것이다. 강의의 경우도 역시 교수와 학생 간의 원활한 커뮤니케이션을 위한 방법은 교수법의 기본으로 어떻게 하면 수업 분위기를 잘 조성할 것인가다. 곧바로 수업을 시작하는 것보다는 수업 분위기를 위해서 간단한 게임이나 아이스브레킹을 하고 수업할 경우 보다 부드러운 분위기에서 수업을 진행할 수 있기 때문이다. 이와 같이 언제 어디에서 어떤 상황이든 효율적인 커뮤니케이션을 위한 분위기는 매우 중요하다.

3) 언어적 커뮤니케이션

커뮤니케이션은 크게 언어 커뮤니케이션과 비언어 커뮤니케이션으로 나누어진다. 언어 커뮤니케이션은 구어나 문어, 즉 말이나 글에 의해 이루어지는 커뮤니케이션으로 사람들은 일반적으로 언어 커뮤니케이션을 커뮤니케이션이라고 생각하는 경향이 있다.

2003년 11월 한 채용 정보 사이트에서 구직자 1,206명에게 '면접에서 떨어진 경험이 있다면 그 이유는 무엇이라고 생각하는가'라고 질문한 결과, 응답자의 29.1%가 '언변이 부족해서'라고 답했다. 여기에서 알 수 있듯이 언어로 자신을 가장 잘 표현한다는 것은 쉽지 않다. '말 한마디에 천 냥 빚도 갚는다.' 는 이야기가 있다. 그리고 성경에도 말을 하는 혀에 대해서 "온순한 혀는 곧 생명나무지만 패역한 혀는 마음을 상하게 하느니라"(잠 15:4)라고 이야기하고 있다. 이는 말을 올바로 하고 해석하는 것이 얼마나 중요한가를 이야기하고 있다. 따라서 우리의 생각이나 느낌 등 우리가 전하고자 하는 메시지를 가장 정확하게 표현할 수 있는 것은 언어이며, 다른 사람의 메시지를 가장 정확하게 해독할 수 있게 하는 것도 역시 언어라는 사실을 바탕으로 보다 효율적인 커뮤니케이션을 위하여 노력해야 한다.

4) 비언어적 커뮤니케이션

머레이비언(Albert Mehrabian, 1939~   )

미국의 심리학자 머레이비언(Mehrabian)은 〈표 9-1〉과 같은 머레이비언의 법칙을 설명하면서 언어적(verbal) 요소와 비언어적(nonverbal) 요소가 상호작용하는 과정에서 비언어적인 요소가 커뮤니케이션에 중요함을 강조했다. 즉, 말의 내용(words: 7%)보다는 시각적 요소(body language: 55%)와 청각적 내용(tone of voice: 38%)이 중요하다는 이론으로서 비언어적인 요소가 무려 93%를 차지하며, 비언어적인 요소가 커뮤니케이션에서 매우 중요하다고 주장하였다(Mehrabian, 1981).

인간은 커뮤니케이션을 할 때 언어는 물론 비언어적 요소를 표현하고 비언어적 요소로 상대방을 판단한다. 언어는 화자의 의도를 가지고 메시지를 전달하지만 화자의 행동, 태도, 몸짓, 표정, 목소리 등에서 더 많은 의도와 메시지가 전달될 수 있다. 한 가지 예로 거짓말을 들 수 있는데, 거짓말은 분명히 타인을 속이기 위한 의도된 언어적 커뮤니케이션이지만 비언어적 요소에서

표 9-1 머레이비언 법칙

언어적 요소(7%)	언어		7%
비언어적 요소(93%)	청각		38%
	시각	표정	30%
		태도	20%
		몸짓	5%

출처: 이종원(2015), p. 171 재인용.

거짓말임을 나타내는 단서들이 있다. 가스와 사이터에 따르면 거짓말을 하는 사람은 그렇지 않은 사람보다 말실수, 목소리 톤, 눈 깜박임, 어깨 으쓱임과 동공 팽창이 잦다고 한다(Gass & Seiter, 1999).

5) 경청

적극적인 경청(attentive listening)이란 상대방의 표출된 부분인 언어만을 듣는 것이 아니라 그 말의 내용과 이면에 내재되어 있는 함축된 정서나 동기를 파악해 비언어적인 행동, 태도, 몸짓 등의 심층적인 면을 잘 관찰하며 반응하는 것이다. 의사소통에 관한 랜킨(Rankin)의 연구 결과에 따르면 커뮤니케이션의 42%가 듣기이며, 다음으로 말하기(32%), 읽기(15%), 쓰기(11%) 순으로 나타나 잘못된 듣기 태도는 오해를 유발하고 의사소통에 장애를 일으킬 수 있다고 한다. 듣기는 단순한 소리를 수동적으로 듣는 것(hearing)이 아니라 적극적으로 소리와 뜻을 이해하는(listening) 것으로 경청을 강조하고 있다(이종원, 2015).

6) 상황

커뮤니케이션이 일어나고 있는 상황을 잘 파악하고 그 맥락에 맞추는 것

역시 커뮤니케이션의 가장 기본적인 원리다. 커뮤니케이션은 하나로 된 다목적용 표현 양식이 아니다. 상황과 사람에 의해 효율성이 결정된다(이경우, 김경희, 2007).

커뮤니케이션을 잘한다는 것은 일반적으로 상황에 맞는 커뮤니케이션을 한다는 것을 의미하기도 하지만 한편으로는 자신에게 맞게 상황을 조정하는 능력을 가진다는 뜻이다. 예를 들어, 취업시험에 떨어져 신경이 예민한 상황에 있는 친구에게 시험에 떨어진 이야기를 한다든지, 유머라 할지라도 재치 있고 분위기에 적절한 유머가 아니라면 오히려 안 하는 것만 못할 것이다.

이상의 여섯 가지 커뮤니케이션의 기본 원리와 상징, 의미는 다양한 커뮤니케이션의 영역에 통합적으로 작용하고 있어 어느 한 가지 조건의 충족으로 효율적인 커뮤니케이션이 가능하다고 할 수 없다.

4. 커뮤니케이션의 유형

인간의 커뮤니케이션 유형은 커뮤니케이션이 발생하는 상황 혹은 조직의 단계에 따라 자아 커뮤니케이션, 대인 간 커뮤니케이션, 소집단 커뮤니케이션, 조직 커뮤니케이션, 공중 커뮤니케이션, 그리고 매스 커뮤니케이션, 사이버 커뮤니케이션 등으로 구분할 수 있다.

1) 자아 커뮤니케이션

자아 커뮤니케이션은 자신과의 커뮤니케이션으로 일기장, 앨범, PC를 이용한 일기와 사진관리 등으로 인간의 내부에서 일어나는 제반 커뮤니케이션 현상을 말한다. 혼자서 조용히 무언가 생각을 하거나 지난 일을 반성하고 내일의 계획을 세우는 것 등은 모두 자아 커뮤니케이션에 해당한다.

2) 대인 간 커뮤니케이션

둘 또는 그 이상의 개인들 사이의 커뮤니케이션을 뜻하는데 주로 전화, 편지, 메모, 이메일, 컴퓨터 매개 커뮤니케이션으로 커뮤니케이션의 가장 기본적인 형태이며 직접적인 커뮤니케이션을 의미한다. 대인 간 커뮤니케이션은 주로 두 사람 사이에 이루어지는 비공식적인 커뮤니케이션이다. 대인 간 커뮤니케이션의 주된 관심사는 우정, 사랑, 가족관계의 형성 및 유지와 같은 인간관계와 그 주된 속성인 친밀도 및 대인 간 권위 등이라고 할 수 있다.

3) 소집단 커뮤니케이션

소수 인원으로 이루어진 집단 속의 커뮤니케이션으로 채팅룸, 전자 그룹, 포커스 그룹 등이 소집단 커뮤니케이션이다. 소집단에 대한 정의는 학자에 따라 각기 다른데 대개 공통의 목표를 달성하기 위한 목적으로 서로 영향을 주고받으면서 상호작용하는 두 사람 이상의 모임을 소집단이라고 한다. 소집단 커뮤니케이션의 특징은 구성원의 숫자라기보다는 상호 면대면의 상황에서 공통된 인식을 갖고 지속적으로 상호작용을 하면서 집단 목표를 달성한다는 점이다. 따라서 대인 커뮤니케이션보다 공식적인 성격이 강하고 목표 중심적이다.

4) 조직 커뮤니케이션

공식 조직 속의 커뮤니케이션으로 네트워크, 화상회의, 공문서, 기획안, 결재 서류, 단체 이메일, 메모, 게시판 등을 들 수 있다. 조직이란 일반적으로 일정수의 사람들이 유기적인 협동 관계를 통해 주어진 목표나 임무 달성을 위해 모인 집단이라 할 수 있다. 조직은 소속 자격과 경계가 분명한 특정 다수를 대상으로 하고 뚜렷한 위계질서를 갖고 있다. 따라서 불특정 소수를 대상으로 하는 소집단과는 다르다. 또한 조직 내에서 이루어지는 커뮤니케이션은 업무적인 요소가 강하기 때문에 소집단 커뮤니케이션에 비해 계약적이고 공식적인 성격이 강하다.

5) 공중 커뮤니케이션

대중을 향한 연설자의 커뮤니케이션으로 유인물, PPT용 빔 프로젝터 등 시청각미디어를 사용하는 공중 커뮤니케이션은 수용자의 규모가 비교적 크다. 그리고 특정한 장소 및 환경에서 어느 정도 지속적이고 조직화된 메시지를 전달한다는 점에서 다른 커뮤니케이션과 다르다.

6) 매스 커뮤니케이션

TV, 신문, 라디오, 책, 잡지, 인터넷, 그리고 인터넷 방송 등의 매스미디어를 통해 불특정 다수의 대중을 대상으로 동시에 신속하게 대량으로 전달하는 것을 매스커뮤니케이션이라고 한다. 매스커뮤니케이션의 특징은 매스미디어가 메시지 전송에 사용된다는 점, 수용자의 규모가 크다는 점, 화자와 청자의 성격과 역할 구분이 명확하다는 점, 메시지 전달이 공개적으로 이루어진다는 점, 메시지 전달 방향이 일방향이어서 피드백의 기회가 제한되어 있거나 지연된다는 점이 있다.

7) 사이버 커뮤니케이션

사이버 커뮤니케이션이란 사이버공간, 즉 네트워크로 연결된 컴퓨터 시스템을 이용하여 물리적인 직접 접촉 없이 디지털화된 정보와 의견을 생산·교

환하는 것을 의미한다. 즉, 컴퓨터를 통해 매개되는 전자적 공간에서 이루어
지는 커뮤니케이션을 의미한다. 오늘날 사이버라고 하면 컴퓨터 네트워크를
통해서 원격적으로 만나고 의견을 개진하거나 토론을 할 수 있는 공간으로
컴퓨터를 통한 커뮤니케이션의 장이기도 하다. 사이버 공간은 커뮤니케이션
을 위한 네트워크상의 물리적·경제적 공간이며, 사회적·문화적 공간인 동
시에 인간관계의 공간이라 할 수 있다(조경덕, 장성화, 2012). 이러한 사이버
커뮤니케이션은 다음과 같은 다양한 방법으로 정보가 교환되고 커뮤니케이
션되고 있다.

웹의 다양한 사이트를 통한 정보교환으로 뉴스 사이트, 웹진, 개인 홈페이
지, 교육 사이트, 게임 사이트, 쇼핑 사이트, 음악 감상 및 다운로드 사이트,
카페 등의 커뮤니티 사이트, 포털 사이트, 뉴스 사이트, 이들 사이트의 게시
판 및 댓글 달기, 블로그가 있다. 그리고 CG 모바일 인터넷 환경에서의 정보
교환으로 페이스 북, 트위터, 팟캐스트, 푸크 방송 서비스, 카카오톡, 카카오
톡 게임 등이 있고, 기타 서비스로 이메일이 있다.

5. 커뮤니케이션 기본 규칙

첫 번째 규칙은 가정과 추론을 검증하는 것이다. 가정한다 함은 사실의 진
위 여부를 정확히 검증해 보지 않은 채 진실이라고 당연시함을 의미한다. 또
추론한다는 것은 자신이 알고 있는 사실을 토대로 모르는 일에 대해 결론을
내리는 행위를 의미하는 것으로 검증하지 않은 가정과 추론을 토대로 행동했
을 경우 커뮤니케이션에 오류를 범하기가 매우 쉽다.

두 번째 규칙은 구체적인 사례를 들어 말하고 중요한 단어는 그 의미를 모
두가 동일하게 이해하도록 명확히 정의해야 한다는 것이다. 구체적인 사례
를 들어 말한다는 것은 관련 정보를 상세하게 이야기한다는 것으로 '언제 어

디서 무엇이 일어났다고 누가 말했는가'를 구체적으로 빠짐없이 이야기하는 것을 말한다. 중요한 단어의 경우 그 의미를 모두가 동일하게 이해할 수 있도록 명확히 정의함으로써 우리가 어떤 단어를 사용할 때 다른 사람들이 이 단어를 사용할 때 의미하는 바와 똑같은 의미로 사용할 수 있다.

세 번째 규칙은 자신의 사고논리와 의도를 함께 설명하는 것이다. 자신이 어떤 주장을 하거나 질문을 하거나 또는 행동을 취했을 때, 상대방에게 그렇게 하게 된 배경과 이유를 설명하는 것을 말한다. 의도란 무언가를 했을 때 그렇게 한 목적이고, 사고논리는 추론의 사다리와 마찬가지로, 자료, 가치, 가정들을 근거로 결론을 도출하기 위해 사용하는 논리 과정이다. 이때 혼자 속으로 생각한 사고논리를 상대방에게 알리는 것도 포함된다.

다음 웨딩카의 사례를 통해서 우리들이 간과하기 쉬운 일상생활 속에서의 몇 가지의 기본 규칙을 살펴봄으로써 효과적인 커뮤니케이션을 할 수 있음을 알 수 있다.

웨딩카 사건

해프닝의 개요	최초 대화	중간에 생긴 일	해프닝 발생 당시의 대화
김 대리가 회사에서 근무하는 중 대학 동창으로부터 3주 후에 있을 자신의 결혼식에 웨딩카를 책임져 달라는 전화를 받음.	이 대리(신랑): 야! 나 결혼해. 김 대리(친구): 축하한다! 이 대리(신랑): 야! 근데 네가 내 웨딩카 좀 책임져 줘야겠다! 김 대리(친구): 웨딩카?(잠시 생각한 후에) 알았어!	김 대리는 4년 된 웨딩아반테인 자신의 승용차를 카로 사용하기 위해 흠집 제거숍에서 흠집을 제거한 후 내외부 세차를 하고 웨딩카 장식을 한 다음, 결혼식장에 주차를 하고 신랑을 만났음.	이 대리(신랑): 야 임마, 왜 이렇게 늦었어! 김 대리(친구): 음-나 웨딩카 갖고 오느라고. 이 대리(신랑): 뭐-? 운전해 달라고! ※실제로 이 대리는 멋진 에쿠스로 웨딩카를 준비해 둔 상태였음.

웨딩카 사건의 복기

실제 대화	표현하지 않은 생각	지키지 않은 규칙	규칙을 지켰다면 달라졌을 대화
이 대리(신랑): 야! 근데 네가 내 웨딩카 좀 책임져 줘야겠다!	넌 대학 때부터 술을 좋아하지 않으니까 웨딩카 운전에 딱 맞는 친구야.	자신의 사고 논리와 의도를 함께 설명함.	차는 준비되어 있고 네가 술을 안 마시니까 운전을 부탁하는 거야, 알았지!
김 대리(친구): 웨딩카? (잠시 생각한 후에) 알았어!	내 차가 아반테인데 이 친구가 차를 못 구했나? 집안형편이 어렵다더니 그런가 보네. 내가 도와주지 뭐!	가정은 추론을 검증한다.	* 운전에 대한 언급이 없을 경우 내 차 가져오라고?

출처: 봉현철, 김형숙(2014), p. 108.

6. 대인관계

대인관계란 두 사람이 서로에게 영향을 주거나 화를 야기하는 관계를 말한다. 보스턴대학교에서 7세 어린이 400명을 40년 동안 추적조사하였는데 성공과 출세에 가장 중요하게 영향을 끼친 요소로 다른 사람과 잘 어울리는 능력이 필요하다는 것을 알게 되었다. 직장에서도 가장 어렵고 중요한 것이 인간관계라고 말한다. 개인은 타인을 떠나서는 존재할 수 없으며, 사람은 태어나면서부터 대인관계 속에서 시작된다고 본다. 그만큼 생활 속에 밀접하게 연관되어 있다. 특히, 조직 속에서 대인관계는 더욱더 우리의 삶에 많은 영향을 미치고 있다. 이러한 측면에서 대인관계의 중요성과 기초적인 이론, 그리고 대인관계의 분석기법을 통해서 대인관계를 살펴보고자 한다.

1) 대인관계 중요성

급격한 사회의 변화와 더불어 다양한 인간의 삶 속에서 진정한 만남의 기회를 갖지 못하는 현대사회의 모순 속에서 가정, 직장, 지역사회에서 많은 문제가 발생하고 있다. 이러한 문제는 우리의 삶 속에 직간접적으로 크게 영향을 미치기 때문에 우리는 모두 효과적인 대인관계의 중요성을 절감하면서 그와 같은 관계를 발달시킬 수 있는 능력을 터득하고자 노력한다(강민구, 1992).

아가일(Argyle, 1984)은 현대의 많은 사람이 불안, 고독감과 불행감을 느끼고 신경 증상에 시달리는 이유가 바로 대인관계의 실패에서 기인된다고 강조하였다.

대인관계에 관한 여러 학자들의 공통점을 살펴보면 첫째 인간의 삶은 전부 관계로 구성되어 있으며, 타인과의 관계를 떠나서는 잠시도 살아갈 수 없으며, 두 번째는 대인관계는 한 개인의 삶의 질을 결정하는 중요한 요소로서 원만한 대인관계를 형성할 때 정체감 확립, 건전한 성격 발달, 자아성취감, 행복감, 인간의 욕구 만족이 이루어지지만, 대인관계가 충족되지 않으면 불안, 우울, 욕구 좌절, 소외 등 정서적 어려움을 겪게 되어 심리적 병리로 이어질 수 있다고 한다(권석만, 1995).

2) 대인관계이론

대인관계 본질이라고 할 수 있는 커뮤니케이션을 다양한 관점을 통해서 대인관계에 있어 커뮤니케이션이 중요한 이론을 살펴본다.

(1) 대인 인지이론
대인 인지이론은 인간이 지니고 있는 편견과 고정관념이 대인 커뮤니케이션에 영향을 미친다고 하는 이론이다. 대인 인지이론의 연구는 상대방에 대한 인지의 문제, 타인에 대한 영향력의 문제, 그리고 이러한 관계의 발전에 대한 문제들을 규명하는 것이 주를 이루었다(김우룡, 1992).

인지이론가는 공통적으로 사람들은 인지적 편견을 갖고 있다는 전제 하에 사람들은 다른 사람들이 자기를 좋아한다고 생각하는 경향이 있고, 또 보고 싶어 하는 것만을 보려는 경향이 있다는 것이다. 또한 사람들은 자기에게 유리한 편에서 삶의 다양한 모습을 보려는 경향이 있다는 것이다. 심리학자 하이더(Heider)의 '속성이론(attribution theory)'에 의하면 사람들은 첫인상을 바꾸기가 어렵다고 한다. 연구자들은 이러한 편견을 우선성의 원리(law of primacy)라고 하며, 어느 경우든 첫인상이 나중에도 영향을 미쳐 첫 번째 가졌던 이미지와 비슷하게 된다는 것이다. 이것은 입력된 고정관념이 새로운 이미지에 더 이상 반응하지 않기 때문이다. 이러한 경우는 흔히 우리가 다른 사람을 판단할 때도 적용되어 그들의 행동을 보고 그의 성격을 판단하는 경향에서도 알 수 있다.

(2) 인지부조화이론

심리학자 페스팅거(Festinger)가 주장하는 인지부조화이론은 화자의 심리적 불안정 상태가 대인 커뮤니케이션의 양태에 영향을 미칠 수 있다는 것이다.

인지부조화이론은 우리가 사물이나 행동 등에 대해 갖고 있는 여러 가지 인지요소들은 서로 밀접한 관계가 있거나 전혀 무관한 관계를 맺고 있다고 전제한다. 인지부조화이론에 따르면 사람들은 자신의 태도가 행동과 일치한다는 것을 확인하기 위해 세 가지의 '정신구조'를 사용한다고 한다. 첫 번째는 '선택적 노출'이 부조화를 막는다는 것으로 사람들이 자신의 취향에 맞는 것을 선택함으로써 상대적으로 편안함을 유지할 수 있다는 것이다. 두 번째는 무엇인가를 결정한 이후에 오는 부조화를 극복하기 위해서 재확신을 필요로 한다는 것이다. 세 번째는 자신이 취한 행동에 대하여 본인 스스로 최소한의 정당화가 있어야 그의 태도에 변화를 가져올 수 있다는 것이다. 인지부조화이론은 우리들의 대인관계에 있어서 어느 한 사람과 친밀한 관계는 물론 어색한 관계에 있어서도 커뮤니케이션의 깊이와 넓이를 생각할 수 있는 이론이다.

(3) 사회침투이론

사회침투이론(social penetration theory)은 상대방과 자신에 대한 정보의 특성에 따라서 친밀성의 차이가 있다고 본다. 인간관계가 친밀해진다는 것은 상대방에 대한 정보의 폭이 넓어지고, 깊이가 깊어진다는 것을 의미한다. 그리고 사회적 침투 이후 커뮤니케이션을 통해 얼마나 '보상'될 수 있느냐에 따라 대인 커뮤니케이션의 지속성이 결정된다는 이론이다. 사회침투이론은 올트먼(Altman)과 테일러(Taylor)가 사람들 간의 관계의 밀착이 어떻게 이루어지는가를 설명하면서 사람들의 성격구조의 복잡성에 대해 양파로 비유하였다([그림 9-1]).

사람의 성격이 양파 껍질처럼 매우 다층적으로 구성되어 있어 성격의 제일 바깥층은 다른 사람이 접근할 수 있는 공적인 자아 층인 반면, 내면 층은 가치 자아개념, 갈등, 깊은 감정 등으로 구성된 사적인 영역으로 보았다. 즉, 내면 층은 외부에 보이지 않지만 생활 영역에 중요한 영향을 미치는 독특한 사

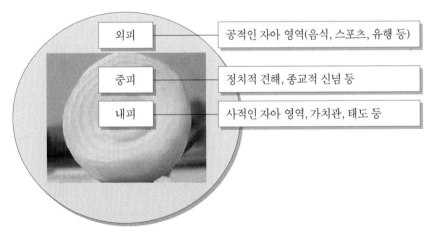

[그림 9-1] 사회침투이론

적인 부분인 것이다. 요약하면 사회침투이론은 커뮤니케이션의 폭과 깊이(침투율), 보상의 정도에 따라 친밀한 대인관계를 얼마나 지속할 수 있는지 설명하는 이론이다.

이상에서 살펴본 바와 같이 다양한 관점에서 대인관계에 대한 이론은 커뮤니케이션이라고 하는 의사소통을 거치지 않고서는 인간관계의 형성과 유지, 발전이 불가능하다는 것을 알 수 있다. 그리고 인간의 삶에 있어서 절대적인 영향을 미칠 수 있는 커뮤니케이션의 요인은 인간들만큼이나 다양하게 영향을 미칠 수 있다는 것도 확인할 수 있다. 따라서 효과적이고 원만한 대인관계 역시 끊임없는 서로 간의 배려와 공감이 절실하다.

3) 대인관계 분석기법

(1) 교류분석 개념

교류분석(Transactional Analysis: TA)은 국제교류분석협회(International Transactional Analysis Association: ITAA)의 정의에 의하면, "상호 계약을 통한 성장과 변화를 위한 심리학적 · 사회학적 이론"이다. 교류분석(TA)은 임상심리학에 기초를 둔 인간행동에 관한 분석체계 또는 이론체계로 미국의 정신학자 에릭 번(Eric Berne)에 의해 개발된 이론체계다. Transaction이란 상업적으로 '거래(去來)'를 의미하지만 교류분석에서는 대화, 의사소통, 교류 등의 의미로 사용한다. 따라서 교류분석(TA)은 효과적인 대인관계 형성과 매우 밀접한 관계를 갖고 있어서 교류분석(TA)은 자신의 이해로부터 출발하여 타인을 이해하고, 자기와 타인의 관계를 이해함으로써 대인관계를 개선하는 데 목적이 있다. 교류분석(TA)의 대인관계 개선과정은 [그림 9-2]와

에릭 번(Eric Berne, 1910~1970)

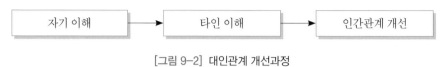

[그림 9-2] 대인관계 개선과정

출처: 조경덕, 장성화(2012), p. 182 재인용.

같다(조경덕, 장성화, 2012).

(2) 자아 상태들과 교류

번(Berne)은 대인관계의 주체인 개인 속에는 어린이 자아(C), 어른 자아(A), 부모 자아(P)의 세 가지 자아 상태가 존재한다며 교류분석 자아 상태 구조 분석을 [그림 9-3]과 같이 나타내고 있다(장성화, 2009; 조경덕, 장성화, 2012).

사람들 사이의 상호대화들은 교류(transactions)로 이루어진다. 하나의 교류는 자극(stimulus)과 반응(response)의 상호 교환으로 이루어진다. 외부의 자극에 대하여, 사람들은 다음과 같은 세 가지의 자아 상태 중 어느 한 가지 상태에서 대응한다. 첫 번째 자아 상태(ego state)는 부모 자아 상태(Parent ego state)로 상호 연관되어 있는 일련의 행동, 사고, 느낌으로 부모 또는 그와 유

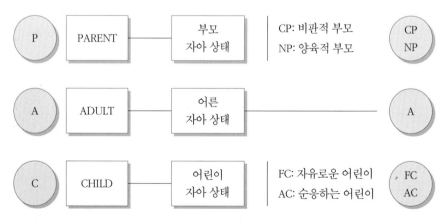

[그림 9-3] 성격 구조 분석

출처: 한국교류분석상담연구원 홈페이지(http://www.koreata.or.kr)

사하게 중요한 비중을 갖는 인물을 복사한 것 같은 양식으로 행동하고, 생각하고 느낌을 갖는다. 두 번째 자아 상태는 어른 자아 상태(Adult ego state)로 현재의 어떤 상황에 직면했을 때 일어나고 있는 사건들에 대하여 성인으로서 이용할 수 있는 모든 자원을 동원하여 행동하고, 생각하고, 느낀다. 세 번째 자아는 어린이 자아 상태(Child ego state)로 어떤 상황에서 어린 시절에 사용했던 행동과 사고를 하고, 그때의 느낌을 갖는 것을 말한다.

(3) 교류분석 유형

자아 상태는 인간들 간의 의사소통과정으로 교류 유형은 세 가지 유형, 즉 보완적 교류(complementary transactions), 교차적 교류(crossed transactions), 저의적 교류(ulterior transactions)로 분류하고 있다. 교류분석 유형은 [그림 9-4]와 같이 나타낸다. 그리고 내면의 자아가 외적으로 표현될 때 부모 자아(P)는 비판적·권위적인 CP(Critical Parent), 양육적이고 따뜻한 부모의 NP(Nurturing Patent)로 표현된다. 어린이 자아(C) 역시 자유로운 어린이의 마음인 FC(Free Child), 순종적인 어린이의 마음인 AC(Adapted Child)의 두 유형으로 구분된다.

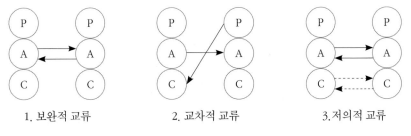

1. 보완적 교류   2. 교차적 교류   3.저의적 교류

[그림 9-4] 교류분석 유형

출처: 조경덕, 장성화(2012), p. 184 재인용.

① 보완적 교류

자극을 보냈던 그 자아 상태로 반응이 다시 돌아와 평행적 교류가 이루어져 갈등이 없는 교류다. 대화가 중단되지 않고 계속될 수 있다. 이 교류는 우리의 세 가지 자아 상태와 상대방의 세 가지 자아 상태 중 어떤 자아 상태에 보내진 자극에 따라 원하는 반응을 하는 것이다. 즉, 당신의 세 가지 자아 상태와 상대방의 세 가지 자아 상태가 서로의 욕구를 충족시키는 평행선을 이루는 교류다. 보완적 교류는 인정이나 어루만짐이 서로에게 보완적이기 때문에 반응이 계속된다(조경덕, 장성화, 2012).

② 교차적 교류

세 가지 자아 상태가 평행선이 아닌 불균형 상태로 상대방이 원하는 욕구가 무시되거나 잘못 이해되었을 때 나타나는 반응이다. 즉, 갈등교류의 형태로 의사소통의 방향이 평행이 아니고 서로 어긋날 때 나타난다. 대화는 상대방의 욕구가 무엇인가를 파악한 후 이루어지는데 상대방의 욕구가 무시되고 엉뚱한 반응을 보였을 때 나타나는 반응이다. 친구들은 물론 대인관계에 있어서 이러한 교차적 교류는 그 어느 것보다 관심을 가져야 할 필요가 있다.

③ 저의적 교류

겉으로 직접적으로 나타나는 사회적 자아와 실제로 기능하는 심리적 자아가 서로 다른 교류를 의미한다. 진실된 대화가 되지 않고 서로 불신하고 경계한다. [그림 9-4]에서와 같이 동시에 이중적인 메시지가 전달되는 교류다. 즉, 언어적 메시지인 말과 비언어적 메시지인 음성이나 얼굴표정이 다른 경우다. 교류분석(TA)에서 각자의 부모 자아, 어른 자아, 어린이 자아 중 어느 자아 상태가 기능하느냐에 따라 그 형태가 달라진다. 교류 자극과 반응과정에서 어떤 성질의 교류 자극을 보내고, 어떻게 지각하고 반응하느냐에 따라 대인관계가 좌우된다(이형득, 김선남, 김성회, 이성태, 이수용, 전종국, 정욱호, 2005).

여기에 어른 자아 A까지 총 5개의 성격 유형이 대표적인 인간의 성격으로 나누어진다(〈표 9-2〉).

표 9-2   성격 유형

CP (Critical Parent)	긍정성	• 잘잘못을 지적하고 정사선악을 구분해 주는 언동 • 자신의 신념 또는 가치관으로 개인이나 조직을 이끄는 행동
	부정성	• 상대를 위압적이고 강압적으로 제압하려는 언동 • 권위적으로 엄격하여 상대의 가치를 받아들이려하지 않는 배타적인 언동
NP (Nurturing Parent)	긍정성	• 남의 어려움을 자신의 일처럼 돌보고 배려하는 행동 • 마음이 온화하고 따뜻하며 상대를 지지하고 격려하는 언동
	부정성	• 상대를 지나치게 보호하고 개입하여 자주성을 해치는 언동 • 지나치게 동정적이어서 남의 부탁을 거절하지 못하는 태도
A (Adult)	긍정성	• 사실에 근거한 판단과 분석적이고 냉철한 계획에 입각한 행동 • 사물을 이성적이고 논리적인 사고로 접근하는 언동
	부정성	• 재미보다는 기계적으로 일을 수행하는 냉정한 태도 • 감정이 통제되어 일 이외에는 즐기지 않고 감정이 무딘 태도
FC (Free Child)	긍정성	• 감정과 행동을 자유롭고 자연스럽게 표출하여 상대에게 즐거움을 주는 언동 • 생각을 행동으로 곧바로 옮기는 창조적인 아이디어를 제공하는 태도
	부정성	• 충동적이고 자기도취적이어서 생활 전반에 질서가 잡혀 있지 않은 언동 • 감정이 절제되지 않아 실수나 경솔한 행동이 많아 가볍게 보이는 언동
AC (Adapted Child)	긍정성	• 상대에게 순응적이고 협조적인 언동 • 의사결정에 있어서 신중하고 조심성 있는 태도
	부정성	• 상태의 눈치를 보고 비위를 맞추려고 자신의 감정을 억압하는 태도 • 자기비하와 열등감으로 억압된 감정이 분노나 반항으로 나타나는 언동

출처: http://www.kkseg.or.kr/ta.asp

7. 대인관계 개선

세계적인 비즈니스 컨설턴트이며 동기유발 강사인 브라이언 트레이시 (Brian Tracy)는 아무리 성공하고 사회적으로 높은 위치에 있더라도 인간은 지속적으로 칭찬과 인정을 받고 싶어 하고, 자부심을 더욱 높이고 자신이 가치 있고 소중한 사람이라는 것을 확인하는 데 있어 칭찬과 인정만큼 효과적인 것은 없다고 주장하다. 이러한 인간관계를 위한 방법으로 다음과 같이 일곱 가지를 이야기하고 있다(홍성화, 2003).

1) 웬만하면 동의하라

반대하는 사람에게는 재빨리 동의해 주고, 논쟁을 피하라. 논쟁의 횟수만큼 친구를 잃어 간다. 설득으로 인해 자신의 뜻과 다른 결정을 하게 된 사람은 그 후에도 자신의 의견을 고수한다. 어떤 경우에서든 마음속에 있는 문제를 제기할 때는 편안하고 긍정적인 태도를 유지해야 한다.

2) 수용해 주라

미소를 지어라. 웃을 때 13개의 근육이 필요하지만, 찌푸리려면 112개의 근육이 필요하다. 나는 현재 있는 그대로의 당신을 무조건 수용한다는 의미가 바로 미소다.

3) 감사하는 표현을 늘 표현하라

인간의 본성 중에서 가장 뿌리 깊은 욕구는 감사받고자 하는 욕구다. 그래서 "감사합니다"라는 말에는 엄청난 힘이 있다. 그리고 "고맙습니다"라는 말은 상대방의 행동을 보상할 뿐만 아니라 그 행동을 강화한다. 작은 일에도 "고맙습니다"라고 말하면 사람들은 곧 당신을 위해 큰일을 해 줄 것이다.

4) 인정과 칭찬을 아끼지 말라

우리가 칭찬을 만하 할수록 상대방은 자신이 더 효과적이고 더 유능하다고 느낀다. 효과적인 칭찬의 세 가지 방법은 즉시 칭찬하고, 구체적으로 칭찬하고, 많은 사람 앞에서 칭찬하는 것이다. 예를 들어, 아이들이 자기 방을 깨끗이 하려고 작은 것이라도 치우면 그때마다 칭찬을 하라. 그러면 아이들은 대단히 커다란 일을 해낸 것처럼 생각한다.

5) 찬사를 보내라

상대방이 성취한 것, 성격, 소유물 등에 대해 찬사를 보낼 때마다 상대방의 자부심은 높아진다. 찬사를 보내는 것은 원활한 인간관계를 위한 대단히 강력한 도구다.

한 가지 주의할 점은 진심으로 그렇게 느끼는 것에 대해서만 찬사를 보내야 한다는 것이다. 거짓된 찬사는 안 하는 것만 못하기 때문이다.

6) 관심을 가지고 주의를 기울이라

우리가 다른 사라에게 얼마나 관심을 갖고 주의를 기울이는가를 보면 그 사람이 우리에게 얼마나 중요한 사람인지 알 수 있다. 이를 위해 적극적인 경청을 해야 한다. 적극적인 경청은, 첫째, 주의 깊게 듣는 것, 둘째, 방해하지 않고 듣는 것, 셋째, 대답하기 전에 잠시 멈추는 것, 넷째, 확실히 이해하기 위해 질문하는 것, 다섯째, 상대방이 한 말을 피드백해 주는 것이다.

7) 부메랑 원리를 이용하라

부메랑 원리는 '상대방을 진심으로 대하면 결국 그대로 나에게 돌아온다'는 것이다. 그러기 위해서 비판하고, 비난하고, 불평하고 싶은 충동을 자제하고 상대방의 말에 찬성해 주고 그것을 수용하는 사람이 되어 감사, 인정, 찬사를 보내야 한다.

교류분석 설문: 나는 누구일까?

다음의 문항을 일고 그것이 자신을 표현하는 내용이라고 생각되면 2점, 모호하면 1점, 전혀 그렇지 않다면 0점으로 다음의 빈칸에 표시해 주세요(색이 있는 칸에 적으시오).

문항	내용	CP	NP	A	FC	AC
1	자기와 손익을 생각하고 행동하는 편이다.					
2	자유롭게 행동하는 사람이라고 생각한다.					
3	남의 말을 가로막고 자기 생각을 말하는 편이다.					
4	생각하고 있는 바를 잘 말하지 못하는 편이다.					
5	다른 사람을 엄하게 비판하는 편이다.					
6	다른 사람에 대해 헤아려 주는 편이다.					
7	상대방의 좋은 점을 잘 알아차리는 편이다.					
8	대화 중에 감정적으로 되는 일이 적다.					
9	시간 약속을 소홀히 하는 것을 싫어한다.					
10	호기심이 강한 편이다.					
11	사람들로부터 좋은 인상을 받고 싶어 한다.					
12	남이 부탁하면 거절 못하는 편이다.					
13	양보심이 많으며 적극적이지 못하다.					
14	사회의 규칙, 윤리, 도덕 등을 중시한다.					
15	사물을 분석적으로 깊게 생각한 다음 결정한다.					
16	싫은 일은 이유를 대 뒤로 미루는 경향이 있다.					
17	남의 일을 돌보아 주는 것을 좋아한다.					
18	자기 생각을 주장하기보다 굽히는 경우가 많다.					
19	감정보다는 이성적인 편이라고 생각한다.					
20	예절, 규범에 까다로운 편이다.					
21	남의 의견의 찬반양론을 듣고 참고로 한다.					
22	오락, 음식 등을 만족할 때까지 찾는 편이다.					
23	책임감을 남에게 강하게 요구한다.					
24	남에 대해 융통성이 있는 편이다.					
25	남의 안색이나 말에 신경을 쓰게 된다.					

문항	내용	CP	NP	A	FC	AC
26	괴로울 때는 참는 편이다.					
27	……을 해야 한다는 말을 자주 사용한다.					
28	말하고자 하는 바를 서슴없이 말하는 편이다.					
29	작은 잘못이라도 대충 지나치지 않는 편이다.					
30	남의 기대에 어긋나지 않도록 노력을 많이 한다.					
31	자신의 감정을 억누르는 편이다.					
32	원하는 것을 손에 넣지 못하면 못 배기는 편이다.					
33	무슨 일이나 사실에 입각해서 쓴다.					
34	'야 멋있다' 등의 감탄사를 자주 쓴다.					
35	자신감이 없고 열등감을 느낄 때가 많다.					
36	여러 가지 책을 많이 읽는 편이다.					
37	농담을 잘하는 편이다.					
38	화내는 일이 잦다.					
39	'좋아 나쁘다'를 분명하게 말한다.					
40	앞으로의 일을 냉정하게 생각하고 행동한다.					
41	잘 모르는 것은 질문이나 상의해서 처리한다.					
42	아이들이나 부하, 후배의 잘못에 대해 관대하다.					
43	상대방의 말에 귀를 기울여 공감하는 편이다.					
44	아이들이나 부하, 후배를 엄격히 교육시킨다.					
45	흥에 취하면 도가 지나치게 행동을 할 때가 많다.					
46	길을 물으면 천천히 친절하게 잘 가르쳐 준다.					
47	감정이 풍부하고 눈물이 많은 편이다.					
48	친구나 가족들에게 무엇이든 사주는 것을 좋아한다.					
49	몸이 좋지 않을 때에는 무리하지 않고 짜증 낸다.					
50	동정심이 많다고 생각한다.					
	합계					

나의 교류분석

점수합계	CP	NP	A	FC	AC
21					
19					
17					
15					
13					
11					
9					
7					
5					
3					
1					

교류분석 해석

자아	장점	단점	특징
CP	의사결정, 신속성, 명확한 판단, 칭찬이나 비판, 판단기준 설정, 지휘감독, 위기에 대처할 때	남을 무시함, 남의 의견을 듣지 않음, 경직되어 있으며 자신을 과시함.	칭찬이나 비판 옳고 그른 것을 판단, 의사결정, 지시명령, 교육, 훈육, 기준이나 지침, 방침의 설정
NP	상대를 보호할 때, 지지적인 태도가 필요할 때, 상담할 때, 상대의 의사결정을 돕고 싶어 함.	상대방의 의존적인 태도를 키우게 되며, 어려움을 스스로 극복하는 기회를 잃게 됨.	보호하고, 돕고, 가르치고, 지지하고, 격려함.
A	목표지향적, 언제나 공평무사, 합리적, 객관적임.	시간의 지연, 의사결정을 못함. 비인간적이라는 비판을 받음.	정보수집, 원인 분석, 문제해결, 의사결정, 심사숙고함.
FC	창조적이며, 재미있음, 솔직하며, 의욕적임, 적극적임.	유치하며, 주변에 불안감을 줌, 제멋대로 행동함, 규정이나 질서를 무시함.	웃고, 놀고, 농담하고, 공격적임, 개방적이며, 충동적임.
AC	시간절약과 중요한 일을 할때 권위자나 상사에게 인정을 받음, 남의 모범이 됨.	자존감이 없음, 양보가 너무 많으며, 우물쭈물함.	순종적이며, 상대의 눈치를 많이 봄, 협조적이며, 자기주장이 많이 약함.

성찰질문

1. 커뮤니케이션과 대인관계의 기본 원리는 무엇인가?

2. 대인관계 분석기법의 교류분석은 무엇인가?

3. 대인관계 개선을 위한 방법은 무엇인가?

참고문헌

강민구(1992). 인간관계훈련이 아동의 자아수용 및 대인관계 지향성에 미치는 효과. 충남대학교 교육대학원 석사학위논문.

권석만(1995). 인간관계의 심리학. 서울: 학지사.

김우룡(1992). 커뮤니케이션 기본이론. 서울: 나남출판.

김창걸(1997). 교육행정학신론. 서울: 형설출판사.

데니스 맥퀘일(2003). 매스 커뮤니케이션 이론(*McQuail's Mass Communication Theory*, 양승찬, 이강형 역). 서울: 나남출판.

봉현철, 김형숙(2014). Action Learning Coach 교수법 인증과정. 서울: 한국액션러닝협회.

오미영, 정인숙(2013). 커뮤니케이션 핵심이론. 서울: 커뮤니케이션북스.

이경우, 김경희(2007). 커뮤니케이션과 대인관계. 서울: 도서출판 역락.

이종원(2015). 청년대학생 취업 Cheer Up!. 서울: 서강대학교 출판부.

이형득, 김선남, 김성회, 이성태, 이수용, 전종국, 정욱호(2005). 상담의 이론적 접근(개정판). 서울: 형설출판사.

장성화(2009). 쉽게 풀어쓴 인간관계론. 서울: 동문사.

조경덕, 장성화(2012). 대인관계와 커뮤니케이션. 서울: 동문사.

최은수, 배석영(2008). 평생교육경영론. 서울: 양서원.

파이낸셜뉴스(2009. 8. 22.). 20대 직장인 "가장 중요한 능력 1위 '커뮤니케이션'". http://www.fnnews.com/news/200908221416155484에서 인출.

한겨레(2008. 6. 13.). [블로그] 나는 어떤 유형일까? 대인관계유형 체크하는 법!. http://www.hani.co.kr/arti/society/society_general/293227.html에서 인출.

한국언론학회(2009). 커뮤니케이션 이론. 서울: 커뮤니케이션북스.

홍성화(2003). 성취심리. 서울: 씨앗을 뿌리는 사람.

Argyle, M. (1984). *Social skills and the analysis of situations and conversations*. In C. R. Hollin & P. Trower (Orgs.), *Handbook of social skills training: clinical applications and new directions* (pp. 185-216). New York: Pergamon Press.

Carey, J. W. (1989). *Communication as culture: Essays on media and society*. Boston, MA: Unwin Hyman.

Crowley, D., & Heyer, P. (1995). *Communication in History: Technology, Culture, Society*. Copertina flessibile.

Gass, R. H., & Seiter, J. S. (1999). *Persuasion, social influence, and compliance gaining*. Needham Heights, Ma: Allyn & Bacon.

Mehrabian, A. (1981). *Silent messages: Implicit communication of emotions and attitudes* (2nd ed.). Belmont, CA: Wadsworth.

한국교류분석상담연구원 홈페이지(http://www.koreata.go.kr)

한국이고그램연구소 홈페이지(http://www.kkseg.or.kr)

제**10**장

심리장애와 스트레스

사람은 누구나 삶 속에서 희로애락을 겪으며 살아간다. 유아기를 지나 청소년기를 거치면서 사춘기를 경험한 후 청년기에 접어들며 이후 중년기과 노년기를 맞이하게 된다. 이 같은 시기를 지나면서 겪게 되는 갈등과 고난으로 정상과 비정상을 오가는 다양한 심리장애를 경험하기도 한다. 이 장에서는 인생의 여러 시기 중 청년기를 전후해 나타나는 심리장애의 원인과 증상 그리고 치유법에 대해 알아보고자 한다. 그리고 심리장애와 관련된 스트레스의 치유법에 대해서도 살펴본다.

1. 정상과 비정상을 나누는 기준은 무엇인가

먼저 심리장애를 알아보기 전에 정상과 비정상을 나누는 기준에 대해 알아본다. 주변과 매스미디어를 통해 흔히 접할 수 있는 다양한 사건들을 정상인지 비정상인지 구분할 수 있는 기준은 무엇인가?

커머(Comer, 2010)는 정상과 비정상을 구분하는 기준으로 '4D', 즉 일탈(Deviance), 고통(Distress), 기능 손상(Dysfunction) 및 위험성(Danger)을 들고 있다. 흔히, 규범이란 인간이 행동하거나 판단할 때에 마땅히 따르고 지켜야 할 가치 판단의 기준이라 할 수 있다. 사회문화적으로 용인된 생각이나 정서, 행동에 대해서는 정상이라고 하며, 사회문화적 규범에서 벗어난 생각이나 정서, 행동에 대해서는 일탈이라고 하며 이를 이상 또는 비정상으로 간주한다. 하지만 이러한 규범이 사회와 문화에 따라 상당히 다양하기 때문에 정상과 비정상을 나누는 절대적인 기준이 될 수는 없다는 사실에 주의할 필요가 있다. 동성애와 마리화나 등은 그 사회가 정한 규범에 따라 비정상이 아닌 것으로 구분될 수도 있다.

개인에게 심한 주관적 고통을 야기하는 행동은 이상 또는 비정상으로 간주될 수 있다. 공포나 불안, 분노, 우울, 절망 등과 같은 주관적 고통이 어떤 강도로 얼마나 오랫동안 지속되는가, 그리고 그로 인한 결과는 무엇인가 등을 고려하여 정상과 비정상을 구분할 수 있다. 그러나 개인에 따라 주관적 고통을 느낄 수도 있고 느끼지 못할 수도 있기 때문에 주관적 고통 또한 정상과 비정상을 구분하는 데 한계가 있다.

기능 손상으로 개인의 인지적 · 정서적 · 행동적 · 신경생리적 기능이 손상되어 적응에 어려움을 경험할 때 비정상으로 판단된다. 즉, 여러 가지 심리적 증상으로 인해 사회적 · 직업적 기능이 뚜렷하게 손상된 경우에 한하여 정신장애로 진단할 수 있는데 이러한 기준에도 뚜렷한 손상의 정의가 명확하지 않고, 누가 무엇에 근거하여 판단하는가에 따라 결과가 달라질 수 있다는 문제점이 있다.

지나치게 위험하고 비합리적인 생각이나 행동을 통제하지 못하여 자기 자신이나 다른 사람들에게 위해를 초래하는 행동은 비정상으로 간주한다. 우울증 환자가 자살을 시도하거나, 반사회적 성격장애를 가진 사람이 범죄를 저지르는 것처럼, 해로운 행동을 통제할 수 있는 능력이 결여되어 있는 경우, 대개 비정상적인 것으로 간주한다.

앞에서 알아본 바와 같이 정상과 비정상을 구분하는 절대적인 기준은 없다. 대부분의 전문가들은 시간과 장소, 사회와 문화적 요인을 고려하여 판단해야 하며, 다양성을 인정하면서 가능한 다양한 출처로부터 많은 정보를 수집한 후, 여러 가지 기준을 고려하여 판단이 내려져야 한다는 점을 강조하고 있다.

2. 심리적 장애를 바라보는 6가지 관점

이상행동 혹은 심리적 장애를 연구하는 학문이 이상심리학이다. 이상심리학과 관련하여 심리적 장애를 바라보는 관점으로는 정신분석적 입장, 행동주의적 입장, 인본주의적 입장, 인지적 입장, 생물학적 입장, 통합적 입장 등이 있는데 각각의 특성을 권석만(2005, 2013)은 다음과 같이 정리하고 있다.

1) 정신분석적 입장

정신분석적 입장은 프로이트(Freud, 1856~1939)에 의해 시작된 정신분석 이론에 근거하여 이상행동의 근원적 원인을 어린 시절의 경험에 그 뿌리를 둔 무의식적 갈등으로 설명한다. 정신분석이론에 따르면, 인간의 성격은 원초적 욕구로 구성된 원초아(id), 환경에 대한 현실적인 적응을 담당하는 자아(ego), 사회의 도덕적 가치와 윤리적 규범이 내면화된 초자아(superego)로 구성되며 이들 간의 역동적 관계에 의해 행동이 결정된다. 성격 특성은 어린 시절의 경험에 의해 형성되는데, 어린아이는 입, 항문, 성기 등의 신체 부위를 중심으로 성적 욕구를 충족하려는 구강기, 항문기, 남근기, 잠복기, 성기기의 심리성적 발달단계를 나타낸다. 이러한 발달과정에서 욕구의 과잉충족이나 과잉좌절이 성격적 문제나 갈등의 근원이 될 수 있다. 또한 자아가 원초아의 통제에 어려움을 겪게 될 때 신경증적 불안을 경험하게 되는데, 이러한 불안을 감소시키기 위해서 억압, 부인, 반동형성, 합리화, 대치, 투사, 분리, 신체화, 퇴행, 승화와 같은 방어기제를 사용한다. 미숙한 유형의 방어기제를 과도하게 사용하게 되면 이상행동이나 정신장애가 나타날 수 있다. 정신분석 치료는 자유연상, 꿈의 분석, 전이분석, 저항분석 등의 방법을 통해 내담자가 자신의 무의식적 갈등을 통찰하고 현실생활에서 통찰 내용을 실천하게 하는 훈습의 과정으로 구성된다.

2) 행동주의적 입장

파블로프(Ivan Petrovich Pavlov,
1849~1936)

파블로프(Pavlov), 스키너(Skinner), 밴듀라(Bandura)와 같은 학자들은 엄격한 과학적 입장에 근거하여 인간의 행동을 환경으로부터 학습된 것으로 본다. 인간의 행동을 자극과 반응의 관계로 설명하며 행동이 학습되는 원리와 과정에 주된 관심을 갖는다. 이상행동이 형성되고 유지되는 과정을 고전적 조건형성(classical conditioning), 조작적 조건형성(operant conditioning), 사회적 학습(social learning) 등의 학습원리로 설명한다. 고전적 조건형성은 무조건자극과 조건자극을 짝지어 반복적으로 제시함으로써 조건자극에 대한 조건반응이 학

스키너(Burrhus Frederic Skinner,
1904~1990)

습되는 과정이며, 조작적 조건형성은 어떤 행동의 결과가 보상적이며 그 행동이 증가하는 반면 그 결과가 처벌적이면 행동의 빈도가 감소하는 학습과정을 의미한다. 특히, 인간의 경우에는 사회적 상황에서 다른 사람의 행동에 대한 관찰과 모방을 통해 새로운 행동을 학습하는 사회적 학습이 중요하다. 행동치료는 이러한 학습원리를 적용하여 이상행동을 수정하는 치료기법으로서 부적응적 이상행동을 제거시키는 방법으로는 소거, 처벌, 혐오적 조건형성, 상호억제, 체계적 둔감법 등이 있으며, 적응행

밴듀라(Albert Bandura, 1925~)

동을 학습시키는 방법으로는 행동조성법, 환표(토큰)이용법, 모방학습법, 사회적 기술 훈련 등이 있다.

3) 인본주의적 입장

매슬로(Abraham Harold Maslow,
1908~1970)

매슬로(Maslow), 로저스(Rogers)와 같은 학자들은 긍정적인 인간관에 근거하여 인간을 근본적으로 자기실현을 추구하는 성장지향적 존재로 본다. 그들은 인간이 이상행동과 정신장애를 나타내는 이유는 이러한 자기실현적 성향이 차단되거나 봉쇄되었기 때문이라고 설명하고 있다. 부모가 어린아이의 유기체적 욕구나 성향을 충분히 수용하지 못하고 자신들의 가치와 기대에 맞추어 조건적인 수용을 하게 되면, 부모의 애정을 얻기 위해 자신의 유기체적 경험을 왜곡하거나 부인하게 된다. 이런 과정을 통해

로저스(Carl Ransom Rogers,
1902~1987)

서 자기개념과 유기체적 경험의 괴리가 점점 확대되면, 개인은 점점 더 심한 불안을 경험하게 되며 부적응 상태를 나타내게 된다. 인본주의적 심리치료자는 무조건적인 긍정적 존중, 공감적 이해, 진솔함을 통해 내담자와 성장촉진적 관계를 형성하여 내담자가 그동안 왜곡되고 부인해 왔던 자신의 진정한 모습을 자각하고 수용함으로써 자기실현적 성향이 활성화되도록 돕는다.

4) 인지적 입장

엘리스(Albert Ellis, 1913~2007)

벡(Aaron Temkin Beck, 1921~)

엘리스(Ellis), 벡(Beck)과 같은 학자들은 인간을 자신과 세상에 대한 의미를 부여하는 능동적인 존재로 보며, 인간이 고통받는 주된 이유는 객관적 환경 자체보다는 그에 부여한 의미 때문이라고 가정한다. 이상행동과 정신장애는 자신과 세상에 대해서 부정적이고 왜곡된 의미를 부여하는 부적응적인 인지적 활동에 기인한다. 따라서 인지적 입장은 정신장애를 유발하는 부적응적 인지도식(cognition scheme),[1] 역기능적 신념, 인지적 오류, 부정적인 자동적 사고에 초점을 맞추고 있다. 인지적 심리치료에서는 내담자의 이상행동을 초래하는 부적응적인 사고 내용을 포착하여 그러한 사고의 타당성, 현실성, 유용성을 내담자와 함께 다각적으로 평가함으로써 보다 더 현실적이고 적응적인 사고로 전환시키는 구체적인 작업이 이루어진다.

---

1) 인지도식(認知圖式: cognition schema): 일생 동안 자신도 모르게 형성되고 집적된 개인의 신념체계.

5) 생물학적 입장

신체적 원인론의 전통에 뿌리를 두고 있으며 모든 정신장애는 신체질환과 마찬가지로 신체적 원인에 의해서 생겨나는 일종의 질병이라고 본다. 생물학적 입장은 정신장애를 유발하는 주요한 생물학적 요인으로 유전적 요인, 뇌의 구조적 결함, 신경전달물질이나 내분비계통의 신경화학적 이상 등에 초점을 맞추고 연구하고 있다. 정신장애를 치료하는 생물학적 방법으로는 약물치료, 전기충격치료, 뇌절제술 등이 있으며 뇌의 신경전달물질에 영향을 주는 약물을 통해 치료하는 것이 가장 흔하게 사용된다.

6) 통합적 입장

이상행동을 유발하는 다양한 원인적 요인을 통합적으로 설명하려는 시도로서 대표적으로 취약성-스트레스 모델과 생물심리사회적 모델이 제기되고 있다. 이는 특정한 장애에 걸리기 쉬운 개인적 특성인 취약성과 환경으로부터 주어지는 심리사회적 스트레스가 상호작용하여 정신장애가 유발된다는 입장이다. 생물심리사회적 모델은 기존의 특정한 이론적 입장에 구애받지 않는 탈이론적, 사회적 요인을 종합적으로 고려해야 한다는 입장이다.

3. 이상행동과 정신장애의 분류체계

현재 가장 널리 사용되고 있는 정신장애 분류체계로 DSM-5를 들 수 있다. 『DSM-5(Diagnostic and Statistical Manual of Mental Disorder-fifth edition)』는 2013년에 미국정신의학회에서 다섯 번째로 개정하여 발표한 정신장애의 분류체계다. DSM-5는 특정한 이론적 입장에 치우치지 않고 심리적 증상과

증후군을 위주로 하여 정신장애를 분류하고 있다. DSM-5에서는 DSM-IV[2])
에서 사용했던 다축 진단체계를 폐기하고, 한계를 보완하기 위해서 차원적
평가를 도입한 혼합 모델(hybrid model)을 적용하였다. DSM-5는 환자의 주
된 증상과 다양한 공병 증상을 심각도 차원에서 평가하고 있으며, 정신장애
를 20개의 주요 범주로 나누어 〈표 10-1〉과 같이 제시하고 있다.

표 10-1 DSM-5에 포함된 정신장애 범주

1. 신경발달장애
2. 조현병 스펙트럼 및 기타 정신병적 장애
3. 양극성 및 관련 장애
4. 우울장애
5. 불안장애
6. 강박 및 관련 장애
7. 외상 및 스트레스 관련 장애
8. 해리장애
9. 신체증상 및 관련 장애
10. 급식 및 섭식장애
11. 배설장애
12. 수면-각성장애
13. 성기능부전
14. 성별 불쾌감
15. 파괴적, 충동조절 및 품행장애
16. 물질관련 및 중독 장애
17. 신경인지장애
18. 성격장애
19. 변태성욕장애
20. 기타 정신질환

---

2) DSM-IV: 1994년 미국정신의학회에서 개정한 정신장애 분류체계

4. 심리장애의 유형

앞에서 살펴본 바와 같이 DSM-5는 다양한 심리장애를 크게 20가지 범주로 분류하고 있으며 이러한 범주의 장애는 여러 하위 장애로 세분되고 있다. 이 절에서는 불안장애, 기분장애, 신체형 장애, 조현병(정신분열증), 성격장애, 물질관련장애, 해리장애와 수면장애, 섭식장애와 충동조절장애에 대해 권석만(2005, 2013), 안창일, 박기환, 이정흠, 최윤(2012), 로널드(Ronald, 2011)의 연구를 중심으로 알아본다.

1) 불안장애

구체적인 원인을 알 수 없더라도, 여전히 마치 불쾌한 일이 일어날 것이라고 걱정하는 것처럼 긴장하고 안절부절못하는 느낌이 들 수 있다. 위험하다는 막연한 느낌을 불안(anxiety)이라고 하는데(Ronald, 2011), 불안은 공포와 동일한 특징을 갖고 있으며 호흡이 증가하고 근육이 긴장하며 심계 항진 등의 증상을 보인다. 공포와 불안을 매일 경험하는 것은 유쾌한 것은 아니지만, 종종 유용하기도 하다. 공포와 불안은 위험이 닥쳤을 때 도피하거나 회피하게 준비시켜 주는 역할을 한다. 공포와 불안은 비바람이 불 때 좀 더 조심스럽게 운전하게 해 주며, 수업을 위해 미리 읽어야 하는 숙제를 하게 해 주며, 데이트에 더 신경을 쓰게 해 주고, 직장에서 일을 더 열심히 하게 해 준다.

이와 달리 불행하게도 일부 사람들은 정상적인 삶을 영위할 수 없게 하는 심각한 공포와 불안으로 고통을 받는다(Koury & Rapaport, 2007). 이들의 불편은 그 정도가 매우 심각하거나 빈도가 너무 잦거나 너무 오랜 기간 지속되거나 불안이나 공포가 너무 쉽게 유발되는 것이다. 이 사람들은 불안장애 (anxiety disorders) 또는 관련 장애를 갖고 있다고 할 수 있다.

DSM-IV에서는 불안장애를 범불안장애, 공포증, 공황장애, 강박장애, 외상후 스트레스장애(PTSD),[3] 급성 스트레스장애 등으로 분류하고 있다.

2013년 개정된 DSM-5에서는 불안장애 하위 유형을 범불안장애, 특정공포증, 광장공포증, 사회불안장애, 공황장애, 분리불안장애, 선택적 함구증 등 일곱 가지로 제시하고 있다.

2) 기분장애

대부분의 사람들은 기분이 들뜨거나 가라앉는 경험을 반복하며 살아간다. 들뜨거나 또는 가라앉은 기분은 일상적인 사건에 대한 이해 가능한 반응이고 삶에 큰 영향을 주지 않는다. 하지만 기분장애(mood disorders)를 가진 사람들은 지나치게 들뜨거나 가라앉은 기분상태가 지속되어 일상적인 생활의 적응에 심각한 어려움을 겪게 된다.

우울과 조증은 기분장애에서 핵심 정서다. 우울은 기분이 처지고 슬픈 상태로, 이때는 인생이 어둡게 보이며 인생의 도전거리들은 압도적으로 느껴진다. 조증은 우울의 반대로 숨 가쁜 행복감 또는 적어도 열광적인 에너지의 상태로, 이때 사람들은 세상을 가질 수 있다는 과장된 믿음을 가질 수 있다. 기분장애를 가진 대부분의 사람들은 우울로만 고통을 받는데, 이 형태를 단극성 우울증이라고 한다. 이들은 조증의 과거력이 없으며 우울이 끌어올려지면 정상 또는 거의 정상 기분으로 돌아간다. 다른 사람들은 우울 기간과 교대로 조증 기간을 경험하는데, 이런 양상을 양극성장애라고 한다(Ronald, 2011).

---

3) 외상후 스트레스장애(post traumatic stress disorder: PTSD): 사람이 전쟁, 고문, 자연재해, 사고 등의 심각한 사건을 경험한 후 그 사건에 공포감을 느끼고 사건 후에도 계속적인 재경험을 통해 고통을 느끼며 거기서 벗어나기 위해 에너지를 소비하게 되는 질환으로, 정상적인 사회생활에 부정적인 영향을 끼치게 됨.

3) 신체형 장애

　몸과 마음은 밀접한 관계를 맺고 있다. 몸이 아프면 마음이 아프고, 또한 마음이 아프면 몸이 아프게 된다. 이처럼 신체형 장애(somatoform disorders)는 심리적 원인에 의해서 다양한 신체적 증상을 나타내는 경우를 말한다. 이러한 장애를 지닌 사람들은 흔히 다양한 신체적 증상을 나타내지만 의학적 검사에서는 아무런 신체적 이상이 발견되지 않는다. 따라서 이러한 신체적 증상의 발생과 유지에는 심리적 원인이 기여하는 것으로 추정되고 있다(권석만, 2005).

　DSM-IV에서는 신체형 장애를 신체화 장애, 전환장애, 통증장애, 건강염려증, 신체변형장애 등의 하위 유형으로 구분하고 있다. 신체화 장애는 의학적인 병인 없이 되풀이하며 발생하는 신체적 고통을 특징으로 하는 신체적 장애이며, 전환장애는 심리사회적 욕구나 갈등이 극심한 신체 증상으로 전환되어 수의적 운동 기능 혹은 감각 기능에 영향을 끼치는 신체적 장애이며, 통증장애는 신체의 특정 부위에 원인을 알 수 없는 통증이 지속되는 장애이며, 건강염려증은 신체 기능의 경미한 변화를 심각한 질병의 조짐으로 착각하고 두려워하는 신체적 장애이며, 신체변형장애는 신체적 외모의 일부에 대해 결함이 있다고 지나치게 걱정하는 증상을 보이는 신체형 장애다.

　한편 DSM-5에서는 신체형 장애를 신체증상 및 관련 장애로 개정하고 질병불안장애(건강염려증), 전환장애, 인위성 장애를 예로 들어 제시하고 있다.

4) 조현병(정신분열증)

　조현병(schizophrenia)은 망상, 환각, 와해된 언어와 행동을 비롯한 여러 부적응적 증상들을 나타내는 매우 심각한 정신장애로, 인간을 황폐화시켜 사회에 적응하기 어렵게 만드는 무서운 심리장애다. 조현병(정신분열증)은 망상, 환각, 화해된 언어, 광범위하게 와해되거나 긴장성 행동, 음성 증상(정신적 둔

마, 무언어증 또는 무욕증) 중 최소 두 가지 이상이 지난 한 달 동안 의미 있는 정도로 나타나며, 발병 이전에 비해 기능 수준의 현저한 저하, 최소 6개월 동안 장애 신호가 지속적으로 나타나고 최소 1개월 동안 증상이 완전히 활성화된 형태로 나타날 때 진단된다.

조현병(정신분열증)의 주요 증상으로는 병리적으로 과도한 양성 증상(망상-delusion, 환각-hallucination, 와해된 사고와 언어, 부적적한 정서)과 병리적으로 결핍된 음성 증상(언어 빈곤, 둔화되고 밋밋한 정서, 동기 상실, 사회적 고립)이 있으며 정신 운동 증상(긴장증 등)으로 나타난다.

조현병(정신분열증)은 일반적으로 10대 후반에서 30대 중반에서 처음으로 나타나는데 이에 대한 치료방법으로는 약물치료와 심리치료가 실시된다. 조현병(정신분열증) 환자는 현실 검증력의 손상이 현저하고 자신과 타인에게 위해를 가할 가능성이 있기 때문에 입원치료를 받아야 한다. 약물치료가 우선적으로 적용되는데, 양성 증상의 완화를 위한 항정신병 약물이 사용되며 최근에는 음성 증상의 개선에 도움이 되는 약물이 개발되어 사용되고 있다. 그러나 조현병(정신분열증) 환자의 사회적 재적응과 재발방지를 위해서는 심리치료가 병행되어야 한다. 정신역동적 치료는 조현병(정신분열증) 환자의 자아기능 강화와 의미 있는 관계 형성에 초점을 두고 있다. 인지행동치료에서는 적응적 행동과 사고를 증가시키기 위해 인지치료적 기법, 건강한 자기 대화를 위한 자기지시훈련, 사회적 기술훈련, 문제해결 훈련, 환표이용법과 같은 다양한 방법이 활용되고 있다(권석만, 2005).

5) 성격장애

정신장애가 정상적인 현실 적응을 하던 사람이 부정적 사건이 계기가 되어 발생하는 것이라면, 성격장애(personality disorders)는 개인의 성격 특성 자체가 원인이 되어 부적응적인 삶이 지속되는 경우에 해당되며 어린 시절부터

표 10-2 성격장애의 유형

유형	A군 성격장애	B군 성격장애	C군 성격장애
종류	편집성 성격장애 조현성 성격장애 조현형 성격장애	반사회성 성격장애 연극성 성격장애 경계성 성격장애 자기애성 성격장애	강박성 성격장애 의존성 성격장애 회피성 성격장애

서서히 진행되어 성인기에 성격으로 굳어진 심리적 특성이 부적응적인 양상을 나타내는 것을 말한다(권석만, 2005).

성격장애의 유형은 DSM-5에 의해 10가지 유형으로 나뉜다.

A군 성격장애는 사회적으로 고립되어 있고 기이한 성격 특성을 나타내는 장애로서 편집성 성격장애, 분열성 성격장애, 분열형 성격장애가 그 예다. 편집성 성격장애(paranoid personality disorder)는 타인에 대한 강한 불신과 의심을 지니고 적대적인 태도를 나타내어 사회적 부적응을 나타내는 성격 특성을 말한다. 조현성 성격장애(schizoid personality disorder)는 타인과의 친밀한 관계 형성에 관심이 없고 감정표현이 부족하여 사회적 적응에 현저한 어려움을 나타내는 성격장애다. 조현형 성격장애(schizotypal personality disorder)는 사회적으로 고립되어 있으며 기이한 생각이나 행동을 나타내어 사회적 부적응을 초래하는 성격장애를 말한다.

B군 성격장애는 정서적이고 극적인 성격 특성을 나타내는 유형으로서 반사회성 성격장애, 연극성 성격장애, 경계성 성격장애, 자기애성 성격장애가 해당된다. 반사회성 성격장애(antisocial personality disorder)는 사회의 규범이나 법을 지키지 않으며 무책임하고 폭력적인 행동을 반복적으로 나타내어 사회적 부적응을 초래하는 경우를 말한다. 연극성 성격장애(histrionic personality disorder)는 타인의 애정과 관심을 끌기 위한 지나친 노력과 과도한 감정표현이 주된 특징이다. 경계성 성격장애(borderline personality disorder)는 강렬한 애정과 분노가 교차하는 불안정한 대인관계를 특징적으

로 나타내는 성격장애를 말한다. 이러한 성격을 지닌 사람은 심한 충동성을 보이며 자살과 같은 자해적 행동을 반복적으로 나타내는 경향이 있다. 자기애성 성격장애(narcissistic personality disorder)는 자신에 대한 과장된 평가로 인한 특권의식을 지니고 타인에게 착취적이거나 오만한 행동을 나타내어 사회적인 부적응을 초래하는 특성을 가진다.

C군 성격장애는 불안하고 두려움을 많이 느끼는 특성을 지니고 있으며 강박성 성격장애, 의존성 성격장애, 회피성 성격장애가 이에 속한다. 강박성 성격장애(obsessive-compulsive personality disorder)는 지나치게 완벽주의적이고 세부적인 사항에 집착하여 과도한 성취지향성과 인색함을 특징적으로 나타내는 장애를 말한다. 의존성 성격장애(dependent personality disorder)는 스스로 독립적인 생활을 하지 못하고 다른 사람에게 과도하게 의존하거나 보호받으려는 행동을 특징적으로 나타내는 성격장애다. 회피성 성격장애(avoidant personality disorder)는 다른 사람과의 만남에 대한 불안과 두려움 때문에 사회적 상황을 회피함으로써 적응에 어려움을 나타내는 경우를 말한다.

이상의 성격 특성이 지나치게 경직되고 다양한 삶의 장면에 광범위하게 나타나서 사회적 또는 직업적 적응에 현저한 문제를 야기하는 경우에 성격장애로 진단될 수 있다. 이러한 성격 특성이 흔히 사춘기 이전부터 나타나기 시작하여 오랜 기간 지속되는 것이 일반적이다. 성격장애의 치료에는 개인 심리치료가 가장 흔히 적용되는데, 일반적으로 성격장애는 잘 치료되지 않지만 오랜 기간 집중적인 치료를 통해서 개선될 수 있다.

6) 물질관련장애

물질관련장애(substance-related disorders)는 알코올, 마약, 니코틴, 카페인, 흡입제 등 중독성을 지닌 다양한 물질과 관련된 심리적 장애를 말한다.

물질관련장애는 크게 물질사용장애와 물질 유도성 장애로 구분된다. 물질

사용장애는 물질의존과 물질남용으로 구분되는데, 물질의존은 반복적인 물질섭취로 인해서 그 물질을 점점 더 많이 원하는 '내성'과 물질을 섭취하지 않으면 고통을 느끼는 '금단현상'으로 인해서 개인을 심각한 부적응 상태로 몰아가는 경우를 뜻하며, 물질남용은 과도한 또는 반복적인 물질사용으로 인한 현저하게 해로운 결과가 나타나는 경우를 의미한다. 물질 유도성 장애는 특정한 물질의 섭취나 복용으로 인해 파생되는 여러 가지 부정적인 심리적 증상을 뜻하며 이에는 물질중독, 물질금단, 물질 유도성 섬망, 치매, 정신병, 기분장애, 불안장애, 성기능 장애, 수면장애 등이 포함된다.

　물질관련장애 중 알코올 관련 장애는 알코올의 사용으로 인해 발생되는 다양한 심리적 장애를 말하며, 크게 알코올사용장애와 알코올 유도성 장애로 분류된다. 알코올사용장애는 알코올 의존과 알코올 남용으로 나누어지며, 알코올 유도성 장애에는 알코올 중독, 알코올 금단, 그리고 다양한 알코올 유도성 장애들이 포함된다. 알코올 의존 및 남용은 유병률이 매우 높은 장애이며 흔히 사고, 폭력, 자살, 신체적 질병을 유발한다. 알코올 의존은 유전적 요인이나 알코올 신진대사 기능과 밀접한 관계가 있으며 가족과 또래집단의 음주행위에 의해 영향을 받는 것으로 알려져 있다. 또한 알코올 의존자는 심리성적 발달과정에서 구순기에 고착되어 의존적이고 피학적인 구강기 성격을 지니고 있다는 주장도 있다. 불안을 감소시키는 알코올의 강화효과나 알코올에 대한 긍정적 기대와 신념이 알코올 의존을 초래할 수 있다. 알코올 의존이 심한 사람은 술로부터 차단되어 약물치료를 받게 되는 입원치료가 필요하다. 그러나 비교적 경미한 알코올 의존은 개인 심리치료를 비롯하여 스트레스 대처 훈련, 사회적 기술 훈련, 자기주장 훈련, 부부관계 증진 훈련 등을 통해 심리적 갈등을 완화하는 기술을 습득함으로써 개선될 수 있다.

7) 해리장애와 수면장애

해리(dissociation)란 자기 자신, 시간, 주위 환경에 대한 연속적인 의식이 단절되는 현상을 말한다. 해리 현상은 일상에서 누구나 겪을 수 있는 정상적인 경험(예: 책에 몰두하여 주변을 완전히 잊는 것, 최면 상태, 종교적 황홀경 등)으로부터 심한 부적응상태로 초래하는 병리적 해리장애까지 광범위한 연속적인 심리적 현상이다. 해리는 감당하기 어려운 충격적 경험으로부터 자신을 보호하는 기능을 지니고 있으며, 진화론적으로 적응적 가치가 있는 기능으로 여겨지고 있다. 그러나 이러한 해리 현상이 지나치거나 부적응적인 양상으로 나타날 경우 이를 해리장애라고 한다. 해리장애에는 네 가지 유형이 있다.

해리성 기억상실증(dissociative amnesia)의 주 증상은 중요한 개인적 사건이나 정보를 기억하지 못한다는 것이다. 이 장애는 고통스러운 사건 당시의 감정상태가 너무 충격적이어서 그러한 상태에서 학습되었던 정보들을 기억하지 못하는 것으로 이해된다.

해리성 둔주(dissociative fugue)를 가진 개인은 과거를 기억 못하는 것과 더불어 새로운 지역으로 이동하여 새로운 정체감을 가진 사람으로 산다. 대표적인 증상으로 갑자기 가정과 직장을 떠나 방황하거나 예정에 없는 여행을 하며 이에 대한 기억상실을 나타내기도 한다. 이 장애는 해리성 기억상실증과 유사한 원인에 의해 유발되는 것으로 이해되고 있으나 기억상실뿐 아니라 고통스러운 감정을 유발하는 환경으로부터 벗어나고 자기정체감의 상실까지 수반한다는 점에서 훨씬 더 심각한 장애라고 할 수 있다.

다중성격장애라고도 알려진 해리성 정체감 장애(dissociative identity disorder)는 한 사람 안에 둘 이상의 각기 다른 정체감을 지닌 인격이 존재하는 장애다. 이 정체감들은 항상 다른 정체감이 가지는 생각, 감정, 행동을 의식하고 있지는 않는 것으로 알려져 있다. 이 장애는 과거에 다중성격장애라고 불리기도 했으며 아동기의 외상 경험과 관련되어 있는 것으로 이해되고 있다.

이인증 장애는 자신이 매우 낯선 상태로 변화되었다고 느끼는 이인증이나 외부 세계가 예전과 달라졌다고 느끼는 비현실감을 호소하는 장애다. 이인증은 자기정체감의 갈등과 관련되어 있으며, 자기통합의 어려움에 대한 두려움을 반영하는 것이라고 여겨지고 있다.

8) 섭식장애와 충동조절장애

(1) 섭식장애

음식을 먹는 섭식행동과 관련되어 심각한 부적응 상태를 나타내는 이상행동을 섭식장애라고 한다. 이러한 섭식장애(eating disorders)는 신경성 식욕부진증과 신경성 폭식증의 두 가지 유형이 있다.

신경성 식욕부진증은 체중 증가와 비만에 대해 극심한 두려움을 지니고 있어서 현저하게 음식섭취를 감소시키거나 거부함으로써 체중이 비정상적으로 저하되는 경우를 말한다. 신경성 식욕부진증은 90% 이상이 여성에게 발생하며, 특히 청소년기의 여성에게서 흔하게 나타난다. 마르고 날씬한 체형을 강요하는 사회문화적 압력과 가족 문제도 섭식장애의 경과와 관련이 있다. 예를 들면, 신경성 식욕부진의 경우, 가족 간에 경계가 없이 밀착되었거나 지나치게 과잉 보호적이고 경직되고 갈등 회피적인 특징이 있으며, 이들의 비정상적인 섭식행동은 자신의 독립성과 자율성에 대한 주장 또는 가족 갈등을 은폐하기 위한 시도일 수 있다. 신경성 식욕부진증 환자는 영양실조로 인한 여러 가지 합병증의 위험이 있기 때문에 입원치료를 하는 경우가 많다. 건강한 식사습관과 영양관리, 신체상에 대한 왜곡의 수정, 비합리적 신념의 변화, 그리고 가족치료를 병행하는 것이 바람직하다.

신경성 폭식증은 짧은 시간 내에 많은 양을 먹는 폭식행동과 이로 인하 체중 증가를 막기 위해 배출행동이 반복되는 경우를 말한다. 신경성 폭식증 환자는 짧은 시간에 엄청난 양의 칼로리를 섭취하고 그런 다음에는 통제감의

상실 및 후회와 더불어, 보상행동(구토, 하제나 이뇨제, 기타 약물의 남용, 단식이
나 지나친 운동)이 뒤따른다. 한편 정서적으로 불안정하고 충동적이며 관심을
얻고자 하는 욕구가 강하고 거부에 민감한 경향이 있지만, 심각한 체중 감소
는 없으므로 주로 외래치료를 한다. 폭식증의 초기 목표는 폭식-배출행동의
악순환을 끊고 섭식행동을 정상화하는 것이다.

(2) 충동조절장애

충동조절장애(impulse-control disorders)는 여러 가지 종류의 충동이 조절
되지 않은 채 부적응적 행동 양상으로 나타나는 경우를 의미한다. 충동조절
장애에는 다양한 하위 유형이 있는데, 다음과 같은 세 가지의 공통적 특성을
지니고 있다. 첫째, 자기 자신이나 타인에게 해를 끼칠 수 있는 행동을 하려
는 충동, 욕구, 유혹에 저항하지 못한다. 둘째, 충동적 행동을 하기 전까지 긴
장감이나 각성상태가 고조된다. 마지막으로, 일단 행동으로 옮기고 나면 쾌
감, 만족감, 안도감을 경험하게 된다. 이러한 충동조절장애에는 병적 도박증,
도벽증, 방화증, 발모증, 간헐적 폭발성 장애의 유형이 있다.

병적 도박증은 노름이나 도박을 하고 싶은 충동으로 반복적인 도박을 하
게 되는 정신장애다. 도박장애는 반복되는 도박행위를 12개월 이상 지속하
는 경우에 해당된다. 병적 도박증의 치료를 위해서 도박에 대한 매혹을 제거
하고 혐오감을 형성시키는 혐오적 조건형성과 같은 행동치료적 기법이 사용
되기도 하며 도박에 빠져들게 하는 무의식적인 동기에 대한 통찰을 유도하는
정신역동적 치료가 적용되기도 한다.

도벽증은 남의 물건을 훔치고 싶은 충동을 참지 못해 반복적으로 도둑질을
하게 되는 경우를 말한다. 방화증은 불을 지르고 싶은 충동을 조절하지 못해
반복적으로 방화를 하는 장애를 말하며, 발모증은 자신의 머리털을 뽑고자
하는 충동으로 인해 반복적으로 머리털을 뽑게 되는 경우를 의미한다. 간헐
적 폭발성 장애는 공격적 충동이 조절되지 않아 심각한 공격적 행동이나 재

산 및 기물을 훼손하는 파괴적 행동을 반복적으로 나타내는 경우를 뜻한다.

5. 스트레스와 대처법

　스트레스란 걱정, 근심이나 일에 대한 불만족 또는 지나친 과로 등으로 인해 생기는 모든 행동적·신체적 변화를 말한다. 스트레스란 용어는 셀리에 (Selye)에 의해 의학 및 심리학의 용어로 자리잡게 되었다. 스트레스를 유발하는 원인을 스트레스원(stressor)이라고 하는데, 스트레스원은 크게 외적 요인과 내적 요인으로 나누어 볼 수 있다. 외적 요인으로는 물리적 환영(소음, 강력한 빛, 협소한 공간 등), 사회적 환경(무례함, 지나친 요구, 다른 사람과의 갈등), 업무 환경(규칙, 규정, 형식, 절차, 마감 시간 등), 일상생활에의 큰 사건(가족의 죽음, 실직, 승진, 출산 등), 사소한 일상 사건(물건의 분실, 지각) 등이 있다. 내적 요인으로는 생활양식(카페인, 수면 부족, 과로 등), 사고방식(비관, 비현실적 기대, 경직된 사고 등), 개인 특성(완벽주의 성향, 성취 지향적 성향 등) 등이 있다.

1) 스트레스가 되는 생활 사건

　1967년, 토머스 홈스와 리처드 라헤(Thomas Holmes & Richard Rahe)는 〈표 10-3〉의 왼쪽과 같이 사회적응평정척도(social adjustment rating scale)를 개발하였는데, 이 척도는 사람들이 삶에서 경험하는 다양한 스트레스에 일정 수치를 부여한다. 스트레스의 합계가 1년에 300을 넘으면 그러한 사람들의 약 79% 이상이 다음 해에 질병을 앓았다고 보고되어, 스트레스 수치가 증가할수록 질병에 대한 취약성이 높아짐을 알 수 있다.

　한편 대학생들은 앞에서 말한 사회적응평정척도에 포함된 스트레스들과는 다른 스트레스에 직면하고 있다. 크랜들 등(Crandall et al., 1992)은 연구를

표 10-3 스트레스가 되는 생활 사건들

성인: 사회적응평정척도	학생: 대학생 스트레스 설문지
1. 배우자 사망	1. 사망(가족구성원이나 친구)
2. 이혼	2. 시험이 많음
3. 부부 별거	3. 기말고사 기간임
4. 교도소 복역	4. 대학원 지원
5. 가까운 가족의 죽음	5. 범죄의 희생자
6. 개인적 사고나 병	6. 모든 수업 과제의 마감일이 같은 것
7. 결혼	7. 남자/여자 친구와의 헤어짐
8. 직장 해고	8. 남자/여자 친구가 다른 사람과 사귐
9. 결혼 갈등의 중재 상황	9. 맞춰야 할 마감일이 많을 때
10. 은퇴	10. 재산 도난당함
11. 가족구성원의 건강상 변화	11. 힘든 한 주를 보냄
12. 임신	12. 준비되지 않은 상태로 시험 보기
13. 성적 문제	13. 뭔가 잃어버림(지갑 같은 것)
14. 새로운 가족구성원의 영입	14. 반려동물의 죽음
15. 사업 재적응	15. 예상보다 시험을 못 봄
16. 재정적 상태의 변화	16. 면접
17. 친한 친구의 죽음	17. 수업 프로젝트나 연구 논문의 마감
18. 직장에서의 업무 변화	18. 시험 못 본 것
19. 부부싸움 횟수의 변화	19. 부모의 이혼
20. 1,000만 원 이상의 저당	20. 다른 사람에게 의존하기
21. 주택의 압류 혹은 빚	21. 룸메이트와 갈등
22. 직장에서의 책임 변화	22. 차나 자전거의 고장, 타이어 펑크 등
전체 척도는 43개 항목으로 구성됨 출처: Holmes, T. H., & Rahe, R. H. (1967).	전체 척도는 83개 항목으로 구성됨 출처: Crandall, C. S. (1992).

통해 〈표 10-3〉의 오른쪽과 같이 룸메이트와의 갈등, 낙제, 대학원 지원 같은 스트레스를 가지고 있으며 이러한 스트레스 사건과 질병과의 상관관계를 제시하였다.

2) 스트레스와 심리장애

스트레스에 대한 우리의 반응은 스트레스 사건과 사건에 효과적으로 대응할 수 있겠는가 하는 대처 능력에 대한 자기평가에 의해 영향을 받는다(Russo & Tartaro, 2008; Lazarus & Folkman, 1984). 자신이 능력이 있고 자원을 가지고 있다고 판단하는 사람은 스트레스원에 보다 더 쉽게 대처하고 보다 더 잘 반응한다.

스트레스 반응과 반응이 야기하는 두려움의 감각은 흔히 심리장애에서 작동한다. 많은 스트레스 사건을 경험한 사람들은 불안장애에 취약하다. 유사하게 스트레스의 증가는 우울증, 조현병(정신분열증), 성(性)기능장애, 기타 다른 심리문제의 발발과 연관된다.

게다가 스트레스는 어떤 심리 · 신체장애들에 있어서는 더욱 중요한 역할을 한다. 이러한 장애에 있어서, 스트레스의 특징은 더 강하고 파괴적이 되어 가며 오랜 기간 주변을 맴돌게 되고 결과적으로 개인은 정상적 삶을 불가능하게 한다. 주된 심리적 스트레스 장애들로 급성 스트레스장애와 외상후 스트레스장애가 있다. DSM-IV-TR[4]은 이러한 형태의 문제들을 불안장애에 포함시키고 있으나, 이러한 특징은 불안 증상 훨씬 이상의 것으로 확장된다. 신체적 스트레스장애는 보통 DSM-IV-TR이 현재 '의학적 상태에 영향을 미치는 심리적 원인(psychological factors affecting medical condition)'이라는 표제하에 둔 '정신생리성 장애(psychophysiological disorders)'로 불린다.

---

4) DSM-IV-TR(text version): 2000년 DSM-IV에 설명 문안을 수정한 분류체계.

3) 대처법

스트레스는 우리 몸이 더 나은 상태로 유지될 수 있도록 도움을 주는 긍정적인 스트레스인 유스트레스(eustress), 그리고 우리의 신체와 정신에 혼란을 야기함으로써 병들게 하는 부정적인 스트레스인 디스트레스(distress)로 나눌 수 있다. 따라서 우리는 디스트레스는 감소시키고 유스트레스는 적정 수준에서 유지함으로써 신체와 정신의 건강을 도모해 가야 한다.

스트레스를 받으면서 힘들어하거나 아프기도 하지만, 또한 스트레스를 받는 많은 사람들이 건강하게 살아 나간다. 이를 스트레스에 대한 탄력성(resiliency)이 있다고 말하는데, 이는 사람들이 스트레스 상황을 다루는 방식, 즉 대처 방식(혹은 대처 기제)과 관련이 있다.

스트레스에 대한 대처 방식은 스트레스원 그 자체를 다루려고 하는 문제 중심적(problem focused) 대처와 상황에 대한 생각 변화나 스트레스에 대한 정서적 결과를 변화시키려는 정서 중심적(emotion focused) 대처 등으로 나뉠 수 있다.

문제 중심적 대처는 스트레스원의 변화를 통해 스트레스를 해결하는 방법인데 이는 예상할 수 있고, 회피할 수 있는 스트레스원일 때 적용될 수 있다. 스트레스원에 효과적으로 대처하기 위해서는 미리 계획 세우기, 우선순위 정하기, 해야 할 일의 완급 조절, 능력에 벗어나는 일 하지 않기, 일이 벅차다면 적절한 조치 취하기 등이 필요하다.

정서 중심적 대처는 상황에 대한 생각을 변화시키려는 전략과 스트레스의 불쾌한 정서적 결과를 변화시키려는 전략이다. 이들 대처는 스트레스 경험에서 파생되는 정서를 조절하는 것이 목적이다. 따라서 어떤 사람이 스트레스 상황을 직접 변화시킬 수 없다면, 그 상황에 대한 자신의 지각이나 정서를 변화시키는 것이 필요하다. 많은 경우 사건이나 상황 자체가 감정을 유발하는 것이 아니라, 그에 대한 우리의 생각이나 해석이 감정을 유발하게 된다.

만사가 마음먹기에 달렸다는 말과 같이 내 생각을 보다 합리적이고 현실적이고 긍정적으로 변화시킴으로써 자신을 불편하지 않은 상태로 만드는 것이 중요하다.

이밖에도 스트레스 해결 방법으로 운동, 정서적인 지원과 피드백(가족, 친구), 이완 계획 세우기(명상, 아로마세러피, 음악, 목욕, 소풍, 요리, 등), 음식 조절 등이 추천되기도 한다. 그러나 알코올, 담배, 약물, 타인의 탓으로 돌리기, 과로, 지나친 진지함, 속앓이 등은 비효율적인 방식이므로 주의해야 한다.

 성찰질문

1. 심리장애를 정상과 비정상을 구분하는 기준으로 '4D'에 대해 설명하라.
2. 이상행동을 유발하는 원인을 통합적으로 설명하는 '취약성−스트레스 모델'에 대해 설명하라.
3. 스트레스에 대한 대처 방식으로 '문제 중심적(problem focused) 대처'와 '정서 중심적(emotion focused) 대처'에 대해 설명하라.

참고문헌

권석만(2005). 현대 이상심리학. 서울: 학지사.

권석만(2013). 현대 이상심리학(2판). 서울: 학지사.

안창일, 박기환, 이정흠, 최윤(2012). 심리학의 현대적 이해. 서울: 학지사.

Comer, R. J. (2010). *Abnormal psychology*. New York: Worth Publishers.

Crandall, C. S. (1992). Psychophysical Scaling of Stressful Life Events. *Psychological Science, Vol 3.*

Holmes, T. H., & Rahe, R. H. (1967). The Social Readjustment Rating Scale. *Journal of Psychosomatic Research.*

Koury, M. A., & Rapaport, M. H. (2007). *Quality of life impairment in anxiety disorders*. In M. S. Ritsner & A. G. Awad (Eds.), *Quality of life impairment in schizophrenia, mood and anxiety disorders: New perspectives on research and treatment.* The Netherlands: Springer.

Lazarus, R. S., & Folkman, S. (1984). *Stress, appraisal, and coping.* New York: Springer.

Ronald, J. C. (2011). *Fundamentals of Abnormal Psychology* (6th Eds.). NY: Worth Publisher.

Russo, N. F., & Tartaro, J. (2008). *Women and mental health.* In F. L. Denmark & M. A. Paludi (Eds.), *Psychologe of wemen: A handbook of issues and theories* (2nd ed., pp. 440–483). Wesport, CT: Praeger Publishers.

제**11**장
나에게 맞는 직업은

고대 그리스 격언 '너 자신을 알라.'가 자신의 이해에 대한 중요성을 가리
킨다면 우리나라 속담인 '열 길 물속은 알아도 한 길 사람 속은 모른다.'는 타
인에 대한 이해가 중요하고도 어렵다는 것을 의미한다. 이러한 격언과 속담
은 진로, 취업 분야에서도 중요하게 적용되고 있다. 취업을 바라는 입장에서
무엇보다 자신을 충분히 파악한 후 가고자 하는 기업을 분석하는 것이 바람
직한 것처럼, 당신을 채용하고자 하는 기업 역시 적합한 구직자를 채용하기
위하여 서류전형, 면접전형, 인·적성검사, 신체검사 등의 리트머스 종이와
같이 촘촘하고 치밀한 채용과정을 거치게 된다(이종원, 2015). 구직자들은 정
규 교육과정을 마친 후, 취업 적령기를 넘기지 않고 자신이 원하는 곳에 취업
을 하고 싶을 것이다. 취업을 한다는 것은 삶의 발달단계에 부여된 발달과업
을 완수함으로써 한 사람의 몫을 하는 성인이 되는 것이며, 더 나아가 자신의
재능을 통해 조직이나 사회와 국가에 기여하는 것을 의미한다. 즉, 취업은 학

생 신분과는 전혀 다른 정체성과 역할 수행을 전제로 하는 직업을 갖는 일이
다(한국고용정보원, 2014). 직업은 경제적ㆍ사회적인 의미뿐만 아니라 자아실
현적인 의미를 포함하고 있기 때문에 어떠한 직업을 선택하는 것은 개인뿐만
아니라 조직, 사회, 국가적인 측면에서도 중요한 의미를 내포하고 있다. 이러
한 맥락에서 개인이 원하지 않는 직업을 선택한 경우 심리적 측면은 물론 자
아실현에도 부정적인 영향을 미치게 된다. 따라서 자신에게 맞는 최적의 직
업을 선택하여 직업만족감과 자존감으로 행복함을 느낄 수 있도록 꾸준히 자
신의 커리어 개발에 매진해야 한다.

이 장에서는 기업의 채용과정을 통해 진로와 취업 등의 커리어 개발에 자
기 이해 요소가 무엇이며, 이것이 얼마나 중요한지 살펴보고 구직에 필요한
핵심 자기 이해 요소에 대해 분석해 보도록 하겠다.

1. 기업의 채용을 통해 본 자기 이해 요소

「포천(Fortune)」지가 선정한 일하기 좋은 100대 기업의 많은 경영자들은 최
고의 인적자본을 발굴하기 위해 많은 시간을 할애하는 것이 가장 큰 임무라
고 생각한다. 전 General Electric의 회장인 잭 웰치(Jack Welch), Honeywell
International의 래리 보시디(Larry Bossidy) 회장이 대표적이며(Phillips, 2006),
우리나라 대부분의 기업도 인재경영이 기업의 원동력이라는 철학을 가지고
있으며, 최고의 인적자본을 확보하고 양성하기 위하여 노력하고 있다. 우리
나라의 기업은 과연 유능한 인재를 채용하기 위해 어떠한 방법을 사용하는
가? 이 채용 프로세스를 심도 있게 분석하면서 자기 이해가 취업준비에 있어
서 얼마나 중요한가를 살펴보기로 한다. 먼저, 채용 프로세스의 첫 관문인 서
류전형을 통하여 기업이 어떠한 인재를 원하는지 분석해 볼 필요가 있다.

2013년 우리나라 매출액 30대 주요 대기업의 서류전형 중 이력서의 내용

을 분석해 보면, 학력, 전공, 성적, 병역, 특기, 취미, 자격증, 외국어 능력, 경력사항, 가족관계, 종교, 신체사항 등이 명시된 내용들이다. 이러한 이력서

표 11-1 2013년 매출액 30대 기업의 자기소개서 분석 내용

기업 명	자기 이해 부분과 관련된 자기소개서 문항
삼성전자	직무에 필요한 역량
에스케이에너지	어려웠던 경험
지에스칼텍스	성장과정 및 학창시절, 동기
한국전력공사	동기
포스코	전문지식, 능력, 역량, 성장과정, 성격 장단점, 재능, 특기
에스오일	당신은 어떤 사람인가
한국가스공사	성장과정, 성격, 생활신조
엘지전자	역량, 성격, 약점과 강점
우리은행	성격의 장단점, 성장과정, 취미와 특기, 직업 윤리의식
삼성생명보험	취미 · 특기, 장점
현대중공업	주요 경력
엘지디스플레이	역량, 기술
국민은행	덕목, 문학, 역사, 철학, 예술 관련 고민이나 경험, 성장과정
KT	강점, 특이경험
엘지화학	성장과정, 특성, 장점
신한은행	수학 내용, 가치관 및 인생관, 인상 깊었던 책, 성장과정
대우 인터내셔널	생활신조, 대표 이력 세 가지, 성장과정
중소기업은행	잘하는 것, 좋아하는 것, 장단점, 성격, 성장과정
하나은행	성격의 장단점, 생활신조, 학교생활, 사회봉사활동, 성장과정
삼성화재해상보험	장단점, 성장배경
현대모비스	직무 전문성
삼성물산	장단점, 성장배경
현대제철	성격의 장단점, 직무수행을 위한 경험, 성장과정
롯데쇼핑	성장과정, 직무 경험

내용 중 대다수가 적성에 초점을 두고 있는 것을 알 수 있다. 즉, 학력, 전공, 성적, 병역, 특기, 자격증, 외국어 능력, 경력사항 등은 방증될 예시다. 그리고 취미와 경력사항 등으로 흥미를 파악하고, 가족관계와 종교 등과 같은 내용으로 직간접적으로 당신의 심층적인 가치관을 파악하려는 의도가 이면에 내포되어 있다.

또한 〈표 11-1〉과 같이 2013년 우리나라 매출액 30대 주요 대기업의 서류전형 중 자기소개서 항목에 나타난 바와 같이 기업은 구직자인 당신의 역량, 성격, 흥미, 가치관, 적성, 강점, 약점과 동기 등을 직간접적으로 분석하려는 채용전략이 내재되어 있음을 알 수 있다.

2. 구직활동에 필요한 핵심 자기 이해 요소

직업선택의 기준에 대한 정의를 내리기는 쉽지 않다. 직업을 선택하는 기준으로 많은 사람들은 우선적으로 연봉, 직업의 안정성, 사회적 지위 등을 생각하지만, 진로 및 커리어 개발은 자신의 이해를 바탕으로 자신의 특성에 맞는 직업을 선택하고 성장할 수 있도록 매진하는 것이 중요하다.

『파라슈트』

미국 최고의 직업탐색 컨설턴트인 리처드 볼스는 『취업의 비밀 파라슈트(What color is your parachute?)』라는 저서에서, 구직 방법으로 인터넷 잡포스팅, 고용자에게 이력서 보내기, 구인공고 응답하기, 서치펌 도움 받기 등이 있지만, 그중에서 최고의 구직 방법은 구직자 자신에 대한 철저한 연구로서 86%의 취업성공률을 보였다고 주장한다(Bolles, 2013).

이상과 같이 살펴본 2013년 우리나라 매출액 30대 주요 대기업의 서류전형 분석과 저명한 진로학자의 주장, 그리고 필자가 수년간 대학 커리어센터 경험을 바탕으로 구직자들에게 핵심 자기 이해 요소를 제시하고자 한다. 핵심 자기 이해 요소는 네 가지로서 성격, 흥미, 가치관과 적성에 관하여 살펴보겠다.

1) 성격

가령 축구 경기를 지켜보는 당신의 태도를 예로 들어 보자. '2018년 러시아 월드컵을 시청하면서 당신의 스타일은 어떠했으며, 우리나라 선수가 골을 넣었을 때의 당신의 행동과, 패배를 했을 때 어떠한 반응을 나타냈는가?'라는 질문의 답에 깊은 관련이 있는 것이 바로 성격이다. 우리는 일상적인 대화에서도 '저 친구 성격 참 좋다.', '저 친구는 내성적이고 저 사람은 너무 외향적이다.', '저 사람은 물불을 안 가리는 성격이다.'라는 말을 들어 봤을 것이다. 성격은 타인과 구별되는 독특한 특성이 있으며 비교적 장기간 동안 일정한 패턴에 따라 행동을 유지하는 일관성이 있다.

성격(personality)의 어원은 원래 탈 혹은 가면을 뜻하는 페르소나(persona)라는 라틴어로서, 관객은 배우가 쓴 탈의 모양이나 형태를 보고 그 배우가 어떤 성격의 역할을 하는지 예측했다. 구인자인 기업 입장에서도 구직자인 당신의 탈(성격)을 파악하여 어떠한 인식과 행동을 할 것인가를 예측하여 채용 여부를 결정하려고 할 것이다.

기업체에서는 직원의 선발, 배치, 교육훈련 및 리더십 개발에 유용한 시사점을 주며(김영재, 김재구, 이동명, 2014), 우리나라 기업의 인재 채용 시 인성검사의 절대 다수가 성격이론을 기초로 개발되었다(김웅태, 황근순, 이종원, 권보경, 강연희, 정성찬, 박선훈, 2011). 또한 성격 정보는 직원에 대한 이해 제고를 통해 조직 내 인간관계와 조직 전체의 변화를 창출하는 데 크게 기여한다(삼성경제연구소, 2011).

한편, 조직 또는 직무가 요구하는 특성을 적합하게 소유하고 있는 개인은 그 조직 또는 직업에서 성공할 가능성이 매우 높다. 따라서 취업을 준비하는 구직자는 자신의 특성을 객관적으로 이해할 필요성이 있으며, 객관적으로 이해하기 위해서는 정교하게 고안된 진단도구를 사용해야 한다(한국고용정보원, 2014).

성격을 진단하는 도구 중 가장 일반적이고 널리 사용하는 성격진단도구는 칼 융(Carl G. Jung)의 이론을 기초로 한 16가지 유형으로 나타나는 MBTI(Myers-Briggs Type Indicator)로서 사람이 정보를 인식하고 판단하는 방식을 나타낸다. MBTI에 따르면 인간 행동의 다양성은 인식과 이를 바탕으로 판단하는 특징이 다르기 때문이다. 인식은 사람, 사물, 사건, 아이디어를 인식하는 것을 의미하며, 판단은 인식한 내용을 토대로 결론을 내리는 것을 의미한다. 사람들이 인식하는 방법과 결론을 내리는 방법이 다르기 때문에 인간의 행동 양식에도 영향을 미친다(김정택, 심혜숙, 제석봉, 2007).

MBTI는 미국 기업의 직원 중 연간 200만 명 이상이 사용하고 있으며, 「포천(Fortune)」지 100대 기업의 90%가 채용과 승진에 MBTI 진단을 활용하고 있다(삼성경제연구소, 2011). 또한 「포천(Fortune)」지 선정 주요 500대 기업과 국내 대기업을 비롯한 수많은 기업이 MBTI 진단도구를 직원교육과 인사관리에 활용하고 있다(Tieger & Barron, 2012). 현재 MBTI는 대학교의 취업상담이나 진로상담에 적극 적용되고 있으며(삼성경제연구소, 2011) 가장 인기 있는 진단도구다(김병숙, 2010). 물론 필자가 근무하는 대학에서도 전체 신입생을 대상으로 MBTI 진단을 하며 강의와 진로 및 취업상담에 활용하고 있다. MBTI는 두 가지 정보가 진로 및 취업에 적용된다. 첫째는 개인이 선호하는 일처리 방식이나 직업 환경 유형을 알려 주며, 둘째, 의사결정하는 방식을 알려 준다(Swanson & Fouad, 2011).

MBTI의 네 가지 본질적 기능인 에너지의 방향, 정보수집 방법, 의사결정 방법, 생활양식에 대한 개인의 선호도가 일 상황에 미치는 효과를 보면 〈표 11-2〉와 같다. MBTI 진단 결과, 당신의 유형이 나왔다면 성격에 맞는 직업을 선택하는 데 영감을 얻을 수 있을 것이다.

표 11-2 MBTI 선호도가 일 상황에 미치는 효과

네 가지 차원	본질적 기능	내용
에너지의 방향	E(외향형)	사람들과 성공적인 상호작용을 좋아함. 다양성과 행위를 좋아함. 느린 직무에 대해 종종 참을성이 없음.
	I(내향형)	직무의 결과에 관심이 있음. 혼자 집중하는 시간을 좋아함. 침묵을 좋아함. 한 가지 일에 오랜 시간을 들여 작업함.
정보수집 방법	S(감각형)	주의 집중을 요하는 작업을 좋아함. 새로운 문제점을 싫어함. 이미 배운 기술을 활용하는 것을 즐김. 실수한 적이 거의 없음.
	N(직관형)	상세한 것을 싫어함. 새로운 문제들이 이어지는 것을 좋아함. 새로운 학습을 즐김. 영감에 의존함. 실수를 자주함.
의사결정 방법	T(사고형)	특히 아이디어와 숫자를 가지고 논리적 순서를 요하는 작업을 좋아함. 사람들을 비난할 수 있음. 심지가 굳음.
	F(감정형)	특히 사람들에게 서비스를 제공하는 작업을 좋아함. 사람들을 비난하는 것을 싫어함. 동정적임.
생활 양식	J(판단형)	작업을 계획하고 그 계획에 따라 작업을 좋아함. 사건이 해결되고 종결되는 것을 좋아함.
	P(인식형)	변화하는 상황에 따라 수정을 요하는 작업을 좋아함. 변경을 위해 사건을 그냥 내버려 둔 것을 걱정하지 않음.

출처: 김병숙(2009), p. 37.

21세기의 100세 시대를 활보하고 있는 당신은 최소한 70~80세까지는 직업을 가져야 일정한 생활 패턴이 유지될 것이다. 당신이 대학을 졸업하고 바로 취업을 한다고 가정했을 때, 현재 우리나라 대기업의 평균근속연수 10년 내외를 감안했을 때, 평균 5~6번의 전직 또는 이직을 한다는 결론이다. 많은 진로 및 커리어 학자들은 이러한 결론에 한결같은 목소리를 내고 있다.

자신의 성격을 완벽하게 파악하기란 힘들지만 다양한 경험으로 자신의 성격을 분석하여 일의 성격에 부합하는 만족스러운 직업에 접근할 수 있도록 노력하기 바란다.

2) 흥미

몇 년 전 세계적인 발레리나인 강수진과 축구스타 박지성 선수의 발이 공개되어 놀라움을 자아낸 적이 있다. 두 선수의 공통점은 혹한 훈련과 연습으로 발에 심한 굳은살이 박였다는 것이며, 또 다른 공통점은 자신의 직업에 대한 흥미가 충만하여 그 직업에 열중하고 몰입하여 자기만족과 더불어 최고라는 찬사를 받으며 그 분야에서 성공했다는 점이다. 이 두 선수를 보면서 직업을 선택할 때의 흥미가 중요한 요인이 될 수 있다는 것을 알 수 있다.

흥미(interests)는 어떤 일이나 활동을 좋아하고 지속적으로 관심을 가지는 것을 의미하며, 직업에서 만족도를 예언해 주는 예측 요인으로(한국고용정보원, 2014), 인간 행동의 방향과 강도를 결정하는 중요한 원인이며 어떤 대상에 대한 수용이나 거부와 같은 선택적인 행동 태세를 말한다. 흥미를 갖는 대상에 대해서는 쾌감의 정서가 수반되고 각별한 주의를 가지고 열중하게 되며(김정택, 김명준, 심혜숙, 박병관, 윤선아, 2006), 인생에서 가장 큰 선택인 배우자 선택과 직업선택에 있어서 흥미는 지대한 영향을 미친다(김병숙, 2010). 이상에서 보았듯이 흥미는 자신이 호기심과 관심을 가지게 하는 그 무엇이라고 할 수 있겠다.

홀랜드(John Lewis Holland, 1919~2008)

흥미에 관한 이론 중에서 가장 대표적인 이론은 홀랜드(Holland)의 개인-환경 일치이론으로서 다음과 같은 가정을 하고 있다(Holland, 1997). 즉, 대부분의 사람은 현실형(realistic), 탐구형(investigation), 예술형(artistic), 사회형(social), 기업형(enterprising), 관습형(conventional) 등의 여섯 가지 직업적 성격을 가지고 있으며, 직업 환경도 이 여섯 가지의 환경을 가지고 있다. 그리고 사람들은 자신에게 맞는 직업적 환경을 찾으며, 성격과 직업 환경이 상호작용하여 행동으로 연결된다.

각 유형에 맞는 일, 활동, 그리고 환경을 살펴보면 현실형은 신체적으로 강인하며 기계를 다루는 능력이 뛰어나고, 도구나 기계를 이용하여 일하거나 옥외에서 활동하는 것을 선호한다. 탐구형은 관찰, 학습, 연구와 추상적인 문제를 해결하고 평가와 분석하는 활동을 선호한다. 예술형은 예술적 · 창의적 · 직관적인 능력을 가지고 있으며, 자신들의 상상력이나 창의 · 창조력을 발휘하여 자유로운 상황에서 일하기를 선호한다. 사회형은 사람들과 함께 일하기를 좋아하며 타인을 교육하거나, 개발시키고 봉사를 좋아하며 훈련과 치유를 하거나 언어적으로 뛰어난 기술을 가지고 있다. 기업형은 사람과 어울려 일하기를 좋아하지만 사회형과는 달리 다른 사람들에게 영향력을 행사하거나 설득, 지시 또는 경제적 이득이나 조직의 목적을 위하여 리더십을 발휘하고 관리하는 일을 선호한다. 마지막으로 관습형은 정보를 다루는 일을 선호하고 사무와 숫자를 다루는 업무를 선호하며, 구체적인 일과 계획에 따라 움직이는 일을 좋아하며 다른 사람의 지도를 잘 따르는 것을 선호한다.

개인이 탁월한 능력의 소유자이지만 흥미와 관심이 없는 분야에서 작업을 할 경우 능률이 떨어지고 기대에 못 미치는 성과를 나타낼 가능성이 높다. 반면, 흥미가 높은 사람은 같은 작업 환경에서 동일한 일을 할 경우, 높은 성과를 나타낼 가능성이 크며 직무에 대한 만족과 성공할 확률이 높을 것이다. 따라서 직업선택 시 자신의 관심과 흥미 있는 직무를 선택하는 것은 자신의 커리어 개발에 긍정적인 결과를 안겨 줄 것이다.

〈표 11-3〉은 STRONG 직업흥미검사의 RIASEC 유형에 따른 흥미와 대표직업으로서 자신의 흥미 코드에 맞는 직업을 선택할 때 참고하기 바란다. 미국의 스롤리 블로트닉 연구소에서 부와 직업의 상관관계를 연구한 유명한 결과가 있다. 미국 아이비리그 대학 졸업생 1,500명을 대상으로 직업을 선택할 때 돈이 최우선인 사람은 A팀, 좋아하는 일이 최우선인 사람은 B팀으로 각각 나눴다. 20년 후, 101명이 억만장자가 되었는데 1명을 제외한 100명이 자신이 하고 싶은 일을 선택한 B팀이었다. 직업을 선택할 때 부를 좇기보다는 미

표 11-3 RIASEC 유형의 흥미와 직업

유형	흥미 분야	대표 직업	
R	• 중고제품 수선(자동차, 기계, 전자기구) • 조립 및 개조 • 사냥, 낚시, 캠핑, 암벽등반 • 레포츠 기구 조작(모터보트, 사이클, 스노보드) • 육체적으로 위험한 활동(스카이다이빙, 고산등정 등)	자동차 수리공 정원사 배관공 경찰관 목축업자	산림감시원 기계공 방사선 기술자 농업교사 산업미술교사
I	• 여가나 가족과의 시간보다는 자신의 일에 더 많은 시간을 보냄 • 독서 • 바둑, 체스 • 항해나 스쿠버다이빙과 같이 복잡한 세부 사항을 알아야 하는 활동들 • 천문학 • 조류 관찰 • 컴퓨터 프로그래밍, 평가, 토의	대학교수 내과의사 심리학자 약제사 화학자	검안서 연구개발 관리자 수의사 지질학자 물리학자
A	• 드로잉, 스케치, 그림 그리기 • 악기연주 • 사진 찍기 • 미술작품 수집 • 음악, 무용 공연 관람 • 연극, 박물관, 미술관 관람 • 시나 소설 창작 • 무용, 춤추기	상업미술가, 리포터 순수미술가, 신문기자 변호사, 예능교사 도서관 사서 음악가, 광고 책임자	방송인 과학 관련 기고가 국어교사 건축가 사진사
S	• 타인을 즐겁게 함 • 집회, 모임 참석 • 지역봉사단체, 자원봉사 참여 • 단체 모임 조직(소풍, 단체여행, 친지 모임) • 예술적이거나 야외, 자연 활동	보육교사 초등학교 교사 보건소 간호사 지역봉사단체 책임자 고등학교 상담교사	취업 보도과 직원 직업상담가 사회사업가 언어 교정사 사회교사
E	• 단체나 조직에 가입 • 스포츠게임 • 사교 모임 • 정치활동 • 집회 참석	생명보험중개인 부동산업자 순회판매업자 물품구매인 매장관리자	판매 책임자 레스토랑 책임자 여행사직원 전업주부 정비 책임자
C	• 수집(우표, 동전) • 모형 조립하기(비행기, 인형 집, 전기기차) • 사적인 소모임 • 규칙이 명백한 게임	정부계원 의료기록원 사무직원 회계사, 은행원 행정 보조, 비서	매장판매인 보험수리사 치과보조원 상업교사, 회계사 급식관리자

출처: 김명준, 김은주, 김태진(2007), p. 100.

치도록 좋아하는 일, 하고 싶은 일을 선택하기 바란다. 부는 자연스럽게 뒤따르는 부산물이 될 것이다.

3) 가치관

가치관(values)은 '옳다 옳지 않다, 좋다 나쁘다, 바람직하다 바람직하지 않다'라는 이분법으로 재단된 상황에서 개인의 생각에 의해 판단되고 행동하게 되는 신념이다.

최근 공기업이나 사기업의 채용과정에서 그 중요성이 부각되고 있는 가치관 평가를 살펴보면, 토론면접에서 찬반 논쟁 실시 여부는 구직자들의 능력을 가늠하기도 하지만 가치관을 파악하려는 의도에서 실시된다. 2013년에 실시한 각 기업의 토론면접 주제를 보면, 청년실업에 대한 책임을 논하라(서울보증보험), 여성고용할당제에 대한 찬반토론을 하라(대한주택공사), 초등학교 남녀 교사 할당제에 대한 찬반토론을 하라(현대백화점), 아이돌 육성 시스템에 대한 찬반논쟁을 하라(삼성SDI) 등이 그 예다.

저명한 심리학자 로키치(Milton Rokeach)는 가치관을 "어떠한 구체적인 행동양식이나 존재의 결과적 상태가 그 반대의 행동양식이나 존재 상태보다 개인적으로 또는 사회적으로 더 바람직하다는 기본적인 신념"이라고 정의하였다(한국고용정보원, 2014). 가치관에는 내용과 강도의 속성이 존재하는데, 내용은 행동하는 것과 존재 자체가 중요하다는 것을 뜻하며, 강도는 행동과 존재가 얼마나 중요한가를 나타낸다. 그리고 행동과 태도는 자신의 가치관과 조직의 가치관이 일치하는가의 여부에 따라 달

로키치(Milton Rokeach, 1918~1988)

라진다(Robbins & Judge, 2009). 장대운, 김충기, 박경애, 김진희(1996)는 가치관을 "개인이 특정한 상황에서 어떠한 선택이나 결정을 내릴 때 특정한 방향

으로 행동을 하게 하는 원리나 믿음 또는 신념"이라고 정의했다. 또한 개인의 가치관은 인생관이나 직업관에 중요한 역할을 하고 직업적 능률과 만족감에 직접적으로 관여하기 때문에 진로를 결정할 때 반드시 건전한 직업에 대한 올바른 가치관을 확립해야 할 필요가 있다.

직업가치관은 가치관의 협의의 개념이며 자신의 가치관 중 직업선택에 있어서 영향을 미치는 가치관으로서, 직업이 자신에게 제공하는 여러 이익 중 어떤 것을 더 중요하게 생각하는가와 관련이 있다(한국고용정보원, 2014). 직업가치관에는 외재적 가치와 내재적 가치가 있는데, 외재적 가치는 일을 통해 추구하는 것이 금전적 보상, 승진, 작업 조건, 명예 등과 같이 일을 통해 부수적으로 얻을 수 있는 것에 대한 추구를 의미한다. 내재적 가치는 일의 고유성, 흥미, 자율성, 자기탐색 등 일 자체를 통해 얻을 수 있는 것과 자아실현의 장을 마련하기 위한 도구로서의 직업 역할을 강조하는 경향을 의미한다(김애순, 2002).

수년간 S대학 커리어센터에서 실시한 직업가치관의 자료를 보면, 남학생의 직업가치관은 통상적으로 금전적 보상, 복리후생, 기업문화 순으로 나타나는 반면, 여학생은 기업문화, 복리후생, 금전적 보상 순으로 나타났다. 이러한 이유는 남성의 경우, 보수적이고 유교적이며 전통적인 가부장 사회를 인정하는 성향 때문에 이러한 결과를 초래하며, 여성의 경우 직장생활 중 결혼, 육아, 휴직 또는 복직의 커리어 패스를 가지고 있는 데에서 기인된다고 판단된다. 이렇듯 자신의 직업가치관과 기업의 가치관의 부합 여부를 입사 전에 철저히 비교·분석할 필요가 있다.

입사한 기업이 당신이 기대한 커리어 패스에 부합하지 못할 때 당신의 반응은 어떠한가? 당신은 기업에 불만족하며 역량을 발휘하여 성과를 내기 위한 노력을 경주하지 않을 확률이 높을 것이다. 그러므로 직업 세계 진입에 있어서 개인이 높은 기대를 가지고 있는 특정 직업가치관을 파악하고 이를 실현시킬 수 있는 직업(김웅태 외, 2011)과 가치의 특성에 따라 어울리는 직업을

표 11-4 기업의 인재상 주요 키워드

인재상	1순위	2순위	3순위	4순위	5순위	6순위	7순위	8순위	9순위
2008년	창의성	전문성	도전 정신	도덕성	팀워크	글로벌 역량	열정	주인 의식	실행력
2013년	도전 정신	주인 의식	전문성	창의성	도덕성	열정	팀워크	글로벌 역량	실행력

출처: 대한상공회의소(2013), p. 4.

선택하는 것이 중요하다(김봉환, 강은희, 강혜영, 공윤정, 김영빈, 김희수, 선혜연, 손은령, 송재홍, 유현실, 이제경, 임은미, 황매향, 2014). 따라서 가치관은 성인기 진로 발달에 대한 연구(김병숙, 2010)와 직업선택 시 중요하게 고려해야 할 요소임이 명백하다(한국고용정보원, 2014).

　최근 대한상공회의소(2013)에서 발표한 2008년과 2013년의 우리나라 매출액 상위 100대 기업이 원하는 인재상을 분석한 결과는 〈표 11-4〉와 같다. 이 표를 살펴보면, 기업의 인재상도 시대의 흐름과 노동시장의 상황에 따라 유동적임을 알 수 있다. 2008년 미국과 유럽의 금융위기 때에는 창의성과 전문성이 1, 2순위로 최고 인재로 선호되었으나, 2013년에는 도전정신과 주인의식이 1, 2순위로 나타나 기업의 인재상과 가치관이 바뀌고 있다는 것을 확인할 수 있다. 물론 업종과 직무별로 요구하는 인재상도 다르며 계속 진화하고 있다.

　취업을 눈앞에 둔 당신은 〈표 11-4〉의 인재상 주요 키워드를 확인했듯이 자신의 가치관과 기업의 가치관을 상호 비교ㆍ분석 후 자신에게 맞는 기업을 선택해야 함을 재확인했다. 당신의 직업가치관 정립과 측정을 위해 국내외에 많은 검사 중에서 우리나라 대학에서 주로 많이 사용하고 있는 한국고용정보원의 직업가치관검사를 제시하고자 한다. 직업가치관검사는 성취, 봉사, 개별 활동, 직업안정, 변화 지향, 몸과 마음의 여유, 영향력 발휘, 지식 추구, 애국, 자율, 금전적 보상, 인정 및 실내 활동 등 13개 요인으로 구성되어

있다. 검사 결과 프로파일은 피검자가 가장 선호하는 상위 3개, 하위 3개 가
치관을 나타내 주며 이 프로파일을 기초로 적합한 직업이 제공되니 참고하기
바란다.

예를 들어, 애국, 봉사와 인정이 직업가치관인 한 젊은 사람이 큰 배의 노
젓는 일을 하게 되었다. 그 젊은이는 그 배에서 노 젓는 일에 만족했으며, 성
실하고 열심히 일한 대가로 큰돈은 아니지만 생활비를 벌 수 있어 행복해했
다. 그러던 어느 날 자신이 일한 배가 해적선이라는 청천벽력 같은 이야기를
듣게 되었다. 당신이 그 젊은이라면 어떻게 처신했을까? 과연 그 노 젓기를
계속 업으로 삼고 일할 것인가?

당신은 직업을 구하기 전에 자신의 가치관과 기업의 가치관 철저히 분석해
야 할 것이다.

4) 적성

"제 적성에 맞지 않아 회사를 그만두었습니다. 다른 회사를 지원하려고 하
는데 무엇을 어떻게 준비하면 좋겠습니까?"라는 질문을 대학 커리어센터에
서 자주 접하게 된다. 구직자 입장에서는 자신의 적성이 맞지 않아 퇴사를 했
다고 변호하지만, 기업 입장에서는 기업에서 요구하는 적성이나 역량에 비
하여 구직자가 함량미달이라는 입장을 취한다. 그 이유가 어떻든 우리나라
의 높은 조기 퇴사율과 낮은 직업 유지율은 자신과 회사의 적성이 서로 맞
지 않아 직장에서 이탈이 높은 것으로 나타난다(한국고용정보원, 2014). 적성
(aptitudes)이란 선천적으로 타고나거나 장기간에 걸쳐서 발달되는 상대적으
로 안정된 능력을 말하는 것이며, 교육이나 훈련을 통한 학습기제에 의해 학
습된 능력이나 지식을 지칭하는 수행과는 다르다(한국고용정보원, 2013). 적성
은 학습에 대한 잠재 능력과 미래에 훈련을 통하여 나타날 성과라고 할 수 있
다(김병숙, 2009).

일반적으로 역량(competence)은 성과(performance)를 창출하며, 성과는 능력(ability), 동기(motivation)와 환경(environment)과의 함수관계[C = P = f(A×M×E)]로 나타낸다. 이 함수관계에서 능력과 적성을 구분해 보면, 능력은 지식(knowledge), 기술(skill), 태도(attitude)로 종합적이고 광범위하며 포괄적인 개념으로서 성과에 영향을 미치는 주요 원천이다. 반면, 적성은 특수·특정한 직무나 과제를 수행하여 성과를 도출해 낼 수 있는 발현 가능성이나 잠재력이라고 할 수 있다. 즉, 적성은 미래를 예측할 수 있는 능력과 인성까지 내포된 개념이라고 볼 수 있다. 따라서 우리나라 대부분의 대기업은 인·적성 검사를 실시하여 구직자가 미래 발현할 직무 적성을 평가한 후 채용한다.

직무적성검사를 대표적으로 실시하는 기업은 삼성, SK, 두산, STX 등이며, 이러한 기업 외에 우리나라 대부분의 대기업은 직무능력검사를 실시하고 있다. 각 기업마다 평가요소는 다양하지만 대부분 언어, 수리, 추리, 공간지각 능력 등의 요인을 검증하기 위하여 실시한다.

구직을 앞둔 졸업예정자들은 자신의 적성을 파악하고 꾸준히 개발할 필요가 있다. 타인의 언어 능력이 본인보다 월등하다고 하여 자신의 낮은 언어 능력은 열등하거나 단점이 되지 않으며, 본인의 뛰어난 수리 능력에 비해 부족한 타인의 수리 능력은 단점이 아니다. 즉, 자신과 타인의 장단점의 단순비교는 선형적인 개념이 아닌 독립적인 개념이다. 그럼에도 불구하고 많은 구직자는 자신의 단점을 보완하기 위해 정작 자신의 강점이자 장점인 다른 적성 분야를 간과하는 실수를 범한다. 노동 시장에서 요구하는 적성은 무수히 존재하기 때문에 자신의 진정한 적성을 배양하여 경쟁우위를 점하도록 해야 한다.

기업은 역량을 발휘하여 고성과를 창출하는 인재를 원한다. 역량은 미래지향적인 개념으로서 적성과 그 맥은 같지만 역량은 적성의 상위 개념으로 볼 수 있다. 즉, 역량을 발휘하기 위한 가장 근본적이고 중요한 원동력 중의하나가 적성이기 때문이다. 교수직에 흥미와 관심이 있고 성격도 맞으나 적성이 뒷받침되지 않는다면 대학 교수가 되겠는가?

　습관적 수행검사(typical performance test)인 성격, 흥미, 가치관보다 극대수행검사(maximum performance test)인 적성은 직업을 선택하는 데 있어 우선적으로 고려해야 할 주요 요인이다. 습관적 수행검사는 정해진 시간이 없으며 평소 습관적인 행동의 패턴을 측정하고 정답이 없는 검사인 반면, 극대수행검사는 제한된 시간에 능력을 최대한 발휘해야 하는 정답이 있는 검사다.

　대표적인 적성검사도구는 일반적성검사(general aptitudes test battery: GATB), 적성분류검사(differential aptitudes test: DAT) 등이 있지만 이 장에서는 한국고용정보원의 성인용 직업적성검사를 추천한다. 이 검사는 언어력, 수리력, 추리력과 공간지각 능력 등의 11개 하위 요소로 구성되어 있으며, 검사 결과 프로파일은 적성 능력 높낮이와 적합한 직업군을 알려 준다.

　당신은 어렸을 때 거북이의 성실을 이야기한 〈토끼와 거북이〉라는 이솝 우화를 재미있게 읽었을 것이다. 이 우화를 진로개발 측면에서 재조명해 보면, 거북이의 무모한 도전은 이제 그만두어야 할 것이다. 거북의 승리는 우연과 운에 불과하기 때문이다. 거북이는 자신의 적성인 수영을 최대한 고려하여 바다와 육지를 겸비하는 경기를 할 수 있는 전략을 강구해야 한다(이우곤, 2008). 당신이 구직자라면 마냥 성실함만으로 치열한 취업 전선에서 성공할 수 있겠는가? 하루빨리 자신의 적성을 찾아 그 적성을 최대한 발휘할 수 있는 취업 전략을 강구해야 한다.

3. 요약 및 결론

　우리나라는 2008년 이후 미국 발 금융위기와 유럽 발 재정위기로 인해 고용에 대한 불안은 더욱더 악화되어 2013년 청년층 고용률은 1982년 통계청 발표 이후 40% 내외로 가장 낮은 수치를 기록하고 있는 실정이다. 또한 글로

벌화, 급변하는 기술, 지식기반사회, 경쟁의 격화 등으로 상품의 생애주기가 짧아져 고용안정성이 더욱더 위협을 받고 있다. 낮은 고용률과 고용악화로 취업에 어려움을 겪고 있는 당신은 지금까지 살펴본 자신의 성격, 흥미, 가치관과 적성을 충분히 분석한 후 취업 전략을 펼치기 바란다. 그렇게 힘들고 어렵게 취업하고도 간단히 그만두는 행동은 성인으로서 자신에 대한 책임을 다하지 않는 태도이기 때문이다.

자기 자신을 파악하고 분석하기 위해서는 다양하고 많은 활동을 직접 경험해 보는 것이 좋다. 대학생이 경험해야 할 활동을 추천하자면, 인턴십, 동아리, 학회, 봉사, 공모전, 어학연수, 교환학생, 여행 등이 있다. 이러한 경험에 의한 자신의 이해는 최소한의 고용률과 고용안정성을 높이고 당신이 직업을 선택했을 때 직무만족과 몰입을 하게 하여 성공을 선사해 줄 것이다.

 성찰질문

1. 성인기에 들어선 대학생의 취업은 자신의 커리어를 개발하고 설계하는 데 어떠한 역할을 하는가?
2. 자신에 대한 철저한 분석을 간과한 진로 선택은 자신의 심리작용에 어떠한 영향을 미치는가?

참 고문헌

김명준, 김은주, 김태진(2007). STRONG 커리어전문가 안내서. 서울: (주)어세스타.

김병숙(2009). 인간과 직업 I. 서울: 시그마프레스.

김병숙(2010). 직업상담 심리학. 서울: 시그마프레스.

김봉환, 강은희, 강혜영, 공윤정, 김영빈, 김희수, 선혜연, 손은령, 송재홍, 유현실, 이제경, 임은미, 황매향(2014). 진로상담. 서울: 학지사.

김애순(2002). 성인발달과 생애설계. 서울: 시그마프레스.

김영재, 김재구, 이동명(2014). 조직행동론. 서울: 무역경영사.

김웅태, 황근순, 이종원, 권보경, 강연희, 정성찬, 박선훈(2011). 대학생의 취업과 커리어 개발 지도를 위한 교수용 가이드. 서울: 씨비에스컨설팅.

김정택, 김명준, 심혜숙, 박병관, 윤선아(2006). STRONG 진로탐색검사 매뉴얼. 서울: (주)어세스타.

김정택, 심혜숙, 제석봉(2007). MBTI 개발과 활용. 서울: (주)어세스타.

대한상공회의소(2013). 100대 기업이 원하는 인재상 보고서. 조사보고서.

삼성경제연구소(2011). SERI 경영노트(성격을 알면 변화가 보인다). 서울: 삼성경제연구소.

이우곤(2008). 20대 취업은 연애다. 서울: 북카라반.

이종원(2015). 청년 대학생 취업 Cheer-Up. 서울: 서강대학교 출판부.

장대운, 김충기, 박경애, 김진희(1996). 청소년 진로상담. 서울: 청소년 대화의 광장.

한국고용정보원(2013). 대학생 직업심리검사 사용자 가이드. 서울: 한국고용정보원.

한국고용정보원(2014). 대학생을 위한 취업교육. 서울: 한국고용정보원.

Bolles, R. N. (2013). 취업의 비밀 파라슈트(*What color is your parachute?*, 조병주 역). 서울: 한국경제신문 한경BP.

Holland, J. L. (1997). *Making vocational choices: A theory of vocational personalities and work environments* (3th ed.). Odessa, FL: Psychological Assesment Resources.

Phillips, J. J. (2006). 성과중심 인적자원 투자전략(*Investing in Your Company's Human Capital*, 최은수, 이만표 역). 서울: 거목정보.

Robbins, S. P., & Judge, T. A. (2009). *Organizational behavior* (13th ed.). NJ: Pearson Prentice-Hall.

Swanson, J. L., & Fouad, N. A. (2011). 사례로 배우는 진로 및 직업상담(*Career Theory and Practice: Learning Through Case Studies*, 황매향 역). 서울: 학지사.

Tieger, P. D., & Barron, B. (2012). 나에게 꼭 맞는 직업을 찾는 책(*Do What You Are*, 이민철, 백영미 역). 서울: 민음인.

제**12**장

커리어 개발

　일(Work)이라는 것은 모든 사람에게 다양한 역할과 기능을 할 수 있게 한다. 먹고 살기 위한 생계의 수단으로 기능하고, 규칙적인 생활이나 기본적인 욕구를 영위하게 하며, 개인 스스로의 다양한 가치를 추구함과 동시에 원만한 사회생활이라는 기회를 제공하기도 한다. 또한 일을 통해서 개인의 역량을 스스로 찾아내어 그것을 충분히 발휘하고 개발하여 자기가 진정으로 추구하는 삶의 목적을 실현할 수 있다.

　대학생에게 있어 일(Work)과 직업(Occupation)은 어떤 의미를 가지는가? 자아실현의 수단과 삶의 목적을 이루기 위한 과정이라는 이상적인 의미일 수도 있고, 일을 통해 사회/가정생활의 기반을 준비하는 것, 성인으로서의 경제적 활동을 위한 준비와 같은 현실적인 의미를 모두 가지고 있는 것 같다. 사람들은 누구나 자신이 가치 있는 존재가 되기를 원한다. 이러한 가치 있는 존재가 되기 위해서는 일과 직업을 빼놓고는 설명될 수 없을 것이다. 일을 하고 싶은 욕구는 자신의 삶의 목적과 연결되며, 결국 자신이 가치가 있다는 것이 일을 통해 실현되는 것이다. 그러나 자신이 원하는 일이나 직업을 가지기 위해서는 쉽지 않는 과정을 거쳐야 하고, 치열한 경쟁을 이겨 내야 한다. 현 시대를 살아가는 대학생들이 자신의 경력을 개발한다는 것은 결국 성공적 취업과 직접적으로 관련되고, 지속적이고 안정적인 삶으로 연결된다는 점에서 중요하다. 일반적으로 경력(Career)이란 '여러 가지 일을 겪어 지내오다'라는 사전적인 의미를 가진다. 이러한 의미에서 경력을 개발한다는 것은 '여러 가지 일', 즉 직업이나 일을 가지기 위한 다양한 일을 경험하고 관리하는 것이라고 할 수 있다.

이 장에서는 최근 채용시장의 변화와 트렌드를 이해하고, 성공적 취업과 창업을 위한 대학생의 경력개발에 대해 살펴보고자 한다.

1. 역량(직무) 중심 경력개발의 이해

최근에는 스펙 중심의 채용문화에서 벗어나 역량 중심 또는 직무 중심의 채용으로의 변화가 두드러지게 나타나고 있다. 역량(직무) 중심 채용이란 해당 직무를 실제로 수행할 수 있는 적합한(right) 능력이 있는지를 확인하고, 이와 관련된 경력을 보유하고 있는지를 파악하는 것이다.

스패로(Sparrow, 1994)는 역량을 조직, 관리, 직무의 세 가지로 구분하여 설명하였다. 조직역량은 모든 구성원들에게 공통적으로 요구되는 기반역량이고, 관리역량은 조직에서의 리더십 역할에 요구되는 계층별 역량, 직무역량은 해당 직무의 수행을 위해 요구되는 특정 지식과 기술을 의미한다. 직무역량은 다시 업무수행에 필요한 공통적으로 요구되는 기초직무역량, 해당 직무의 전문성을 요구하는 전문직무역량으로 구분하기도 한다. 조직 또는 기반역량은 조직의 문화와 행동적 가치를 포함한 것으로, 모든 구성원이 갖추어야 할 역량으로 조직의 인재상과 관련이 깊고, 채용 장면에서 가장 기본적인 선발기준이 된다. 직무역량은 개인이 조직에 들어와 수행할 직무의 적합성을 판단하는 중요한 기준이며, 구체적인 직무수행 지식과 기술을 의미한다. 이는 선발, 배치, 교육훈련, 평가, 보상의 인사관리 효율성을 판단하는 핵심적인 기준이 된다(박동건, 2001; Sparrow, 1994).

두보이스(Dubois, 1993)는 역량이 채용을 비롯한 인재개발, 성과평가, 보상 등 인적자원관리 시스템을 통합하는 데 매우 효과적인 도구로서, 직무 중심의 인적자원관리를 대체하는 새로운 패러다임이라고 강조하였다. 역량을 기반으로 한 선발과 채용은 조직에서 요구하는 역량과 구직자가 보유한 역량의 적합성이 높을수록 유효성 측면에서 긍정적 영향을 줄 수 있다는 가정에 근거하고 있다(황규대, 2010). 역량 기반의 선발은 조직에 적합한 인재(right people)의 선발 가능성을 높여 인적자원관리에 대한 효과성에 기여하게 한다(Spencer & Spencer, 1993). 이러한 역량 기반의 선발은 직무상 성공적 수행과 직접적으로 무관한 학력, 성별, 지역연고와 같은 요소들을 어느 정도 차단할 수 있고, 선발과정의 타당성과 신뢰성을 높이는 데 도움이 된다. 이는 대학생이나 청년 구직자들로 하여금 직무와 관련성이 없는 스펙 혹은 과도한 스펙을 쌓는 대신 구직자가 보유한 역량을 기초로 조직의 특성과 요구하는 인재상의 적합도를 스스로 확인하고, 필요한 역량과 경력을 체계적이고 현실적으로 관리하는 데 도움이 될 수 있을 것이다. 그렇다면 대학생들의 입장에서 취업을 준비하기 위해 가장 기본적으로 이해하고 있어야 하는 역량(직무) 중심 기반의 스펙 쌓기, 역량(직무) 중심 채용의 기본적인 서류전형, 면접전형, 필기전형에 대해 살펴보도록 하자.

1) 역량(직무) 중심 On-Spec

대학생에게 요구되는 일반적인 5대 스펙(Spec)은 학교, 학점, 토익, 해외연

수, 자격증이다. 8대 스펙은 5대 스펙에 봉사활동, 인턴십, 수상경력(공모전)의 세 가지 요소가 추가적으로 포함되는 것을 의미한다. 우리 사회에 이러한 스펙은 취업시장의 주요 이슈로 떠올랐다. 갈수록 치열해지는 취업난 속에서 자신만의 취업 준비수단으로 스펙 쌓기가 당연하게 여겨지고 있다. 하지만 문제는 이런 스펙 쌓기가 구직 준비에서 많은 시간, 비용, 노력 등이 요구되지만 실제적으로 취업에 성공하거나 직무를 수행하는 데 실질적인 도움이 되지 않는다. 이러한 잘못된 스펙 쌓기를 개선하기 위해 최근 정부 차원에서도 '스펙 초월', '능력 중심의 채용'의 노력이 확산되고 있다.

다시 말해서 적합한 스펙(On-Spec)을 준비해야 하는데 직무(업무) 수행과 직접적으로 관련이 없는 스펙(Over-Spec)을 쌓는 것이 문제가 되고 있다. 예를 들면, 고졸 수준의 학력으로 가능한 직무에 대하여 대졸 이상의 학력과 지식을 요구하는 것과 같이 해당 직무에서 필요한 요건 이상을 요구하여 취업의 기회를 제한하거나 실제 업무수행에서는 전혀 활용하지 않는 지식과 기술을 준비하게 하는 것이 이에 해당한다고 볼 수 있다. 결국, 대학생은 자신이 쌓고자 하는 스펙이 내가 지원하고자 하는 조직 또는 해당 업무(직무)에 필요한 스펙인가를 이해하고, 세밀하게 분석해야 한다.

〈표 12-1〉에서는 교육훈련 직무에 대한 채용요건에 적합한 교육이수와 관련된 스펙을 예시로 제시하였다. 교육 프로그램을 기획하고 운영하는 일을 하기 위해서 필수적으로 받아야 하는 교육을 이수하는 것이 적합한 스펙

쌓기인 것이다. 자신이 지원하고자 하는 직무에서 필요한 지식, 기술, 관련 경험은 무엇인지를 이해해야 한다. 결국 효과적인 스펙 쌓기는 직무 또는 능력 중심으로 일과 현장에서의 직접적으로 관련된 요소들을 준비하는 것이 핵심이며,

최소한의 관련 지식, 기술 등을 갖추는 것은 물론 가시적인 성과로 이어질 수 있는 것이 진정한 스펙이라고 할 수 있다. 특히, 아르바이트도 스펙으로 유용할 수 있는데 이때 고려할 사항은 자신이 지원하고자 하는 직무 분야와 관련된 아르바이트를 선택하는 것이다. 예를 들어, 유통 산업 분야에 취업을 원하는 대학생이라면 판매직, 외식서비스직, 물류 업무와 관련된 아르바이트를 적극적으로 경험해 볼 필요가 있다.

또한, 다양한 공모전에 응모하는 것도 스펙으로 유용하다. 공모전은 현장의 경험을 분야별로 선택해서 할 수 있다는 장점을 가지며, 아이디어, 브랜드, 광고, 글로벌 챌린지 등의 다양한 형태와 유형으로 참여할 수 있는 기회는 많다. 아르바이트와 마찬가지로 최대한 자신이 취업을 하고자 하는 분야와 직무와 연관성이 높은 공모전을 공략할 필요가 있다. 일부 기업에서는 공모전을 통한 채용특전이 있으므로 취업에 많은 도움이 될 것이다.

표 12-1 채용요건–스펙 연계 예시

구분	채용요건	스펙(교육 및 자격)	비고
직무 수행내용	직무교육 기획 및 설계	교육프로그램 개발론	전공 교과목
	교육과정 개발 및 평가	교육평가관리	
요구지식	교수매체의 유형과 특성	교수방법론	전공 교과목
	사회조사분석법	통계학 개론 통계자료 처리법	전공 교과목
요구기술	교육 프로그램 운영	교육프로그램 운영 실무스킬	○○교육센터
	강의 진행 및 스킬	교육운영 기초	○○HRD연구소
요구자격	교육 관련 자격 보유	평생교육사 2급 자격증	교육부

2) 서류전형

기본적으로 서류전형은 입사지원서, 경력기술서, 경험기술서, 자기소개서를 포함하고 있다. 채용 해당기관의 특성에 따라 형식과 작성 내용이 다소 차이가 있지만, 가장 일반적으로 활용하고 있는 네 가지의 서류전형을 알아보도록 하자.

(1) 입사지원서

역량(직무) 중심의 채용에서 가장 중점적으로 이해해야 할 것은 입사지원서다. 과거 많은 기업들에서는 입사지원서에 개인의 신상, 신체사항, 가족관계 등을 작성하도록 요구하였다. 이러한 개인정보는 실제로 채용의 필요요건과는 무관한 내용들이 많았다. 입사지원서는 지원자가 조직과 직무와의 적합성을 확인하는 가장 기초적인 단계로 실질적으로 평가할 수 있는 직무 관련성이 높은 항목을 중심으로 작성하는 것이 효과적이다. 그러므로 직무와 관련된 경험과 능력, 자격의 보유, 교육훈련 경험 등 지원자의 지식과 스킬뿐만 아니라 경험을 객관적으로 확인할 수 있는 내용을 포함해야 한다. 기업의 인재상이나 핵심역량에 부합하는 자신의 경험과 능력에 대한 역량에 대한 내용을 중점을 두고 작성해야 한다. [그림 12-1]은 경영관리직군의 인사조직 직무에 대한 입사지원서의 예시를 제시하였다. 예시를 통해 알 수 있듯이 경영관리직군의 인사조직 직무를 수행하는 데 필요한 내용으로만 구성되어 있다.

1. 인적 사항					
−인적 사항은 필수항목이므로 반드시 모든 항목을 기입해 주십시오.					
지원 구분	신입 (　)　　경력 (　)		지원 분야	접수번호	온라인 접수 시 자동 부여
성명	(한글)		생년월일	(월/일)	

2. 직무능력 관련 자격 사항(NCS 내 환경분석 내 자격 현황 참고)	
−자격은 직무와 관련된 자격을 의미합니다. 코드를 확인하여 해당 자격증을 정확히 기입해 주십시오.	
A. 국가기술 자격	B. 개별법에 의한 전문작업
C. 국가공인 민간 자격	D. 기타 자격

3. 교육 사항		
−학교 교육은 제도화된 학교 내에서 이루어지는 고등교육과정을 의미합니다. 아래의 질문에 대하여 해당되는 내용을 기입해 주십시오.		
학교교육		
• [경영/경제/회계/무역] 관련 학교교육 과목을 이수한 경험이 있습니까?	예 (　)	아니요 (　)
• [통계] 관련 학교교육 과목을 이수한 경험이 있습니까?	예 (　)	아니요 (　)
• [경영전략/평가/성과관리] 관련 학교교육 과목을 이수한 경험이 있습니까?	예 (　)	아니요 (　)
• [인사/조직관리] 관련 학교교육 과목을 이수한 경험이 있습니까?	예 (　)	아니요 (　)
• [광고/홍보/매스컴] 관련 학교교육 과목을 이수한 경험이 있습니까?	예 (　)	아니요 (　)
−직업교육은 학교 이외의 기관에서 실업교육, 기능교육, 직업훈련 등을 이수한 교육과정을 의미합니다. 다음의 질문에 대하여 해당되는 내용을 기입해 주십시오.		
직업교육		
• [경영/경제/회계/무역] 관련 직업교육 과목을 이수한 경험이 있습니까?	예 (　)	아니요 (　)
• [통계] 관련 직업교육 과목을 이수한 경험이 있습니까?	예 (　)	아니요 (　)
• [경영전략/평가/성과관리] 관련 직업교육 과목을 이수한 경험이 있습니까?	예 (　)	아니요 (　)
• [인사/조직관리] 관련 직업교육 과목을 이수한 경험이 있습니까?	예 (　)	아니요 (　)
• [광고/홍보/매스컴] 관련 직업교육 과목을 이수한 경험이 있습니까?	예 (　)	아니요 (　)

4. 경력 사항		
−경력은 금전적 보수를 받고 일정기간 동안 일했던 이력을 의미합니다. 다음의 질문에 대하여 해당되는 내용을 기입해 주십시오.		
• 기업조직에 소속되어 [경영기획 (능력단위 ①)] 관련 업무를 수행한 경험이 있습니까?	예 (　)	아니요 (　)
• 기업조직에 소속되어 [경영평가 (능력단위 ②)] 관련 업무를 수행한 경험이 있습니까?	예 (　)	아니요 (　)
• 기업조직에 소속되어 [홍보 (능력단위 ③)] 관련 업무를 수행한 경험이 있습니까?	예 (　)	아니요 (　)

5. 직무 관련 기타 활동		
−직무 관련 기타 활동은 작업 외적인(금전적 보수를 받지 않고 수행한) 활동을 의미하며, 산학, 팀 프로젝트, 연구회, 동아리/동호회, 온라인 커뮤니티, 재능기부 활동 등이 포함될 수 있습니다. 아래의 질문에 대하여 해당되는 내용을 기입해 주십시오.		
• [경영기획(능력단위 ①)] 관련 활동들을 수행한 경험이 있습니까?	예 (　)	아니요 (　)
• [경영평가(능력단위 ②)] 관련 활동들을 수행한 경험이 있습니까?	예 (　)	아니요 (　)
• [홍보(능력단위 ③)] 관련 활동들을 수행한 경험이 있습니까?	예 (　)	아니요 (　)

위 사항은 사실과 다름이 없음을 확인합니다.

지원날짜:

지원자: _____ (인)

[그림 12-1] 입사지원서 예시−경영관리직군 인사조직

출처: http://www.ncs.go.kr/onspec(스펙초월 능력중심채용) 재구성.

(2) 경력기술서

경력기술서는 입사지원서에서 작성한 경력사항에 대해 구체적인 직무영역, 활동/경험/수행 내용, 본인의 역할 및 구체적인 행동, 주요 성과에 대해 서술식으로 작성한다. 단, 경력기술서에는 금전적 보수를 받고 일정기간 동안 일했던 이력을 작성하는 것이다.

(3) 경험기술서

경험기술서는 입사지원서에서 작성한 직무 관련 기타활동 사항에 대해 구

경력기술서

- 입사지원서에 기술한 경력사항에 대해 상세히 기술해 주시기 바랍니다.
- 구체적으로 직무영역, 활동/경험/수행 내용, 본인의 역할 및 구체적 행동, 주요 성과에 대해 작성해 주시기 바랍니다.

저는 (주)G임팩트 HR컨설팅 회사에서 약 3개월간 인턴으로 일을 하였습니다. 인턴기간 동안 수행한 주요 직무내용은 조직문화 진단 컨설팅의 일환으로 조직문화 관련 설문조사를 위한 진단문항을 일부(세 가지 요소) 개발하였고, 설문조사를 실시하여 회수한 후, 데이터 코딩과 검수를 하였습니다. 그리고 SPSS 통계 프로그램을 활용하여 조직문화 진단 결과를 분석(기술통계, 빈도분석, 교차분석, 상관분석, 회귀분석, 요인분석)하고, 엑셀과 파워포인트를 활용하여 조직문화 보고서를 작성하였습니다.

경험기술서

- 입사지원서에 기술한 직무 관련 기타 활동에 대해 상세히 기술해 주시기 바랍니다.
- 구체적으로 본인이 수행한 활동 내용, 소속 조직이나 활동에서의 역할, 활동 결과에 대해 작성해 주시기 바랍니다.

저는 대학에서 '직무분석의 이론과 실제'라는 전공 교과목을 이수하면서, 조별 과제로 조리기능사 직무에 대한 직무분석 실습을 수행하였습니다. 지인의 소개를 통해 조리기능사 3명을 섭외하고, 직무분석을 위한 질문을 개발하여 인터뷰를 실시하였고, 이를 토대로 조리기능사에게 필요한 지식, 기술, 태도 등의 요건을 도출하여 조리기능사 대상의 교육프로그램을 개발하였습니다.

[그림 12-2] 경력기술서 및 경험기술서 작성 예시-경영관리직군 인사조직

체적인 수행활동 내용, 소속 조직이나 활동에서의 역할, 활동 결과에 대해 작
성하는 것이다. 예를 들어, 산학연구, 팀 프로젝트, 연구회, 동아리나 동호회,
온/오프라인 커뮤니티, 재능기부 및 봉사활동 등이 포함될 수 있다. 단, 경험
기술서에는 경력기술서와 달리 금전적 보수를 받지 않고 직업 외적으로 수행
한 활동을 작성하는 것이다.

[그림 12-2]은 경영관리직군의 인사조직 직무에 대한 경력기술서와 경험
기술서를 예시로 나타낸 것이다.

(4) 자기소개서

과거의 자기소개서는 일반적으로 지원자의 성장배경, 성격의 장단점, 지
원동기, 좌우명 등의 자기 일대기적 기술로 작성했었지만, 이제는 해당 지원

자기개발 능력

최근 5년 동안에 귀하가 성취한 일 중에서 가장 자랑할 만한 것은 무엇입니까? 그것
을 성취하기 위해 귀하는 어떤 일을 했습니까?

- -

문제해결 능력

예상치 못했던 문제로 인해 계획대로 일이 진행되지 않았을때, 책임감을 가지고 적
극적으로 끝까지 업무를 수행해 내어 성공적으로 마무리했던 경험이 있으면 서술해
주십시오.

- -

[그림 12-3] 자기소개서 예시-직업기초 능력 中

출처: http://www.ncs.go.kr/onspec(스펙초월 능력중심채용)

자의 지원동기(조직과 직무와 관련된), 조직적합성(핵심가치와 인재상), 직업기초 능력(직업과 직무에서 활용해야 하는 기본적인 능력) 등을 평가하기 위한 질문문항으로 구성되는 것이 보편적인 흐름이다. 특히, 자기소개서는 면접전형에서 지원자에 대한 이해를 위한 참고자료로 많이 활용된다.

[그림 12-3]은 역량 중심 질문에 따른 자기소개서 예시를 제시한 것이다. 역량 중심의 자기소개서는 지원자 본인의 경험에서 해당 역량에 대한 실제적인 성공적 사례를 작성하는 것이다. 여기서 중요한 것은 대학생들은 조직에서 원하는 다양한 핵심역량별로 자신의 성공 또는 실패경험을 구조화하여 역량 행동 중심으로 작성해 보는 연습이 필요하다.

3) 면접전형

역량면접은 지원자가 조직의 문화와 가치에 적합한지 또는 해당 직무를 수행함에 있어 얼마나 적합한 역량을 보유하는가에 대한 심층적인 인터뷰를 통해 평가하는 전형이다. 최근 채용면접에서는 과거 면접관들의 즉흥적인 질문이나 인사부서에서 제시하는 비구조화된 면접에서 벗어나 중점적으로 평가하고자 하는 핵심역량의 모델, 면접문항과 프로세스의 구조화, 다수의 평가자 간의 합치도 확보 등을 통해 다양한 각도에서 평가하고 있다. 지원자의 역량을 과거 경험에 근거하여 측정하는 경험면접, 실제 직무 상황을 가상으로 제시하여 대처 또는 문제를 해결하는 과정을 평가하는 상황 기반 면접, 특정한 주제와 문제를 제시하고 이에 대해 자신의 의견을 발표하는 과정을 관찰하는 평가하는 프레젠테이션 면접 등이 많이 활용되고 있다. 〈표 12-2〉에서는 면접 유형별 주요 질문과 평가포인트를 예시로 제시하였다. 실제 면접 시에는 면접 유형별로 따로 실시하지 않고 선발 면접의 효과성을 높이기 위해 동시에 세 가지 이상의 면접질문 유형을 활용한다.

표 12-2 목표의식 역량 측정을 위한 역량면접 평가 예시

평가 항목	주요 질문 예시	체크포인트	추가 확인역량
경험 면접	과거에 본인에 세운 목표 중 3개월 이상의 노력을 해서 달성한 경험에 대해 말씀해 주십시오.	목표에 대한 이유, 달성 여부, 목표를 통해 얻게 된 가치 등을 positive와 negative로 구분하여 채점	
상황 면접	입사 후 당신은 우리 회사의 신입사원으로서 가장 집중해야 할 업무나 자기개발 활동은 무엇입니까?	업무이해 정도, 경력목표 및 계획 수립 여부, 목표에 대한 의지 등을 positive와 negative로 구분하여 채점	의사소통 문제해결
발표 면접	자신의 목표 달성을 위해 노력한 한 가지에 대한 내용과 성과를 발표해 주십시오.	목표 달성 계획 및 활동에 대한 정확한 내용 전달과 발표 태도에 대해 positive와 negative로 구분하여 채점	

출처: 고용노동부(2012). 핵심직무능력 평가기법 개발 및 활용방안 연구. 재구성.

4) 필기전형

필기전형은 직업기초 능력에 대한 역량의 평가로서 '작업상황', '기초 능력', '행동 중심'의 세 가지의 평가 기준을 고려하여 [그림 12-4]와 같은 형태와 내용으로 실시한다. 작업 상황은 실제 현장에서 일어날 수 있는 직업적 상황과 맥락을 반영하고, 기초 능력은 기존의 인·적성검사에서 이루어지고 있는 인지(지적) 능력의 평가보다는 실제 직무수행에 필요한 기초 능력에 중점을 둔다. 행동 중심의 평가기준에서는 특정 직무를 수행하고 있는 직업인을 대상으로 관찰 가능한 행동 중심의 평가를 실시한다.

전력회사 기획본부에 근무하고 있는 L은 오늘 아침 에너지와 관련된 주제로 열린 콘퍼런스에 참가했던 상사로부터 보고서를 받았다.

제203호	세계 전력수요는 총 에너지 소비보다 거의 두 배 이상 빠른 속도로 증가하고 있는데 노후인프라 대체자금 확보 문제가 급증하는 수요 대응을 한층 더 어렵게 만들고 있다. 2030년 까지 새롭게 건설될 발전설비용량 중 대략 1/3 정도가 수명을 다한 발전소를 대체하기 위하여 지어진다. 또한 추가 발전설비용량 중 절반 이상이 신재생에너지를 사용하지만 여전히 발전용 연료 중 세계적으로 가장 큰 소비전력을 합친 것보다 클 것으로 예상된다. 중국 내 석탄 발전량은 원자력, 풍력, 수력, 발전량을 합친 것과 거의 비슷한 수준으로 증가한다. 전 세계 평균전력가격은 연료 투입비용의 상승, 자본집약적 발전설비로의 전환, 일부 국가의 신재생에너지에 대한 보조금 지급 및 CO_2 가격 책정 등으로 인하여 2035년 까지 15% 상승(실질 가격 기준)할 것이다. 또한 지역별로 전력가격 차이가 상당한데, 특히 EU 및 일본의 전력 가격은 미국과 중국의 전력가격보다 훨씬 높아 세계 최고 수준을 보여 줄 것이다. 2011년 후쿠시마 다이치 원자력 발전소에서 사고가 발생한 이후 세계 각국의 관련 정책 재검토로 원자력의 입지가 줄어들었다. 원자력 사용 감소 의사를 표명한 국가들의 대열에 일본과 프랑스가 새로 합류했으며 미국과 캐나다 내에서 원자력은 상대적으로 저렴한 가격을 앞세운 천연가스에 그 위상을 위협받고 있다. 원자력 발전설비용량은 지난해 IEA 세계에너지전망(WEO 보고서)에서 전망한 수준보다 낮은 속도로 증가할 것으로 예상된다. 나아가, 원자력 발전 자체는 여전히 늘어나고 있지만(중국, 인도, 한국 원자력 발전 증대), 세계 전력믹스 내 비중은 다소 줄어들 것으로 예상된다.

3. L은 상사로부터 보고서를 핵심 위주로 한눈에 볼 수 있도록 요약해 달라는 부탁을 받았다. 보고서를 요약한 내용으로 옳지 않은 것은?

세계 전력수요의 급증에 대한 대응 필요성

• 노후 인프라 대체 자금 확보에 따른 수요 대처 어려움 ································· ①
• 현재 발전용 연료 중 석탄이 가장 많이 사용되고 있음. 이는 중국의 영향이 큼

세계 평균전력가격 상승(2035년까지 15% 상승 예상) ································· ②

• 연료투입비용 상승, 발전전비 전환비용, 신재생에너지에 대한 보조금 지급 등으로 인한 가격 상승
• 지역별 전력 가격 차이: 특히 EU, 일본의 가격 상승 예상 ····························· ③

원자력 발전의 감소 예상

• 새로운 에너지원(천연가스) 사용과 2011년 일본의 사고 발생에 따라 발전량 감소 ········· ④

[그림 12-4] 직업기초 능력-의사소통 역량 평가문항 예시

출처: http://www.ncs.go.kr/onspec(스펙초월 능력중심채용)

2. 역량(직무) 중심 경력개발의 Key, 국가직무능력표준(NCS)

일반적으로 대학생은 취업준비를 위한 구체적이고 명확한 방향과 기준이 없어 많은 어려움을 겪는다. 앞서 설명했던 역량(직무) 중심 채용의 세 가지 기본 전형은 NCS(국가직무능력표준) 기반으로 체계적으로 준비할 수 있다. 그렇다면 NCS(국가직무능력표준)가 무엇이고, 취업준비생들의 경력개발에 대한 올바른 방향을 설정하고 적합한 스펙 쌓기에 어떻게 활용할 수 있는지 살펴보자.

1) 국가직무능력표준의 개념

국가직무능력표준(National Competency Standards: NCS)이란 산업현장에서 직무를 수행하기 위해 요구되는 지식, 기술, 소양 등의 내용을 국가가 산업 부문별/수준별로 체계화한 것으로, 산업현장의 직무를 성공적으로 수행하기 위해 필요한 능력(지식, 기술, 태도)을 국가적 차원에서 표준화한 것을 의미한다.

2) 국가직무능력의 구조 및 활용

[그림 12-5]에 제시했듯이 직무능력은 크게 직무수행능력과 직업기초능력으로 구분하고 있다. 직무수행능력은 다시 필수직업능력, 선택직업능력, 산업공통능력의 세 가지로 나누어지고, 첫째, 필수직업능력은 해당 분야에서 특정 직무를 수행하기 위해 필요한 직업능력으로 해당 직업에 진입하기 위해 반드시 갖추어야 하는 직업능력이다. 둘째, 선택직업능력은 해당 분야에서 기업 간 업무 범위, 장비 등의 차이점에 대한 유연성을 부여하기 위한 직업능력으로, 해당 직업에 진입하기 위해 반드시 갖추어야 할 직업능력은 아니나 기업체의 특성에 따라 갖추어야 하는 직업능력을 의미한다. 마지막으로,

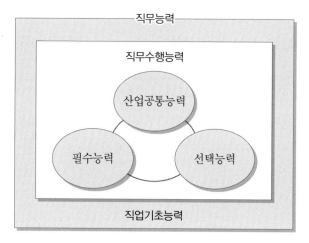

[그림 12-5] 국가직무능력의 구조

산업공통능력은 해당 분야에서 직업 혹은 직무에 관계없이 공통적으로 갖추어야 하는 능력이다. 그리고 직업기초능력은 직종이나 직위에 상관없이 모든 직업 분야에서 직무를 성공적으로 수행하는 데 공통적으로 필요한 능력이다.

특히, 〈표 12-3〉에 제시된 NCS 직업기초능력은 모든 산업, 직종, 직무에 공통적으로 필요로 하는 역량으로서 취업을 위해 경력개발을 하고 있는 대학생이라면 필수적으로 갖추어야 할 능력들이다. 하지만 이렇게 많은 능력들과 그에 따른 하위 능력까지 갖추기 위해 어떻게 해야 할지 어려움을 느낄 것이다. NCS 홈페이지(www.ncs.go.kr)를 통해 관련 직업이나 직무 등의 구체적인 내용을 쉽고 편리하게 파악할 수 있으며, 활용패키지를 참고하여 자신의 능력수준을 파악할 수 있다. 그리고 능력별 다양한 교육 자료를 제공하기 때문에 지속적인 능력개발이 가능하도록 지원하고 있다. 또한, 산업 분야별로 중분류/소분류/세분류/능력 단위까지 체계적으로 분류체계가 구축되어 있어 직업기초능력 이외에도 특정 직무에 필요한 지식, 기술, 자격 등의 구체적인 요구조건들을 참고할 수 있으며, 이를 통해 경력개발 포트폴리오를 단계별로 계획하고 준비할 수 있다.

표 12-3 직업기초능력의 정의

구분	정의
의사소통 능력	업무를 수행함에 있어 글과 말을 읽고 들음으로써 다른 사람이 뜻한 바를 파악하고, 자기가 뜻한 바를 글과 말을 통해 정확하게 쓰거나 말하는 능력이다.
수리 능력	업무를 수행함에 있어 사칙연산, 통계, 확률의 의미를 정확하게 이해하고 이를 업무에 적용하는 능력이다.
문제해결 능력	업무를 수행함에 있어 문제 상황이 발생하였을 경우, 창조적이고 논리적인 사고를 통하여 이를 올바르게 인식하고 적절히 해결하는 능력이다.
자기개발 능력	업무를 추진하는 데 스스로를 관리하고 개발하는 능력이다.
자원관리 능력	업무를 수행하는 데 시간, 예산, 물적 자원, 인적 자원 등의 자원 가운데 무엇이 얼마나 필요한지를 확인하고, 이용 가능한 자원을 최대한 수집하여 실제 업무에 어떻게 활용할 것인지를 계획하고, 계획대로 업무 수행에 이를 할당하는 능력이다.
대인관계 능력	업무를 수행함에 있어 글과 말을 읽고 들음으로써 다른 사람이 뜻한 바를 파악하고, 자기가 뜻한 바를 글과 말을 통해 정확하게 쓰거나 말하는 능력이다.
정보 능력	업무와 관련된 정보를 수집하고, 분석하여 의미 있는 정보를 찾아내며, 찾은 정보를 업무수행에 적절하도록 조직하고, 관리하며, 이를 업무 수행에 활용하는 능력이다.
기술 능력	업무를 수행함에 있어 도구, 장치 등을 포함하여 필요한 기술에는 어떠한 것들이 있는지 이해하고, 실제로 업무를 수행함에 있어 적절한 기술을 선택하여 적용하는 능력이다.
조직이해 능력	업무를 원활하게 수행하기 위해 국제적인 추세를 포함하여 조직의 체제와 경영에 대해 이해하는 능력이다.
직업윤리	업무를 수행함에 있어 원만한 직업생활을 위해 필요한 태도, 매너, 올바른 직업관이다.

출처: 국가직무능력표준 홈페이지(www.ncs.go.kr)

3. 창업을 바라보는 우리의 자세

노동시장의 급격한 변화로 이제는 평생직장이 아닌 평생직업의 개념으로 변화하였다. 취업을 위한 경력개발이 아니라면 새로운 아이디어가 있거나 미래에 발전 가능성이 있다고 판단되는 잠재적 사업에 대한 창업이라는 대안을 선택할 수 있다. 직업 선택의 종류는 근로 소득을 얻는 봉급생활자, 사업을 하여 소득을 얻는 자영업자, 건물이나 토지를 사서 임대하여 임대료를 받는 재산 소득자가 일반적이다. 그래서 대개 직업을 선택할 때는 자신의 적성, 연봉 수준, 안정성, 비전, 복리후생 등의 여러 가지 조건을 따져서 그 우선순위를 정하고 선택하게 된다. 그러나 창업의 경우 취업에서 고려할 사항과는 다른 접근이 필요하다. 다음에서는 어떤 사람이 취업보다 창업을 선호하고, 창업을 하기에 더 적합한 특성을 가지고 있는지 창업을 위해 고려해야 할 사항을 간략하게 살펴보도록 하자.

1) 창업가의 특성

창업가는 일반적으로 남다른 성격, 심리적 특성, 태도가 요구된다. 경험적으로 창업가들의 몇 가지 특성을 정리하면 다음과 같다. 첫째, 자율성을 보다 더 추구하는 성향을 지닌다. 예를 들면, 의사결정 과정에서 회사의 지침과 상사의 지시가 아닌 개인의 자율적 선택과 판단을 더 선호하고, 조직에서 정해져 있는 규정과 규칙으로부터 얽매이는 것을 선호하지 않는다. 둘째, 창업자는 높은 성취욕구의 특성을 지니고 있으며, 성취욕구가 높은 사람은 스스로 문제를 해결하려는 책임감이 강하다. 셋째, 창업가적 성향을 지닌 사람들은 미래 불확실성에 대한 인내심이 강하다. 불확실한 상황에 적극적으로 수용하고 대처해 나가며, 오히려 이러한 상황을 즐기는 성향을 가진다. 마지막으로 창업자들은 위험에 대해 감수하려는 성향이 강하다. 위험을 감수한다는 것은 고위험을 감수하더라도 안정성보다는 성과의 극대화를 더 추구하는 성향이 강하다는 것을 의미한다.

그렇다면 좀 더 객관적으로 자신의 창업가적 성향을 파악하기 위해 다양한 검사를 통해 점검해 볼 필요가 있다. 창업자의 성격, 기술, 행동적 특성들을 측정하기 위한 검사로는 창업자 지능검사(Entrepreneurial Quotient: EQ), 중소기업검사(Small Business Test), 창업자 수행지표검사(Entrepreneurial Performance Indicators: EPI), 창업자 통제소재검사(Entrepreneurial Orientation Inventory: Measuring the Locus of Control) 등이 있다(노동부, 2000). 이러한 검사에서는 창업자의 내적 성향, 지식, 경험, 재정적 요인, 리더십 스타일, 인적 네트워크 등의 다양한 요인을 포함하고 있다.

2) 창업을 위한 경력개발

창업에 대한 관심과 의지를 가지고 있는 대학생에게 유용할 수 있는 다음의 몇 가지 노하우와 주의사항을 참고하여 경력개발에 활용하길 바란다.

첫째, 청년이나 대학생 창업을 위한 정부 차원의 지원제도를 적극적으로 알아보고 활용해야 한다. 최근 우리나라에서도 자금지원, 창업가 교육, 창업 멘토링 등의 수요자 특성과 상황에 따라 다양하고 질 높은 창업지원 프로그램을 맞춤형으로 제공하고 있다. 특히, 대학생의 경우 창업과 관련된 다양한 교육 프로그램을 이수하는 것이 현실적인 감각을 가질 수 있는 효과적인 방법이며, 대학의 창업보육센터, 창업동아리 등의 활동을 하면서 시행착오를 경험해 보는 것이 가장 적절하다.

둘째, 책을 통한 경력개발이다. 너무 일반적이고 식상한 이야기라고 생각할 수도 있지만, 대학생으로서 가장 효과적이면서 쉽게 창업역량을 쌓을 수 있는 방법은 다독(多讀)이다. 책을 통해 습득하는 간접적인 경험은 사업의 아이디어를 구체화하거나 경영상의 다양한 문제해결에 많은 도움을 줄 수 있다.

셋째, 창업 분야의 인적 네트워크를 형성해야 한다. 1인 창업이라고 하더라도 혼자 하는 사업은 없고, 혼자서 성공적인 사업을 영위하기란 절대적으로 어렵다. 그렇기 때문에 관련 분야의 전문성을 가진 인적 네트워크를 형성하기 위한 노력을 해야 한다. 지인들을 통해 관련자를 소개받거나 관련 모임이나 단체에 가입하여 현실적인 조언을 얻고, 정보를 공유할 수 있는 네트워크를 구축해야 한다. 대학생에게는 온라인 창업자 네트워크를 활용하는 것도 유용할 것이다.

마지막으로, 창업을 위한 확고한 의지가 없고 관련된 경력개발이 미흡하다면, 우선은 과감하게 취업의 전선으로 방향을 전환하는 것이 현명한 판단일 것이다. 취업을 통해 조직에서의 다양한 대인관계, 직업기초능력, 실제 현업에서의 직무수행을 통한 경험 등이 창업의 중요한 밑거름이 되어 성공적 창업의 지름길이 될 것이다.

4. 경력개발을 위한 비상(飛上)

경력개발은 자신의 목표와 가치를 실현하게 하는 최우선의 과제다. 이것이 취업, 창업, 진학 등 어떤 선택이든 자신의 현실적 조건과 상황에 맞는 의사결정을 내리기란 쉬운 일이 아니다. 미래학자 대니얼 핑크(Daniel Pink)는 한국의 젊은이들에게 "계획을 세우지 마라."고 조언한 적이 있다. 이 시대는 미래에 대해 치밀한 계획을 세우는 것 자체가 어렵고, 변화되는 상황에 유연하게 대응하는 것이 더 중요하다는 점을 역설한 것이 아닐까 생각된다. 결국 당신 자신을 둘러싼 환경이 100%라면 자신이 컨트롤할 수 있는 것은 단 1%조차 되지 않음을 의미한다. 중요한 것은 외부 환경의 변화보다는 자신의 내적 능력개발에 초점을 두고, 자신이 하고 싶은 일을 하기 위한 적합한 스펙

(On-Spec)에 대한 철저한 이해와 분석을 기반으로 자신의 역량을 강화해야 한다는 것이다. 그리고 자신의 원하는 일과 직업의 가치에 대한 깊이 있는 고민은 결코 시간 낭비가 아니다. 하지만 경력개발에 대한 의지를 다지고 결심하는 것에서 멈추는 것이 아니라, 한 번의 실천과 행동으로 옮기는 것이 중요할 것이다.

 성찰질문

1. 자신이 원하는 일(직무)과 관련하여 준비해야 할 스펙(On-Spec)은 무엇인가?
2. 국가직무능력표준(NCS) 홈페이지를 통해 자신이 원하는 취업 분야와 세부적인 직무를 검색하여 해당 직무에 필요한 요건과 역량들이 무엇인지를 확인하고, 역량(직무) 중심의 입사지원서, 경력 및 경험기술서, 자기소개서를 작성해 보자.
3. 당신은 전형적인 창업자의 특성을 지니고 있다고 생각하는가? 그렇다면 그 이유는 무엇인가? 당신이 창업을 준비하기 위한 첫 번째 실행과제는 무엇인가?

참고문헌

고용노동부(2012). 핵심직무능력 평가기법 개발 및 활용방안 연구. 고용노동부 학술 연구 용역.

노동부(2000). 직업적응 및 성공검사 연구용역보고서.

박동건(2001). 역량과 역량모델링의 정체와 활용. 한국인사관리학회 발표논문집.

박동건, 최대정(2003). 창업자의 역량평가도구 개발 및 타당성분석. 한국심리학회지, 61-91.

황규대(2010). 고용면접의 구조와 과정. 서울: 오래.

Dubois, D. D. (1993). *Competency-Based Performance Improvement, A Strategy for Organizational Change.* HRD Press Inc.

Sparrow, P. R. (1994). "The psychology of strategic management", in C. Cooper et I. Robertson (Eds.), *International Review of Industrial and organizational psychology*, *Vol. 9*. Wiley.

Spencer, L. M., & Spencer, S. M. (1993). *Competence at Work: Models for Superior Performance*. New York, NY: John Wiley & Sons, Inc.

국가직무능력표준 홈페이지(www.ncs.go.kr)

제**13**장

셀프리더십

나는 어떤 사명을 가지고 살아가고 있는가?

내 개인의 비전은 무엇인가?

내가 소중하게 생각하는 가치는 무엇인가?

내가 달성하고 싶은 인생 목표는 무엇인가?

나는 그러한 목표를 어떻게 달성할 수 있는가?

좋은 대인관계는 어떻게 만들어 가야 하는가?

만일 누군가 당신에게 위와 같은 질문을 한다면 어떻게 답변을 하겠는가?

자신이 살아가는 이유와 미래의 꿈, 그리고 그 꿈을 이루기 위해 무엇을 해야 하는지에 대해 많은 고민을 하는 시기가 바로 지금이다. 나아가 졸업 후 사회에서 필요한 인재로서 다양한 활동을 하기 위해 스스로 준비해야 하는 중요한 시기이기도 하다. 이러한 점에서 자기가 진정으로 이루고 싶은 목표를 정하고 스스로에게 동기부여를 함으로써 그 목표를 달성해 나갈 수 있도록 해 주는 셀프리더십 개발이 필요한 시기라고 할 수 있다. 이 장에서는 먼저 셀프리더십의 개념과 구성요소에 대해 살펴보고, 이어서 셀프리더십 개발을 위한 실천 방법들에 대해 살펴보고자 한다.

1. 셀프리더십의 개념

셀프리더십은 1980년대 중반 자기통제이론(self-control theory)에 근간을 두고 리더십의 대체 개념으로서 처음으로 등장하였다(Neck & Houghton, 2006). 자기통제는 조직에서 리더십 대체로 적용되어 오던 행동전략으로 나중에 자기관리(self-management)로 불리다가 셀프리더십 이론의 기초가 되었다(Manz & Sims, 1980). 만츠(Manz, 1998)는 셀프리더십을 "자신에게 영향력을 행사하는 것, 즉 사람들이 자율적이고 책임감 있게 일을 하기 위하여 필요한 행동방식과 사고방식"이라고 하였다. 미첼과 주치엔(Mitchell & Ju-Chien, 2006)은 셀프리더십을 "동기적 측면뿐만 아니라 행동 중심적 전략, 통제와 자기조절 요소로 인식할 수 있으며, 자기 자신의 성과에 도달하기 위해서 의도적으로 영향을 주는 과정"이라고 강조하였다. 한편, 만츠와 심스(Manz & Sims, 1997)는 셀프리더십을 "자기 자신이 무엇을 하고 싶은지를 탐색하고 자신이 하고 싶은 일을 실행하기 위한 내적 탐색 과정이며, 개인의 효율성을 극대화시키는 과정"으로 보았다. 또한, 넥, 스튜어트, 그리고 만츠(Neck, Stewart, & Manz, 1995)는 "과업수행에 필요한 자기방향 설정과 스스로 동기부여를 하기 위해 자신에게 영향력을 행사하는 과정"으로 셀프리더십을 정의하였으며, 김민정(2007)은 "개인이 스스로 목표한 바를 이루기 위하여 행동과 생각을 통제하는 것, 즉 스스로 동기부여가 될 수 있는 행동을 발견하여 시도하고 긍정적이고 건설적인 마음을 가지고 일에 임할 수 있도록 생각을 변화시키는 것"이라고 하였다. 이종찬(2013)은 셀프리더십을 "자신의 인지 및 행동을 전략적으로 발휘하여 목표를 달성하도록 하는 능력과 과정"으로 보았다. 결론적으로 정리해 보면 셀프리더십이란 "사람들이 자기 스스로 구체적인 목표를 수립하고 그 목표 달성을 위해 동기부여를 하면서 스스로에게 영향력을 미치는 과정"이라고 할 수 있다.

2. 셀프리더십의 전략 및 구성요소

셀프리더십 구성요소의 이론적 배경은 사회적 인지이론에 기초한 행동적인 전략과 내재적 동기이론에 기초한 인지적인 전략에 근거하고 있다(Manz, 1998). 만츠(1998)에 의하면 셀프리더십은 개인이 스스로 자신에게 영향력을 행사하는 방법에 대한 인지적·행동적 부분을 포괄하는 개념으로 누구나 학습을 통하여 셀프리더십을 개발할 수 있다고 하였다. 셀프리더십은 원래 행동 중심적 전략(behavior-focused strategies)과 인지적 전략(cognitive strategies)으로만 제시되었으나, 나중에 인지적 전략(cognitive strategies)이 자연적 보상 전략(natural reward strategies)과 건설적 사고 전략(constructive thought pattern strategies)으로 세분화되었다(Houghton & Neck, 2002; Manz & Sims, 1990; Neck & Manz, 1996).

〈표 13-1〉은 셀프리더십의 세 가지 전략과 요소들을 정리한 것이다.

표 13-1 셀프리더십의 전략 및 구성요소

전략	구성요소	내용
행동 중심적 전략 (behavior-focused strategies)	자기 관찰 (self-observation)	목표한 바에 따라 행동할 수 있도록 학업이나 수행결과가 어떤지에 관한 정보를 수집하고, 자신의 행동을 구체적으로 관찰하여 학업이나 수행의 효율성을 극대화하기 위해 변화시켜야 할 것들을 스스로 평가하는 것으로서 행동을 변화시키는 출발점
	자기 목표 설정 (self-goal setting)	도전적이고 달성 가능한 목표를 합리적으로 설정하는 것으로서 우선 장기적인 목표를 설정하고 장기적인 목표를 이루기 위하여 단기적인 목표로 구체화시키며 이들의 우선순위를 정하고 스스로 실행하는 것을 의미
	단서에 의한 관리 (management of cue)	목표 달성을 위한 최상의 환경적 조건을 만드는 것으로 부정적으로 이끄는 단서들은 제거하고 긍정적인 단서들은 증가시키는 전략
	연습(rehearsal)	실제 업무를 수행하기 전에 신체적·정신적 예행연습을 함으로써 업무 수행 행동을 향상시키는 전략이며 목표 의식을 높일 수 있음
	자기 보상 (self-reward)	바람직한 행동이나 목표를 달성했을 때 자신에게 가치 있는 보상을 해 줌으로써 스스로에게 동기를 부여하고 행동을 강화시킬 수 있는 것을 의미
	자기 처벌 (self-punishment)	바람직하지 못한 행동을 했을 때 스스로에게 처벌을 가함으로써 실수를 하지 않도록 하는 전략으로서 실패의 원인 분석, 비판적 성찰 등을 통해 이후 바람직한 행동을 할 수 있도록 유도해 가는 것
인지적 전략: 자연적 보상 전략 (natural reward strategies)	자연 보상에 대한 생각에 초점 맞추기	주어진 목표를 효과적으로 달성하기 위하여 내적 동기에 영향력을 미치는 것으로 자신이 수행하고 있는 일이 지니고 있는 가치에 대한 확고한 신념과 일의 즐거움을 추구할 수 있도록 지원해 주는 전략
인지적 전략: 건설적 사고 전략 (constructive thought pattern strategies)	미래 성취에 대한 긍정적 자기 시각화	일의 장애 요인에 집착하기보다 기회 요인을 찾아 긍정적인 사고를 하도록 유도하는 방법
	자아와의 내적 대화 (self-talk)	자기 자아와 긍정적 대화를 통해 자신을 올바른 방향으로 이끌어 가도록 하는 방법
	신념과 가정들을 평가하기	자신이 갖고 있는 신념과 가정들을 평가해 봄으로써 비합리적인 신념과 가정들을 수정해 나가는 방법

출처: Houghton & Neck(2002), Manz & Sims(1991, 2001), Neck & Houghton(2006). 재구성.

1) 행동 중심적 전략

만츠(1998)는 사회학습이론에서 사람들이 적응에 필요한 목표를 설정하고, 목표 달성에 필요한 자기 통제, 자기 관찰, 반성을 내면화하는 셀프리더십을 발휘하게 된다고 설명하면서 셀프리더십의 행동 중심적 전략(Behavior-focused strategies) 요소를 도출하였다.

셀프리더십의 행동 중심적 전략은 자기 인식력을 높여 효과적으로 행동하는 데 초점을 맞춘 전략으로 자신이 해야 하는 과업을 수행하도록 자신을 올바르게 이끌어 가는 것을 의미한다. 이러한 행동 중심적 전략에는 자기 관찰(self-observation), 자기 목표 설정(self-goal setting), 단서에 의한 관리(management of cue), 연습(rehearsal), 자기 보상(self-reward), 자기 처벌(self-punishment) 등이 포함된다.

자기 관찰은 목표한 바에 따라 행동할 수 있도록 학업이나 수행결과가 어떤지에 관한 정보를 수집하고, 자신의 행동을 구체적으로 관찰하여 학업이나 수행의 효율성을 극대화하기 위해 변화시켜야 할 것들을 스스로 평가하는 것으로서 행동을 변화시키는 출발점이 된다.

자기 목표 설정은 도전적이고 달성 가능한 목표를 합리적으로 설정하는 것으로서, 우선 장기적인 목표를 설정하고 장기적인 목표를 이루기 위하여 단기적인 목표로 구체화시키며 이들의 우선순위를 정하고 스스로 실행하는 것을 의미한다.

단서에 의한 관리는 목표 달성을 위한 최상의 환경적 조건을 만드는 것으로 부정적으로 이끄는 단서들은 제거하고 긍정적인 단서들은 증가시키는 전략이다.

연습은 실제 업무를 수행하기 전에 신체적 · 정신적 예행연습을 함으로써 업무 수행 행동을 향상시키는 전략이며 목표 의식을 높일 수 있다.

자기 보상은 바람직한 행동이나 목표를 달성했을 때 자신에게 가치 있는 보상을 해 줌으로써 스스로에게 동기를 부여하고 행동을 강화시키는 것을 의미한다.

자기 처벌은 바람직하지 못한 행동을 했을 때 스스로에게 처벌을 가함으로써 실수를 하지 않도록 하는 전략으로서 실패의 원인 분석, 비판적 성찰 등을 통해 이후 바람직한 행동을 할 수 있도록 유도해 가는 것이다(최은수, 권기술, 진규동, 손관규, 김민서, 신승원, 김진혁, 박재진, 이미섭, 강찬석, 강영환, 이희, 박시남, 2013).

2) 자연적 보상 전략

자연적 보상 전략(Natural reward strategies)은 주어진 목표를 효과적으로 달성하기 위하여 내적 동기에 영향력을 미치는 것으로 개인은 이를 통해 자신감과 자기 통제, 목적의식을 향상시키게 된다. 즉, 자신이 수행하고 있는 일이 지니고 있는 가치에 대한 확고한 신념과 일의 즐거움을 추구할 수 있도록 지원해 주는 전략이다(Neck & Houghton, 2006).

3) 건설적 사고 전략

건설적 사고 전략(Constructive thought pattern strategies)은 일을 추진해 가는 과정에서 생각을 항상 긍정적이고 효과적인 방향으로 할 수 있도록 하는 전략이다. 건설적 사고 전략 방법에는 일의 장애 요인에 집착하기보다 기회 요인을 찾아 긍정적인 사고를 하도록 하는 '미래 성취에 대한 긍정적 자기 시각화', 자기 자아와 긍정적 대화를 통해 자신을 올바른 방향으로 이끌어 가는 '자아와의 내적 대화(self-talk)', 자신이 갖고 있는 신념과 가정들을 평가해 봄으로써 비합리적인 신념과 가정들을 수정해 나가는 '신념과 가정들을 평가하기'가 포함된다.

이상으로 볼 때 행동 중심적 전략(behavior-focused strategies)과 자연적 보상 전략(natural reward strategies), 건설적 사고 전략(constructive thought pattern strategies)이 셀프리더십을 발휘하는 데 있어 중요한 전략임을 알 수 있다. 또한 세 가지 전략을 모두 활용하는 사람은 다른 사람들에 비해 높은 성과를 나타내고 있음에 주목할 필요가 있다(Houghton & Neck, 2002).

3. 셀프리더십 개발 및 실천 방법

셀프리더십은 어떻게 개발할 수 있는 것일까?
무엇을, 어떻게 해야 대학생 시기에 셀프리더십을 키울 수 있는 것일까?

셀프리더십을 개발하는 방법은 다양하고 개발해야 하는 내용도 많지만 셀프리더십의 세 가지 전략과 구성요소를 근거로 가장 중요한 목표관리와 시간관리를 통한 개발 및 실천 방법에 대해 알아보고자 한다.

1) 목표관리

목표관리는 행동 중심적 전략의 구성요소 가운데 자기 목표 설정과 같은 의미로 이해할 수 있다. 자기 목표 설정은 도전적이고 달성 가능한 목표를 합리적으로 설정하는 것으로서 우선 장기적인 목표를 설정하고 장기적인 목표를 이루기 위하여 단기적인 목표로 구체화시키며 이들의 우선순위를 정하고 스스로 실행하는 것이다(Manz, 1998). 한편, 목표관리를 잘하기 위해서는 개인의 사명과 비전, 그리고 가치 등을 우선 확립하는 것이 중요하다. '나는 무엇 때문에 사는가?' '내가 바라는 미래의 비전은 무엇인가?' '내가 진정 소중하게 여기는 가치는 무엇인가?'와 같은 개인 사명과 비전, 가치 등이 없이는 도전적이고 균형 잡힌 장기 목표 등을 설정하기가 어려울 뿐만 아니라 설정하였더라도 효과적으로 그 목표를 달성하기가 어렵기 때문이다. 따라서 개인 사명과 비전, 가치 등을 확실히 확립하면서 목표를 설정하고 설정된 목표를 관리해 나가는 것이 중요하다(김경섭, 김원석 역, 1995).

(1) 개인 사명

> *"자신의 사명을 위해 살지 않는 사람은 다른 사람의 사명을 위해 살기 마련이다."*
> *—Laurie Beth Jones—*

"당신이 이 세상에 존재하는 이유는 무엇입니까?"

만일 누군가에게 위와 같은 질문을 받는다면 당신은 어떻게 답변할 것인가?

개인 사명은 바로 개인이 이 세상에 존재하는 이유를 스스로에게 묻는 것이다. 즉, 자신의 인생철학이 무엇인지 다음과 같은 질문들에 답변을 해 보는 것이다.

① 나는 어떤 사람이 되고자 하는가?

② 진정으로 하고 싶은 것이 무엇인가?

③ 나를 아는 사람들에게 어떤 사람으로 기억되기를 원하는가?

④ 내가 이 사회에 남기려고 하는 것은 무엇인가?

⑤ 어떤 사명으로 살아가야 하는가?

⑥ 내가 갖추고자 하는 성품은 어떤 것들인가?

이와 같은 질문에 대한 내적 성찰을 통해 개인 사명을 확립할 수 있다. 이러한 질문과 내적 성찰을 통해 개인의 사명을 작성해 놓은 것이 바로 개인 사명서다. 개인 사명서는 자신의 인생에서 중요한 것이 무엇인지를 확실하게 해 주고 삶의 의미와 목적을 알게 해 주며 자신의 삶을 스스로 설계할 수 있도록 해 주는 것이다.

이러한 개인 사명서에는 여러 종류의 형태가 있다. 어떤 것은 길고 어떤 것은 짧으며 어떤 것은 시나 산문으로, 또는 기도문 형식으로 표현되기도 한다. 하지만 가장 중요한 것은 자신만의 고유한 사명서를 작성하는 것이다. 다음에 나와 있는 개인 사명서의 예를 살펴보자.

개인 사명서(예 1)

- 정직함을 결코 타협의 대상으로 삼지 말라.
- 두 번 듣고 한 번 말하라.
- 현재하고 있는 일에 최선을 다하라.
- 그 자리에 없는 사람을 옹호하라
- 평생학습으로 능숙하게 할 수 있는 일을 매년 1개 정도 개발하라.
- 어려운 사람들을 위해 매년 2회 이상 봉사하고 기부하라.
- 항상 웃음과 유머를 간직하라.
- 내 주변에서 일어나는 모든 일에 감사하라.

개인 사명서(예 2): 마하트마 간디

매일 아침 일어나자마자 다음과 같이 결의할 수 있게 해 주소서!
나는 지상의 어느 누구도 두려워하지 않을 것이다.
나는 오직 신만을 두려워할 것이다.
나는 누구에게도 악한 마음을 품지 않을 것이다.
나는 누가 뭐래도 불의에 굴복하지 않을 것이다.
나는 진실로 거짓을 정복할 것이다.
그리고 거짓에 항거하기 위해 어떤 고통도 감내할 것이다.

개인 사명서(예 3)

나의 사명은 원칙(자연법칙) 중심의 삶을 통하여
아름답고 따뜻한 세상을 만들 수 있도록
희망의 작은 씨앗을 뿌리는 것이다.

자, 그럼 당신의 사명은 무엇인가?

곰곰이 생각해 보고 나서 자신만의 고유한 사명서를 작성해 보기 바란다.

(2) 개인 비전

"보지 못하는 사람보다 더 불행한 사람은 볼 수 있으나 비전을 갖지 못한 사람이다."

—Helen Keller—

당신이 바라는 스스로의 미래 모습은 무엇인가?

개인 비전은 바로 개인이 궁극적으로 되고 싶은 미래의 모습을 의미한다. 비전은 목적을 달성해 가는 과정에서 끊임없이 에너지를 주는 영속적인 것이다. 다시 말해 비전은 내가 살아가는 내내 끝없이 지속되는 영속성과 가슴 뛰는 강한 생명력을 가지고 있어야 한다. 이러한 비전은 우리 각자가 원하는 성공을 성취하도록 만들어 주며 궁극적으로 자신이 행복해지기 위해서 반드시 간직해야 하는 필수요건이라고 할 수 있다(정철상, 2007). 설계도 없이 집을 지을 수 없는 것처럼 비전 없이 성공하는 삶을 이룰 수 없기 때문이다. 어려운 상황이나 환경 속에서도 쓰러져도 다시 일어서서 전진할 수 있는 힘이 바로 비전의 힘인 것이다. 물론 자신이 수립한 비전이 성취될 수 있도록 삶 속에서 지속적으로 비전 달성을 위한 계획들을 세우고 실행에 옮겨야 하는 것이 중요하다.

"비전은 삶의 목적을 분명하게 해 주고 방향을 설정하고 주어진 자원의 한계를 넘어서 사명을 완수할 수 있게 한다."

—Stephen Covey—

개인 비전(예)

- 셀프리더십을 개발시켜 주는 최고의 셀프리더 육성 코치
- 대한민국 최고의 행복 전도사
- 행복한 요리를 선물하는 셰프
- 가족의 행복을 책임지는 파티 플래너
- 스마트폰으로 행복한 세상 만들기
- "전 반드시 저(백악관) 안으로 들어갈 거예요."
- 우주에 영향을 미치자.

흑인 소녀의 '비전의 힘'

1964년, 열 살 된 한 흑인 소녀가 부모님과 함께 백악관을 찾았습니다. 한동안 주변을 서성이며 찬찬히 건물의 외관을 살피던 소녀가 갑자기 침묵을 깼습니다.

"아빠, 제가 저 안에 들어가지 못하고 이렇게 밖에서 백악관 껍데기만 구경해야 하는 건 제 피부색 때문이죠? 그렇죠? 하지만 두고 보세요!

전 반드시 저 안으로 들어갈 거예요." 구경에 여념이 없던 일행은 결심에 찬 눈빛을 하고 소리치는 그녀의 모습을 황망한 눈빛으로 바라보았습니다.

그러나 25년 후, 소녀의 예언은 그대로 적중하였습니다. 소비에트 체제가 붕괴되고 독일이 통일되던 시기에, 그녀는 백악관에서 조지 부시 전 대통령과 함께 일주일에 14시간씩 미국의 대외정책을 주도하는 수석 보좌관으로 일하고 있었습니다. 그리고 다시 11년 후에는 그의 아들인 조지 부시 대통령의 국가안보 보좌관으로 백악관에 재입성했습니다.

그녀의 이름은 콘돌리자 라이스(Condoleezza Rice)입니다. 사람들은 콘돌리자가 훗날 미국 대통령이 될 것이라고 기대합니다. 시사주간지 「타임」은 콘돌리자를 2003년의 인물 20인 가운데 하나로 선정하기도 했습니다(강헌구, 2004).

자, 그럼 당신의 비전은 무엇인가?

곰곰이 생각해 보고 나서 개인 비전을 작성해 보기 바란다.

(3) 개인 가치

당신이 진정 소중하게 여기는 가치는 무엇인가?

내게 정말로 중요한 것은 무엇인가? 중요한 것 가운데서도 가장 중요한 것은 무엇인가? 개인 가치란 당신이 항상 지켜 나가려고 하는 소중한 행동 지침을 의미한다. 따라서 내가 가장 가치를 두는 것이 무엇인지를 아는 가장 좋은 방법은 자기 행동을 스스로 살펴보는 것이다. 우리는 언제나 자신이 가장 중요하게 여기는 가치에 근거하여 행동을 하기 때문이다. 한편 개인 가치는 자신이 가장 중요시하는 가치가 무엇인가에 따라서 우선순위를 매길 수 있다. 가치의 순위에 따라 내가 하는 선택은 곧 내 인격과 개성을 결정하는 것이며 가치의 우선순위를 바꾸는 것은 나 자신을 바꾸는 것이다(이성엽 역, 2013). 개인 가치는 개인 사명을 지키고 개인 비전을 성취하는 데 있어서 반드시 필요한 원천이 되는 것이다. 개인 가치는 수 없이 많지만 벤저민 프랭클린은 다음과 같이 개인이 지켜야 할 덕목을 13가지 가치로 구분하였다.

개인 가치(예): 벤저민 프랭클린의 13가지 덕목(가치)
① 절제: 폭음 폭식을 삼간다.
② 침묵: 타인 또는 나에게 유익한 일 이외에는 말하지 않는다. 쓸데없는 말은 하지 않는다.
③ 규율: 모든 물건은 위치를 정해 놓고, 일도 시간을 정해 놓고 진행한다.
④ 결단: 해야 할 일은 실행할 것을 결심한다. 그리고 결심한 일은 꼭 실행한다.
⑤ 절약: 타인과 자신에게 유익한 일을 모색하고 낭비하지 않는다.
⑥ 근면: 시간을 헛되이 쓰지 않는다. 언제나 유익한 일에 힘을 쏟는다. 불필요한 행동을 하지 않는다.
⑦ 성실: 타인에게 폐가 되는 거짓말은 하지 않는다.

⑧ 정의: 타인에게 해를 입히는 행위는 하지 않는다.
⑨ 중용: 생활의 균형을 지키고 화내지 않으며, 타인에게 관용을 베푼다.
⑩ 청결: 몸과 의복, 주변을 불결하게 하지 않는다.
⑪ 평정: 하찮은 일, 피하고 싶은 일이 생겨도 평정을 잃지 않는다.
⑫ 순결: 타인의 신뢰와 자존심에 상처를 입히는 행동은 피한다.
⑬ 겸손: 예수와 소크라테스를 본받는다.

개인 가치(예)
• 지혜, 창의, 안정성, 조화, 존경, 인류애 • 협동, 신뢰, 예의, 명예, 배려, 진실, 사랑 • 성취, 봉사, 양보, 윤리, 겸손, 희생, 정의 • 정직, 건강, 전문성, 신앙, 평화, 영향력 • 상생, 나눔, 경제력, 즐거움, 유머, 감사

자, 그럼 당신이 가장 소중하게 여기는 가치는 무엇인가?
곰곰이 생각해 보고 나서 개인 가치를 작성해 보기 바란다.

(4) 목표 설정

> "목표는 구체적이어야 한다. 구체적인 목표가 없는 사람은
> 자신이 어떤 일을 해야 할지, 또 어떻게 해야 할지 모른다."
> —Zig Ziglar—

목표란 마감 시간이 있는 꿈, 즉 달성하고자 하는 바람직한 상태를 의미하며 개인 비전을 달성하기 위한 과정이기도 하다. 목표가 있으면 사람이 더 능동적으로 변하게 되어서 주체적인 삶을 이끌어 나갈 수 있게 된다. 목표 설정은 삶의 길목마다 부딪히게 되는 다양한 문제에 대해 의사결정을 할 때 도움이 되고, 스스로 동기부여가 되며, 신념과 집중력 그리고 일관성을 유지하는 데 큰 힘이 되기 때문에 중요하다. 자신의 삶에 대해 행복감을 많이 느끼고 성공을 거둔 사람들은 대체적으로 목표지향적이라는 공통점을 가진다. 그들

은 목표를 설정하는 것이 강력한 힘을 발휘한다는 사실을 알기 때문에 항상 구체적인 목표를 세우고 실천해 나간다.

1953년과 1973년에 실시한 예일 대학교 졸업생들을 대상으로 한 연구 결과에서 실천방법이 있는 인생목표를 문서로 작성해 놓고 20년간 살아온 졸업생 3%가 사회적으로 최상류층이 되어 경제적으로도 매우 풍요로운 생활을 즐기고 가장 성공하였으며 인생목표가 없는 졸업생 27%는 빈곤층으로 전락하여 살고 있는 것으로 조사되었다.

또한 마크 매코맥(Mark McCormack)은 자신의 저서 『하버드 MBA에서도 가

『하버드 MBA에서도
가르쳐주지 않는 것들』

르쳐주지 않는 것들(Why They Don't Teach You at Harvard Business School)』에서 1979~1989년 실시한 연구 결과를 소개했다. 1979년 하버드 MBA 졸업생 전체를 대상으로 다음과 같은 질문을 했다. "당신은 미래 목표를 정확히 글로 적어 두었습니까? 그리고 그것을 위한 계획을 세웠습니까? 10년 후인 1989년 졸업생들을 대상으로 다시 연구하였을 때, 졸업 직후 자신의 목표와 목표 달성을 위한 계획을 구체적으로 기록한 3% 졸업생들의 수입이 나머지 97%보다 열 배나 많은 것으로 나타났다. 이러한 결과는 3% 졸업생들이 자신의 목표를 구체적으로 기록하고 항상 목표의식 속에서 일하

였기 때문에 가능했다.

이 두 가지 사례는 우리들에게 구체적인 목표 설정 및 작성이 얼마나 중요한지를 말해 주고 있다. 마음속으로만 목표를 분명히 하는 것보다 목표를 기록해서 작성해야 하는 가장 중요한 이유는 기록하는 행위 자체가 열망을 더욱 강하게 만들고 그 목표들이 달성 가능하다는 믿음을 깊게 해 주기 때문이다. 반면에 기록하지 않으면 목표를 달성할 가능성이 거의 없고 낮은 성취를 계속할 가능성이 대단히 높다. 만일 당신이 인생에서 행복감을 높이고 성공을 하려고 한다면 반드시 목표를 구체적으로 작성하는 것이 필요하다.

그렇다면 자신이 올바른 주요 목표를 설정하기 위해서는 무엇을 우선적으로 해야 하는가?

이를 위해서는 우선 다음과 같은 질문을 스스로 해 볼 수 있다.

- 개인 미션은 무엇인가?
- 개인 비전은 무엇인가?
- 가장 중요한 가치들은 무엇인가? 그 가치들의 우선순위는?
- 오랫동안 해 보고 싶었지만 두려움 때문에 시도해 보지 못했던 것은 무엇인가?
- 가장 갖고 싶은 것은 무엇인가?
- 가장 좋아하는 일은 무엇인가?
- 가장 잘할 수 있는 일은 무엇인가?
- 자신에게 가장 커다란 자부심을 주는 일은 무엇인가?
- 만일 반드시 성공한다는 보장이 있다면 어떤 목표를 세우고 싶은가?
- 지금 가장 중요한 인생 목표 세 가지는 무엇인가?

이러한 질문들을 통해 자신이 진정으로 목표로 삼고 싶은 일이 무엇인지 성찰할 수 있게 된다.

성찰이 끝난 후 목표를 설정할 때는 SMART 법칙을 따르는 것이 실천력을 증대시키기에 효과적이다. SMART란 다음과 같은 단어의 첫 글자를 따서 조합한 것이다.

1. Specific(구체적인)
2. Measurable(측정 가능한)
3. Action-Oriented(행동 지향적인)
4. Realistic(현실적인)
5. Time-bounded(마감 시간이 있는)

SMART 법칙에 따라 목표를 설정하면 비교적 구체적이고 선명한 내적 표상(Internal Representation: IR)이 형성될 수 있기 때문이다. 내적 표상이란 마음으로 떠올리는 어떤 대상에 대한 상을 말하는 데 주로 오감(시각, 청각, 신체감각, 후각, 미각)의 형태로 그려지는 것이다. 선명한 내적 표상은 선명한 상태를 조성하고 그것은 다시 신경계통에 선명한 흔적을 남김으로써 구체적인 생리적 반응을 불러일으키고 영향을 미치기에 분명한 신경언어적 프로그램을 형성하게 된다. 결과적으로 보다 높은 확률로 성과를 달성할 수 있게 된다(설기문, 2003).

한편, 브라이언 트레이시(Brian Tracy)는 설정된 목표를 달성하기 위한 효과적인 12단계 프로세스를 다음과 같이 제시하고 있다. 12단계 프로세스는 우리가 외부 세계에서 성취하고 싶어 하는 것을 마음속으로 미리 만들 수 있도록 해 주며 효과적으로 목표를 달성하는 데 많은 도움을 줄 수 있다(홍성화 역, 2003).

- 1단계: 강렬하고 불타는 바람(desire)을 갖는다.
- 2단계: 확고한 믿음을 갖는다.
- 3단계: 종이에 기록한다.
- 4단계: 목표 달성 후 얻게 되는 유익한 점을 모두 기록한다.
- 5단계: 현재 나의 위치, 즉 출발점을 분석한다.
- 6단계: 기한을 정한다.
- 7단계: 극복해야 할 장애물의 목록을 만든다.
- 8단계: 목표 달성에 추가로 필요한 정보를 파악한다.
- 9단계: 도움과 협력을 얻어야 할 사람들의 명단을 작성한다.
- 10단계: 계획을 세운다.
- 11단계: 시각화를 활용한다. 목표가 이루어진 모습을 머릿속으로 명확히 그린다.

- 12단계: 어떤 일이 있더라도 결코 포기하지 않겠다는 결심을 한다.

자, 그럼 당신이 열렬하게 달성하고 싶은 목표는 무엇인가?
다음의 예를 살펴보고 개인 목표를 작성해 보기 바란다.

개인 목표(예)
학부 과정(2014년) • 콩쿠르 도전 입상(최종 목표-○○콩쿠르 1등) • 매 학기 장학생 되기 • ○○ 복수 전공 • 1등 졸업-○○○○신인음악회 석사 과정(2017년까지) • 음악치료 대학원 입학, 졸업 • ○○○경연대회 1등 • 음반 발매(1집) 박사 과정(2022년) • 미국 유학(음악치료 전공) 박사학위 취득 2030년에는…… • 음악치료계의 최고 전문가(아동, 장애아동 음악치료 전문가) • 음악치료대학원 교수

"현재는 과거에서 보면 미래이고,
또한 현재는 미래에서 보면 과거다.
과거의 내가 했던 일들이 현재의 나를 만들었고,
마찬가지로 미래의 모습은 지금 현재
내가 무엇을 하는가에 달려 있다."

지금까지 개인 미션과 비전, 개인 가치 그리고 목표 설정에 대해 살펴보았다. 이제부터는 설정된 목표를 효과적으로 달성하기 위한 시간관리 기법에 대해서 알아보기로 한다.

2) 시간관리

> *"당신의 시간은 한정되어 있습니다.*
> *그러므로 다른 사람의 인생을 사는 데 시간을 낭비하지 마십시오."*
>   —Steve Jobs—

대학생활에서 성공적인 학생과 그렇지 못한 학생의 가장 큰 차이는 무엇인가?

하버드 대학교 리처드 라이트(Richard J. Light) 교수가 15년간 하버드 대학생 1,600명을 인터뷰한 결과, 모든 면에서 성공적인 학생과 그렇지 못한 학생의 가장 큰 차이는 바로 시간관리 능력의 차이로 나타났으며 성취도가 높은 학생일수록 '시간'이라는 단어를 자주 쓰는 것으로 나타났다(김새해, 2014).

시간관리를 잘하기 위해서는 먼저 '시간'이 무엇인지 알아볼 필요가 있다.

도대체 시간이란 무엇인가? 시간은 과거로부터 현재와 미래로 무한히 연속되는 물리적 사건의 개념이다. 따라서 시간관리를 잘한다는 것은 자신의 생활 속에서 벌어지는 다양한 사건들을 잘 관리한다는 것과 같다. 다시 말해 시간은 곧 사건이고 시간관리는 다름 아닌 사건관리를 의미하는 것이다. 이렇게 보면 시간관리는 결국한 사람의 인생을 관리한다는 인생관리와도 같다고 볼 수 있다. 시간은 절대 저축할 수 없고, 미래 언젠가 더 많은 시간이 주어지는 것도 아니며 누구든지 매일매일 공평하게 24시간을 부여 받는 훌륭한 자원이다. 따라서 주어진 24시간 내에서 자신에게 펼쳐지는 여러 가지 사건들을 효과적으로 통제하고 관리해 나가는 것이 중요하다. 한편, 시간관리를 잘하는 사람은 자신이 통제할 수 있는 사건들에 초점을 맞추어 시간을 사용하는 공통점이 있다. 반면에 시간관리를 잘하지 못하는 사람은 자신이 통제할 수 없는 사건들에 시간을 사용하면서 시간을 낭비하는 특성이 있다. 실제로 우리 주변에서 벌어지는 모든 사건들은 그 사건의 중요성과 긴급성 측면에서 보면 다음과 같이 모두 네 가지 영역의 사건으로 구분 지을 수 있다(김경섭, 김원석 역, 1995).

1. 긴급하면서 중요한 사건: 제출 마감이 가까운 과제물, 내일 보는 중요한 시험 등 긴급하게 대비해야 하면서 중요한 사건.
2. 긴급하면서 중요하지 않은 사건: 중요하지 않은 회의 및 모임, 중요하지 않은 전화 등 그 자체로는 긴급한 것처럼 보이지만 실제로는 전혀 중요하지 않은 사건. 이 사건들을 제거하거나 줄여야 함.
3. 긴급하지도 않고 중요하지도 않은 사건: 지나친 게임, 지나친 음주, 지나친 TV 시청 등 자신에게 전혀 도움이 되지 않는 시간 낭비거리 사건들. 반드시 제거하여야 함.
4. 긴급하지는 않지만 중요한 사건들: 개인 비전 및 미래 목표 달성을 위한 여러 활동들, 좋은 대인관계 구축, 독서, 학습 등 시간을 제일 많이 사용해야 하는 사건들.

이러한 네 가지 영역의 사건 가운데 시간관리를 잘하는 사람들은 공통적으로 긴급하지는 않지만 중요한 사건들에 우선적으로 시간을 제일 많이 사용하는 특징을 가지고 있다. 즉, 미래 목표 달성처럼 당장 긴급하지는 않지만 자신의 삶에서 가장 중요한 목표를 위해 지속적으로 시간을 최대한 사용하면서 노력해 나가는 것이다. 긴급하지는 않지만 중요한 사건들에 사용하는 시간을 증가시킨다는 것은 우리의 능력을 증가시키는 것이 된다(김경섭 역, 1997). 한편 이러한 각종 사건들을 우선순위에 따라 조직화하여 실천해 나가는 방법 가운데 ABCDE 기법이 있다. 이 기법은 매일 사건들, 즉 일들을 시작하기 전에 다음과 같이 활동 목록을 재검토한 후, 우선순위에 따라 효율적으로 실천해 가는 방법이다(이성엽 역, 2013).

- A 목록: 꼭 해야 하는 매우 중요한 일. 하지 않으면 심각한 결과가 발생함.
- B 목록: 해야 하는 일. 하지 않거나 실패하면 그리 심각하지 않으나 좋지 않은 결과가 뒤따름.
- C 목록: 하면 좋으나, A나 B처럼 중요하지는 않아서 하지 않아도 되는 일.
- D 목록: 위임을 나타냄. 다른 사람에게 맡길 수 없는지 생각해 봄.
- E 목록: 제거를 나타냄. 별로 중요하지 않기 때문에 제거해도 되는 일.

공병호(2002)는 시간관리에 성공할 수 있는 뚜렷한 실천적 방안들을 다음과 같이 제시하고 있다.

1. 일찍 일어나라. 그리고 확보한 시간을 최대한 활용하라.
2. 새벽과 아침 시간대의 낭비를 철저하게 줄여라.
3. 하루의 시작과 관련된 낭비 요인들을 줄여라.
4. 철저하게 시간을 기록하고 분석하고 관리하라.
5. 무엇을 할 것인가를 분명히 적어라.
6. 주어진 상황 하에서 최대한 집중할 수 있는 장소나 시간대를 찾아라.
7. 데드라인을 활용하라.
8. 생활에 악센트를 주라.
9. 정면으로 돌파하라.
10. 자투리 시간을 활용하라.

'시간관리는 곧 인생관리다.'라는 말에 공감하는가?
그렇다면 시간관리를 통해 자신이 설정한 인생 목표를 달성하기 위해 부단

히 노력하는 것이 중요하다. 시간관리의 소중함을 알 수 있는 이야기를 살펴
보자.

"우물쭈물하다가 내가 이렇게 물릴 줄 알았다."
—George Bernard Shaw 묘비명—

"인생을 사랑한다면 시간을 낭비하지 마라.
왜냐하면 인생이란 시간 그 자체이기 때문이다."
—Benjamin Franklin—

성찰질문

1. 당신의 개인 미션은 무엇인가?
2. 당신의 개인 비전은 무엇인가?
3. 당신에게 가장 소중한 가치들은 무엇인가? 그 가치들의 우선순위는?
4. 당신에게 가장 중요한 인생 목표는 무엇인가?
5. 당신만의 시간관리 노하우는 무엇인가?

참고문헌

강헌구(2004). My Life. 서울: 한언.

공병호(2002). 공병호의 자기경영노트. 경기: 21세기북스.

김경섭, 김원석 역(1995). 성공하는 사람들의 7가지 습관[Covey, S. (1995). *7 Habits of highly effective people*]. 경기: 김영사.

김경섭 역(1997). 소중한 것을 먼저 하라[Covey, S. R., Merrill, A. R., & Merrill, R. R. (1994). *First Things First*]. 경기: 김영사.

김민정(2007). 대학생의 셀프리더십 개발에 영향을 미치는 학습자 변인 연구. 이화여자대학교 대학원 박사학위논문.

김새해(2014). 내가 상상하면 꿈이 현실이 된다. 경기: 미래지식.

설기문(2003). 자기혁신을 위한 NLP 파워. 서울: 학지사.

이성엽 역(2013). 잠들어 있는 시간을 깨워라[Tracy, B. (2007). *TIME POWER: A Proven System for Getting More Done in Less Time Than You Ever Thought Possible*]. 서울: 황금부엉이.

이종찬(2013). 대학생의 셀프리더십이 진로준비행동에 미치는 영향: 진로결정자기효능감과 고용가능성의 매개효과. 중앙대학교 대학원 박사학위논문.

정철상(2007). 비전에 생명력을 불어 넣어라(작지만 강한 나를 만드는 비전성공학). 서울: 중앙경제평론사.

최은수, 권기술, 진규동, 손판규, 김민서, 신승원, 김진혁, 박재진, 이미섭, 강찬석, 강영환, 이희, 박시남(2013). 뉴리더십 와이드. 서울: 학지사.

홍성화 역(2003). 성취심리[Tracy, B. (1993). *Maximum Achievement*]. 서울: 씨앗을 뿌리는 사람.

Houghton, J. D., & Neck, C. P. (2002). The Revised Self-leadership Questionnaire: Testing a Hierarchical Factor Structure for Self-leadership. *Journal of Managerial Psychology, 17*(8), 672-691.

Manz, C. C. (1998). *Mastering Self-Leadership: Empowering Yourself for Personal Excellence.* Englewood Cliffs, NJ: Prentice-Hall.

Manz, C. C., & Sims, H. P. (1980). Self-Management as a Substitute for Leadership: A Social Learning Perspective. *Academy of Management Review, 5*(3), 361-367.

Manz, C. C., & Sims, H. P. (1997). *Superleadership: Beyond the myth of heroic leadership.* In R. P. Vecchio (Ed.), *Leadership: Understanding the Dynamics of Power and Influence in Organizations* (pp. 411-421). Indiana: University of Notre Dame Press.

Manz, C. C., & Sims, H. P. Jr. (1990). *Super leadership: Leading others to lead themselves.* New York. Berkley Books.

Manz, C. C., & Sims, H. P. Jr. (1991). *Super leadership: Beyond the myth of heroic leadership.* Organizational Dynamics, *19*(4), 18-35.

Manz, C. C., & Sims, H. P. Jr. (2001). *New super leadership: Leading others to lead themselves.* San France, CA: Berrett-Koeher.

Mitchell, J. N., & Ju-Chien, C. W. (2006). An investigation of the generalizability of the Houghton and Neck Revised Self-Leadership Questionnaire to a Chinese context. *Journal of Managerial Psychology, 21*(4), 360-388.

Neck, C. P., & Houghton, J. D. (2006). Two Decades of Self-Leadership Theory and Research. *Journal of Managerial Psychology, 21*(4), 270-295.

Neck, C. P., & Manz, C. C. (1996). Thought Self-Leadership: The Impact of Mental Strategies on Employee Cognition, Behavior, and Affect. *Journal of Organizational Behavior, 17*, 445-467.

Neck, C. P., Stewart, G. W., & Manz, C. C. (1995). Thought Self-Leadership as a Framework for Enhancing the Performance of Performance Appraisers. *Journal of Applied Behavioral Science, 31*(3), 278–302.

찾아보기

인명

내용

저자 소개

최은수(Choi, Eun-Soo)
CR파트너즈 자문위원, 숭실대학교 평생교육학과 교수

신승원(Shin, Seung-Won)
CR파트너즈 대표 이사, 숭실대학교 초빙교수

강찬석(Kang, Chan-Seok)
CR파트너즈 전문교수, 숭실대학교 초빙교수

김민서(Kim, Min-Seo)
CR파트너즈 전문교수, 한국청소년상담복지개발원 이사

김진혁(Kim, Jin-Hyuck)
CR파트너즈 전문교수

박재진(Park, Jae-Jin)
CR파트너즈 전문교수, 한독 역량개발팀 팀장

신용국(Shin, Yong-Kook)
CR파트너즈 전문교수

연지연(Yeon, Ji-Yeon)
CR파트너즈 전문교수, 숭실대학교 초빙교수

이미섭(Lee, Mi-Sup)
CR파트너즈 전문교수

진규동(Jin, Kyu-Dong)
CR파트너즈 전문교수, 강진군 다산기념관 다산교육전문관

한우섭(Han, Woo-Seop)
CR파트너즈 전문교수

강영환(Kang, Young-Hwan)
CR파트너즈 전문교수

이종원(Lee, Jong-Won)
서강대학교 대학생진로직업상담 전문관

이희(Lee, Hee)
세계시민리더십 아카데미 대표, 세계시민리더십 꿈의 학교 교장

대학생의 심리와 커리어 개발
College Students' Psychology and Career Development

2018년 9월 10일 1판 1쇄 인쇄
2018년 9월 20일 1판 1쇄 발행

지은이 • 최은수 · 신승원 · 강찬석 · 김민서 · 김진혁 · 박재진 · 신용국
　　　　연지연 · 이미섭 · 진규동 · 한우섭 · 강영환 · 이종원 · 이희
펴낸이 • 김진환
펴낸곳 • ㈜**학지사**
　　　　04031 서울특별시 마포구 양화로 15길 20 마인드월드빌딩
대표전화 • 02-330-5114　　팩스 • 02-324-2345
등록번호 • 제313-2006-000265호

홈페이지 • http://www.hakjisa.co.kr
페이스북 • https://www.facebook.com/hakjisabook

ISBN 978-89-997-1639-3　93370

정가 17,000원

이 도서의 국립중앙도서관 출판시도서목록(CIP)은 서지정보유통지
원시스템 홈페이지(http://seoji.nl.go.kr)와 국가자료공동목록시스템
(http://www.nl.go.kr/kolisnet)에서 이용하실 수 있습니다.
(CIP 제어번호: CIP2018028593)

교육문화출판미디어그룹 **학지사**
심리검사연구소 **인싸이트** www.inpsyt.co.kr
원격교육연수원 **카운피아** www.counpia.com
학술논문서비스 **뉴논문** www.newnonmun.com
간호보건의학출판 **학지사메디컬** www.hakjisamd.co.kr